摩诃止观

中国佛学经典宝藏

56

王雷泉 释译

星云大师总监修

人民东方出版传媒
东方出版社

《中国佛学经典宝藏》
大陆简体字版编审委员会

主任委员：赖永海

委　　员：（以姓氏笔画为序）

　　　　　　王月清　王邦维　王志远　王雷泉

　　　　　　业露华　许剑秋　陈永革　吴根友

　　　　　　徐小跃　龚　隽　葛兆光　温金玉

　　　　　　彭明哲　程恭让　鲁彼德　董　群

　　　　　　潘少平　潘桂明　魏道儒

总序

星云

自读首楞严,从此不尝人间糟糠味;
认识华严经,方知已是佛法富贵人。

诚然,佛教三藏十二部经有如暗夜之灯炬、苦海之宝筏,为人生带来光明与幸福,古德这首诗偈可说一语道尽行者阅藏慕道、顶戴感恩的心情!可惜佛教经典因为卷帙浩瀚、古文艰涩,常使忙碌的现代人有义理远隔、望而生畏之憾,因此多少年来,我一直想编纂一套白话佛典,以使法雨均沾,普利十方。

一九九一年,这个心愿总算有了眉目。是年,佛光山在中国大陆广州市召开"白话佛经编纂会议",将该套丛书定名为《中国佛教经典宝藏》①。后来几经集思广

---

① 编者注:《中国佛教经典宝藏》丛书,大陆出版时改为《中国佛学经典宝藏》丛书。

益,大家决定其所呈现的风格应该具备下列四项要点:

一、启发思想:全套《中国佛教经典宝藏》共计百余册,依大乘、小乘、禅、净、密等性质编号排序,所选经典均具三点特色:

1. 历史意义的深远性
2. 中国文化的影响性
3. 人间佛教的理念性

二、通顺易懂:每册书均设有原典、注释、译文等单元,其中文句铺排力求流畅通顺,遣词用字力求深入浅出,期使读者能一目了然,契入妙谛。

三、文简意赅:以专章解析每部经的全貌,并且搜罗重要的章句,介绍该经的精神所在,俾使读者对每部经义都能透彻了解,并且免于以偏概全之谬误。

四、雅俗共赏:《中国佛教经典宝藏》虽是白话佛典,但亦兼具通俗文艺与学术价值,以达到雅俗共赏、三根普被的效果,所以每册书均以题解、源流、解说等章节,阐述经文的时代背景、影响价值及在佛教历史和思想演变上的地位角色。

兹值佛光山开山三十周年,诸方贤圣齐来庆祝,历经五载、集二百余人心血结晶的百余册《中国佛教经典宝藏》也于此时隆重推出,可谓意义非凡,论其成就,则有四点可与大家共同分享:

一、佛教史上的开创之举：民国以来的白话佛经翻译虽然很多，但都是法师或居士个人的开示讲稿或零星的研究心得，由于缺乏整体性的计划，读者也不易窥探佛法之堂奥。有鉴于此，《中国佛教经典宝藏》丛书突破窠臼，将古来经律论中之重要著作，做有系统的整理，为佛典翻译史写下新页！

二、杰出学者的集体创作：《中国佛教经典宝藏》丛书结合中国大陆北京、南京各地名校的百位教授、学者通力撰稿，其中博士学位者占百分之八十，其他均拥有硕士学位，在当今出版界各种读物中难得一见。

三、两岸佛学的交流互动：《中国佛教经典宝藏》撰述大部分由大陆饱学能文之教授负责，并搜录台湾教界大德和居士们的论著，借此衔接两岸佛学，使有互动的因缘。编审部分则由台湾和大陆学有专精之学者从事，不仅对中国大陆研究佛学风气具有带动启发之作用，对于台海两岸佛学交流更是帮助良多。

四、白话佛典的精华集萃：《中国佛教经典宝藏》将佛典里具有思想性、启发性、教育性、人间性的章节做重点式的集萃整理，有别于坊间一般"照本翻译"的白话佛典，使读者能充分享受"深入经藏，智慧如海"的法喜。

今《中国佛教经典宝藏》付梓在即，吾欣然为之作序，并借此感谢慈惠、依空等人百忙之中，指导编修；吉广舆等人奔走两岸，穿针引线；以及王志远、赖永海等大陆教授的辛勤撰述；刘国香、陈慧剑等台湾学者的周详审核；满济、永应等"宝藏小组"人员的汇编印行。由于他们的同心协力，使得这项伟大的事业得以不负众望，功竟圆成！

《中国佛教经典宝藏》虽说是大家精心擘划、全力以赴的巨作，但经义深邈，实难尽备；法海浩瀚，亦恐有遗珠之憾；加以时代之动乱，文化之激荡，学者教授于契合佛心，或有差距之处。凡此失漏必然甚多，星云谨以愚诚，祈求诸方大德不吝指正，是所至祷。

一九九六年五月十六日于佛光山

原版序
敲门处处有人应

《中国佛教经典宝藏》是佛光山继《佛光大藏经》之后，推展人间佛教的百册丛书，以将传统《大藏经》精华化、白话化、现代化为宗旨，力求佛经宝藏再现今世，以通俗亲切的面貌，温渥现代人的心灵。

佛光山开山三十年以来，家师星云上人致力推展人间佛教，不遗余力，各种文化、教育事业蓬勃创办，全世界弘法度化之道场应机兴建，蔚为中国现代佛教之新气象。这一套白话精华大藏经，亦是大师弘教传法的深心悲愿之一。从开始构想、擘划到广州会议落实，无不出自大师高瞻远瞩之眼光，从逐年组稿到编辑出版，幸赖大师无限关注支持，乃有这一套现代白话之大藏经问世。

这是一套多层次、多角度、全方位反映传统佛教文化的丛书，取其精华，舍其艰涩，希望既能将《大藏经》

深睿的奥义妙法再现今世,也能为现代人提供学佛求法的方便舟筏。我们祈望《中国佛教经典宝藏》具有四种功用:

一、是传统佛典的精华书

中国佛教典籍汗牛充栋,一套《大藏经》就有九千余卷,穷年皓首都研读不完,无从赈济现代人的枯槁心灵。《宝藏》希望是一滴浓缩的法水,既不失《大藏经》的法味,又能有稍浸即润的方便,所以选择了取精用弘的摘引方式,以舍弃庞杂的枝节。由于执笔学者各有不同的取舍角度,其间难免有所缺失,谨请十方仁者鉴谅。

二、是深入浅出的工具书

现代人离古愈远,愈缺乏解读古籍的能力,往往视《大藏经》为艰涩难懂之天书,明知其中有汪洋浩瀚之生命智慧,亦只能望洋兴叹,欲渡无舟。《宝藏》希望是一艘现代化的舟筏,以通俗浅显的白话文字,提供读者遨游佛法义海的工具。应邀执笔的学者虽然多具佛学素养,但大陆对白话写作之领会角度不同,表达方式与台湾有相当差距,造成编写过程中对深厚佛学素养与流畅白话语言不易兼顾的困扰,两全为难。

三、是学佛入门的指引书

佛教经典有八万四千法门,门门可以深入,门门是无限宽广的证悟途径，可惜缺乏大众化的入门导览，不易寻觅捷径。《宝藏》希望是一支指引方向的路标，协助十方大众深入经藏，从先贤的智慧中汲取养分，成就无上的人生福泽。

四、是解深入密的参考书

佛陀遗教不仅是亚洲人民的精神归依，也是世界众生的心灵宝藏。可惜经文古奥，缺乏现代化传播，一旦庞大经藏沦为学术研究之训诂工具，佛教如何能扎根于民间？如何普济僧俗两众？我们希望《宝藏》是百粒芥子，稍稍显现一些须弥山的法相，使读者由浅入深，略窥三昧法要。各书对经藏之解读诠释角度或有不足，我们开拓白话经藏的心意却是虔诚的，若能引领读者进一步深研三藏教理，则是我们的衷心微愿。

大陆版序一

《中国佛教经典宝藏》是一套对主要佛教经典进行精选、注译、经义阐释、源流梳理、学术价值分析,并把它们翻译成现代白话文的大型佛学丛书,成书于二十世纪九十年代,由台湾佛光文化事业有限公司出版,星云大师担任总监修,由大陆的杜继文、方立天以及台湾的星云大师、圣严法师等两岸百余位知名学者、法师共同编撰完成。十几年来,这套丛书在两岸的学术界和佛教界产生了巨大的影响,对研究、弘扬作为中国传统文化重要组成部分的佛教文化,推动两岸的文化学术交流发挥了十分重要的作用。

《中国佛学经典宝藏》则是《中国佛教经典宝藏》的简体字修订版。之所以要出版这套丛书,主要基于以下的考虑:

首先,佛教有三藏十二部经、八万四千法门,典籍浩瀚，博大精深，即便是专业研究者，穷其一生之精力，恐也难阅尽所有经典，因此之故，有"精选"之举。

其次，佛教源于印度，汉传佛教的经论多译自梵语；加之，代有译人，版本众多，或随音，或意译，同一经文，往往表述各异。究竟哪一种版本更契合读者根机？哪一个注疏对读者理解经论大意更有助益？编撰者除了标明所依据版本外，对各部经论之版本和注疏源流也进行了系统的梳理。

再次，佛典名相繁复，义理艰深，即便识得其文其字，文字背后的义理，诚非一望便知。为此，注译者特地对诸多冷僻文字和艰涩名相，进行了力所能及的注解和阐析，并把所选经文全部翻译成现代汉语。希望这些注译，能成为修习者得月之手指、渡河之舟楫。

最后，研习经论，旨在借教悟宗、识义得意。为了将其思想义理和现当代价值揭示出来，编撰者对各部经论的篇章品目、思想脉络、义理蕴涵、学术价值等所做的发掘和剖析，真可谓殚精竭虑、苦心孤诣！当然，佛理幽深，欲入其堂奥、得其真义，诚非易事！我们不敢奢求对于各部经论的解读都能鞭辟入里，字字珠玑，但希望能对读者的理解经义有所启迪！

习近平主席最近指出："佛教产生于古代印度，但传入中国后，经过长期演化，佛教同中国儒家文化和道家文化融合发展，最终形成了具有中国特色的佛教文化，给中国人的宗教信仰、哲学观念、文学艺术、礼仪习俗等留下了深刻影响。"如何去研究、传承和弘扬优秀佛教文化，是摆在我们面前的一个重要课题，人民东方出版传媒有限公司拟对繁体字版的《中国佛教经典宝藏》进行修订，并出版简体字版的《中国佛学经典宝藏》，随喜赞叹，寥寄数语，以叙因缘，是为序。

二〇一六年春于南京大学

大陆版序二

依空

　　身材高大、肤色白皙、擅长军事的亚利安人，在公元前四千五百多年从中亚攻入西北印度，把当地土著征服之后，为了彻底统治这里的人民，建立了牢不可破的种姓制度，创造了无数的神祇，主要有创造神梵天、破坏神湿婆、保护神毗婆奴。人们的祸福由梵天决定，为了取悦梵天大神，需要透过婆罗门来沟通，因为他们是从梵天的口舌之中生出，懂得梵天的语言——繁复深奥的梵文，婆罗门阶级是宗教祭祀师，负责教育，更掌控了神与人之间往来的话语权。四种姓中最重要的是刹帝利，举凡国家的政治、经济、军事、文化等等都由他们实际操作，属贵族阶级，由梵天的胸部生出。吠舍则是士农工商的平民百姓，由梵天的膝盖以上生出。首陀罗则是被踩在梵天脚下的土著。前三者可以轮回，纵然几世轮转都无法脱离原来种姓，称为再生族；首陀罗则连轮回的因缘都没有，为不生族，生生世世为首陀罗，子孙也倒霉跟着宿命，无法改变身份。相对于此，贱民比首陀罗更为卑微、低贱，连四种姓都无法跻身其中，只能从事挑粪、焚化尸体等最卑贱、龌龊的工作。

　　出身于高贵种姓释迦族的悉达多太子，为了打破种姓制度的桎梏，舍弃既有的优越族姓，主张一切众生皆平等，成正等觉，创立了佛教僧团。为了贯彻佛教的平等思想，佛陀不仅先度首陀罗身份的优婆离出家，后度释迦族的七王子，先入山门为师兄，树立僧团伦理制度。佛陀更严禁弟子们用贵族的语言——梵文宣讲佛法，而以人民容易理解的地方口语来演说法义，这就是巴利文经典的滥觞。佛陀认为真理不应该是属于少数贵族、知识分子的专利或装饰，而应该更贴近普罗大众，属于平民百姓共有共知。原来佛陀早就在推动佛法的普遍化、大众化、白话化的伟大工作。

　　佛教从西汉哀帝末年传入中国，历经东汉、魏晋南北朝、隋唐的漫长艰巨的译经过程，加上历代各宗派祖师的著作，积累了庞博浩瀚的汉传佛教典籍。这些经论义理深奥隐晦，加以书写的语言文字为千年以前的古汉文，增加现代人阅读的困难，只能望着汗牛充栋的三藏十二部扼腕慨叹，裹足不前。

　　如何让大众轻松深入佛法大海，直探佛陀本怀？佛光山开山宗长星云大师乃发起编纂《中国佛教经典宝藏》。一九九一年，先在大陆广州召开"白话佛经编纂会议"，订定一百本的经论种类、编写体例、字数等事项，礼聘中国社科院的王志远教授、南京大学的赖永海教授分别为中国大陆北方与南方的总联络人，邀请大陆各大学的佛教学者撰文，后来增加台湾部分的三十二本，是为一百三十二册的《中国佛教经典宝藏精选白话版》，于一九九七年，作为佛光山开山三十周年的献礼，隆重出版。

六七年间我个人参与最初的筹划，多次奔波往来于大陆与台湾，小心谨慎带回作者原稿，印刷出版、营销推广。看到它成为佛教徒家中的传家宝藏，有心了解佛学的莘莘学子的入门指南书，为星云大师监修此部宝藏的愿心深感赞叹，既上契佛陀"佛法不舍一众"的慈悲本怀，更下启人间佛教"普世益人"的平等精神。尤其可喜者，欣闻现大陆出版方东方出版社潘少平总裁、彭明哲副总编亲自担纲筹划，组织资深编辑精校精勘；更有旅美企业家鲁彼德先生事业有成之际，秉"十方来，十方去，共成十方事"之襟怀，促成简体字版《中国佛学经典宝藏》的刊行。今付梓在即，是为序，以表随喜祝贺之忱！

二〇一六年元月

目　录

题解 001

经典 021

 1 智者说己心中所行法门　023
   金口相承与今师相承　023
   智顗所传的三种止观　037
 2 五略十广的宏伟架构　044
   以"十广"架构章节　044
   以"五略"概述大意　055
 3 超克自卑与我慢　067
   六即说的根据　067
   六即说的构成　070
   圆教发菩提心与六即说　078
 4 行坐住卧皆成佛道　085
   常行三昧　095
   半行半坐三昧　101

　　　　非行非坐三昧　111

5　末法时代的权宜之法　119
　　恶亦是止观的对象　119
　　观恶并非纵情作恶　134
　　切勿误解贪欲即道　139

6　认识的深化与教相的发展　144
　　次第三止　144
　　次第三观　151
　　圆顿止观的一心三观　165

7　正修止观的对象与方法　171
　　依妙解以立正行　171
　　正修止观的对象——十境　178
　　观心的根据——以"观阴界入境"为中心　190
　　修习止观的方法——十乘观法　199

8　成圣堕凡皆在己心一念　206
　　生命存在的阶次——十法界　206
　　世界的存在形式——三种世间　211
　　存在的本然状态——十如是　217
　　一念心起即具足三千世间　226

9　对真理的如实把握　228
　　一念与三千世间的关系　228
　　四悉檀的解经方法　239

圆融三谛　246

源流　255

解说　295

参考书目　355

题解

《摩诃止观》,原题名《圆顿止观》,十卷(因每卷各分上下,又作二十卷),为天台宗实际创始人智𫖮于隋文帝开皇十四年(公元五九四年)在荆州玉泉寺(在今湖北当阳县)结夏安居期间所说,由门人灌顶笔录成书。前后有三本,现行本是第二本(通称广本)的再治本,湛然将此本改题为今名《摩诃止观》。宋代天圣二年(公元一〇二四年),依遵式之奏请编入《大藏》;淳熙三年(公元一一七六年),《大藏》开版时校刻。通行本有《大正藏》第四十六册、金陵刻经处木刻本等。

　　智𫖮(公元五三八—五九七年),俗姓陈,字德安。祖籍颍川(今河南许昌),西晋末年,因五胡乱华南迁至荆州华容县(今湖北潜江西南)。父亲陈起祖,梁元帝时官拜"使持节散骑常侍",更封为益阳县开国侯。智𫖮十七岁，梁朝灭亡，父母相继去世。值家破国亡的乱世，年十八投长沙果愿寺法绪出家。不久，北行诣慧旷学律，兼通大乘经。入太贤山，诵《法华》《无量义》《普贤观》三经。陈天嘉元年（公元五六〇年），至光州（今河南光山）大苏山，师事慧思禅师，修习法华三昧，尽得其法。既而入金陵（今南京），居瓦官寺弘法，开讲《法华经》《大智度论》和自著《释禅波罗蜜次第法门》，深得朝野钦敬。陈太建七年（公元五七五年）秋九月入天台山，于北峰创寺传教，成为天台宗的实际创立者。陈后主时，奉诏出山，再至金陵，在太极殿讲《大智度论》《仁王般若经》。陈亡，西游荆土。隋开皇十一年(公元五九一年)，应邀前往扬州，为晋王杨广授菩萨戒，并得赐"智者"之号。后还荆襄，于荆州当阳创立玉泉寺，未久，履扬州，归天台。一生造寺三十六所，《大藏经》十五藏，度僧一万四千余人。主要著作有《法华经玄义》《法华经文句》《摩诃止观》，世称"天台三大部"；《观音玄义》《观音义疏》《金光明经文句》《金光明经玄义》《观无量寿佛经疏》，世称"天台五小部"（以上均为灌顶所记）。尚有：《净名经疏》《觉意三昧》《六妙法门》《法界次第初门》《修习止观坐禅法要》《法华三昧行法》《维摩经玄疏》《阿弥陀经义记》《金刚经疏》《四念处》《方等三昧行法》《观心论》《观心食法》《观心诵经法》《四教义》《释禅波罗蜜次第法门》(法慎记)、《菩萨戒经义疏》(灌顶记)、《仁王经疏》(灌顶记)、《请观音经疏》(灌顶记)等。均为天台宗的主要经典。另有文表若干篇，收入灌顶编的《国清百录》之中。事迹见灌顶《隋天台智者大师别传》、唐道宣《续高僧传》卷十七、唐湛然《止观辅行传弘决》卷一、《佛祖统纪》卷六等。

《摩诃止观》是智𫖮晚年最为成熟的止观著述，阐明天台宗定慧兼美、义观双明的独特学说。从全书恢宏博大的体系来看，堪称中国佛教史上第一部有系统的佛学导论和禅学教科书。"摩诃"，意为大，指智𫖮所著渐次、不定、圆顿三大止观著作中最高阶段的《圆顿止观》，所以《摩诃止观》也称作《大止观》。"止观"，从狭义上说，指禅定修行的实践方法。止（梵文 Śamatha，奢摩他），意为"止寂"，指停止或抑制由外境的生起、转变所引发的心之散乱、动摇，形成明镜寂水般的意识状态；观（梵文 Vipaśyanā，毗婆舍那），意为"智慧"，在寂静的心境中对现象做如实的观察和自在的对应，获得佛教特定的智慧。从广义上说，通指教理与修证两大部门，称教观二门。《摩诃止观》统摄"止观"上述广狭两方面意义，用于个人修行，是定慧相资，解行并重；用于弘扬教义，组织学说，则是教观二门的相资并重。

天台宗以《法华经》为最终和最成熟的佛陀教诲，

故别称"法华宗"。《摩诃止观》与《法华玄义》《法华文句》都是阐发《法华经》思想的著述，称为天台三大部。以讲述《法华经》为始，智𫖮对一切经典的注疏，均以其独创的因缘、约教、本迹、观心四种方式进行诠释。因缘释，以四悉檀为因缘作为称机说法的方式。约教释，把经典的文句，从藏、通、别、圆四教的思想方面，给予从浅入深的解释。本迹释，依本地、垂迹二门来解释教义，迹从哲学上解释其思想或教理的普遍妥当性，以示众生之本性；本则从信仰上究明其教义的永远性，乃显佛陀之本体。以上三种，是从客观的教相门立场，以解释经典的文句为主。观心释是从主观的观心门立场，把对经文的解释与修行者自己的亲证实践结合起来。作为一个完整的体系，教观互具，相辅相成，故在智𫖮的止观著作中有"起教"的篇目，而在讨论教相的著作里又有"观心"的论题。天台三大部中，《法华玄义》《法华文句》主要说教相门，而旁及观心门；《摩诃止观》则主要说观心门，而旁及教相门。

　　《摩诃止观》是一部体系庞大、名相繁富的巨著，由灌顶所撰的《序分》和智𫖮讲述的《正说分》两部分组成。在《正说分》中，概论与广说前后重叠交互，形成"五略十广"的嵌套式结构。要从全书二十余万字原文中，按《中国佛教经典宝藏》丛书规定精选出三万字而是依赖于对智慧的理性探讨和修行实践的验证，因此还必须举证宗派创始人的修证实践及其证悟果位。在绪论中，灌顶用大量篇幅论证溯自释迦牟尼佛以后二十四祖的"金口相承"和东土创宗祖师的"今师相承"之法脉，并对智𫖮修证所得的"五品位"刻意赞颂，原因即在于此。

2　五略十广的宏伟架构——全书的组织与大纲

按智𫖮的讲述计划，拟分作大意、释名、体相、摄法、偏圆、方便、正观、果报、起教、旨归等十章广说，简称为"十广"。其中第一《大意章》（卷一、卷二），系全书的概论，为叙述方便，将此十章内容再概略为发大心、修大行、感大果、裂大网、归大处五段，简称为"五略"。全书合称，即为"五略十广"。

第一"发大心"，发菩提心是佛教徒确立正确信仰的基础，也是修习止观的前提，事实上包括了全书导论性的《大意》和广说性的《释名》《体相》《摄法》《偏圆》共五章，占三卷篇幅。在卷一导论性的"发大心"中，由"四谛"（境）、"四弘誓愿"（誓）和"六即"（位）三部分构成。

第二"修大行"，吸收和综合有关经论中的各种禅观方法，分常坐、常行、半行半坐和非行非坐等四种三昧进行注译，同时保持原著体系的完整性，诚非易事。本书①作为佛典原著选读，首先要保证在内容上突出天台宗最具特色、且在中国佛教史上做出创发性建树的哲学思想和实践法门，故在章节配置上给予"三种止观""五略十广""六即""四种三昧""性具善恶""三止三观""十境十乘""一念三千""一心三观""圆融三谛"等命题以突出的位置。同时，在形式上兼顾原著的体系结构，通过各章注释和《解说》，补充叙述原著被删略的部分，并辅助之以图表，做到彼略我详，尽可能勾勒出原书的轮廓。

根据上述原则，本书编为九章，各章的内容及选编理由如次：

1　智者说己心中所行法门——著述缘起与学说传承

节选自记录者灌顶所述的绪论。灌顶在此说明了天台宗的学说源流，以及阐述圆顿止观的《摩诃止观》在智𫖮所传的渐次、不定、圆顿三种止观中的地位。作为第一个中国化的佛教宗派，在称扬智者大师创宗立派的独创性同时，必须明确法统的合法性，即确定源自释迦牟尼佛的传承确凿有据。佛教是一种重视内证的宗教，其真理体系，不依赖神秘的启示，也不依赖世俗强权，进行叙述（卷二）。就修行内容言，也包括"十广"的第六《方便章》（卷四）和第七《正观章》（卷五至卷十）。

第三"感大果"，阐述了实际上未说的第八《果报章》的大意。说明果报有违、顺二种情况：违即偏空、偏假，违于中道圆教，故所感得的是有、空二边果报；顺即依圆中之理顺于实相，所获得的是初住初地以上的胜妙果报。

第四"裂大网"，阐述了实际上未说的第九《起教章》的大意。叙说行者用止观观心，内慧明了，自证妙理，不但能裂破自己于诸经论所起的疑网，而且能转而教化利益于他人。随顺十界众生，或作佛身施权显实，或作九法界菩萨以下种种形象，针对不同根机而弘扬渐、顿法门之教，以裂破其他有情的疑网。

第五"归大处"，阐述了实际上未说的第十《旨归章》的大意。叙说化他成熟，归入法身、般若、解脱三秘密藏的大涅槃处。

但在"五略"中，智𫖮事实上仅讲述了第一"发大心"和第二"修大行"二部分的内容，相当于"十广"中的前七章（第七《正观章》所述"十境"的最后三境亦未讲完）。第三"感大果"以下，同"十广"第八章《果报》以下一样，皆未详说。因此，《大意章》所述的提纲，就成了硕果仅存的资料，得以略窥"五略十广"的大概。

本章以原书卷一的部分内容为主，再从卷二中抽取相应文字，分别插入感大果、裂大网、归大处等节目中，供读者揣摩智𫖮未说部分的大意。在插入的选文后均标明出处，以清眉目。

本章仅对"五略十广"的架构提供一个鸟瞰。从第一"发大心"中选取的主要内容，编为第三章，从第二"修大行"中选录的部分内容，则分别编为第四章和第五章。至于"十广"的结构，则在本章注释中做较为详细的说明，以保持原著体系的完整性。

3 超克自卑与我慢——六即成佛的阶位

发菩提心是佛教徒确立正确信仰的基础，也是修习止观的前提，分作"简非""显是"二大部分阐述。在"简非"中，辨别并剔除各种似是而非的虚假菩提心，共有地狱、畜生、饿鬼、阿修罗、人、天、魔罗、尼犍（即出家的外道）、色无色、二乘等十种非心。"显是"由"四谛""四弘誓愿"和"六即"三部分构成。真正菩提心的发起，依赖于对圆满教理的真正理解。所以首先区分了生灭、无生灭、无量、无作四种四谛，分别对应藏、通、别、圆四教，说明在教理上要依据圆教的无作四谛、体达法性和一切法无二无别，才是发真正菩提心。在对圆理的认识基础上，进而阐明修菩萨道的行者，必须树立上求下化的四弘誓愿：由对苦谛的理解，发起众生无边誓愿度的信念；由对集谛的理解，发起烦恼无尽誓愿断的信念；由对道谛的理解，发起法门无量誓愿学的信念；由对灭谛的理解，发起佛道无上誓愿成的信念。

发菩提心的目的是修证成佛，故在阐明见地、行愿之后，最后则揭示修证的阶位——"六即"。即，指众生与佛一体不二之义，由此在理上确立发心学佛的必要性与可能性。但为防止人们循名违实，以凡滥圣，故在修证的进程上，分为理即、名字即、观行即、相似即、分真即、究竟即六段，明确发心学佛的阶梯与果位。此六即说，为智𫖮独创，显示了圆顿止观在修证中初后不二的精义。

4 行坐住卧皆成佛道——四种三昧的实践形式

节选自"修大行"（卷二）。修大行，即止观法门的实践，为《摩诃止观》的主干，包括三大部分：（一）即在此"五略"中专门叙述的常坐三昧、常行三昧、半行半坐三昧、非行非坐三昧等四种三昧；（二）"十广"第六《方便章》，介绍正式修习止观以前的预备加行二十五法；（三）"十广"第七《正观章》，详述圆顿止观实践法门的十境和十乘观法的内容，为全书重点所在。在整个止观体系中，四种三昧与"十境"和"十观"，是形式与内容的关系。四种三昧是禅者借以观心调直的外在形式，最后还是落实到观心上；而"十境"和"十观"的观心实践，仍须取四种三昧中的某一形式。在智顗的思想体系中，无疑是以圆顿止观的十境和十乘观法为最重要的法门，其最高学术成就圆融三谛、一念三千等思想，亦集中于对上述法门的阐述中。但是，四种三昧在天台止观的实践体系中依然占有相当重要的位置，不仅仅是修行的外在形式，还包括般若空观、法华一乘观、实相观、坐禅、念佛、忏仪等各种修行法门，适应了末法时代各类众生的机宜，被后世佛教各宗派广泛地应用。

5　末法时代的权宜之法——即贪欲而修佛道

原文依然节选自卷二，为"四种三昧"中"非行非坐三昧"的一部分。"非行非坐三昧"的修法分作"约诸经观"和"约三性观"两大部分。在"约三性观"中，先述历诸善法观心，次述历诸恶法观心，最后述历无记法观心。本章将"历诸恶法观心"这一部分抽取出来，单列一章，在于观察恶法的理论根据、时代背景及修证实践，涉及天台宗重要的"性恶"思想。将这部分内容与原著卷五《正修止观章》中的"一念三千"的思想比观，可以比较完整地理解智顗从"观恶"，到"性具""性恶"的思想发展脉络。

6 认识的深化与教相的发展——三止三观的由来与教观互具

在"五略"中，"发大心"除第一《大意章》外，还摄第二《释名章》、第三《体相章》、第四《摄法章》、第五《偏圆章》等四章，详尽介绍了修习止观的基本知识。《释名章》（卷三上），分相待、绝待、会异、通三德四点，详细解释止观的名义。《体相章》（卷三上至卷三下），分教相、眼智、境界、得失四点，解释止观的法体与相状。《摄法章》（卷三下），说明用止观概括佛教一切权实法门，遍摄一切诸法、一切理、一切惑、一切智、一切行、一切位、一切教。《偏圆章》（卷三下），用大小、半满、偏圆、渐顿、权实等五双范畴，分析止观深浅不一的教义和法门，阐明唯有圆教的止观是大、满、顿、实。

天台止观，用于个体修持，是定慧并重；用于弘传教义，则是教观互具。"教"，是藏、通、别、圆四教的教相发展；"观"，则是空、假、中三观的认识深化。本章选自第三《体相章》，为其中的"教相"部分。因为此处在论述三止（体真止、方便随缘止、息二边分别止）三观（从假入空观、从空入假观、中道第一义谛观）概念的发展中，已包含第二《释名章》的内容于自身中，且能与第九章《对真理的如实把握——一心三观与圆融三谛》所述遥相呼应。三观思想不仅反映了认识从虚妄到真实、从抽象到具体的逐步深化的发展过程，也对应着佛教史由低向高的发展过程。把三观的认识水平衡量佛教各种派别，遂产生四教判释，从而确立圆教的最高地位。

7 正修止观的对象与方法——十境与十乘观法

原著中，第二至第五章，都是修习止观的基本知识；第六、第七章，则详示修习止观以前的加行及正式修习止观的方法。第六《方便章》（卷四），叙述有二十五项必须具足的注意事项，为进而修习十乘观法和十种境界做准备，分为具五缘、诃五欲、弃五盖、调五事、行五法等五科，本书未予选录，有关这一部分的介绍，请参见第二章的相关注释。在原著中，二十五方便叫作远方便，而以第七《正观章》的十种境界为近方便。

第七《正观章》（卷五—卷十），是全书的中心，详细介绍圆顿止观的观心实践，由此体证三谛圆融的妙理。其中先叙述观法之对象十境，次说正修的十种观法。作为以初发心学佛者为对象的佛学概论和习禅教科书，智𫖮对佛教修行所可能遇到的各种情况及种种错误见解，做了非常详细的描述。本章所选，仅为卷五上阐释"阴界入境"中的一段总论性文字。

十境为观心实践中所现起的十种境界，自造业受报的凡夫开始，到尚未证得究竟解脱的大小乘圣人为止，视不同条件而呈现。它们是：阴入界境、烦恼境、病患境、业相境、魔事境、禅定境、诸见境、增上慢境、二乘境、菩萨境。由五阴、十二入、十八界构成的观阴入界一境，恒常呈现于凡夫、圣人面前，不管此境界呈现还是不呈现，应恒常将其作为观心之境。但界、入两科所摄过于繁广，因而只以行人现前一期果报之身即五阴为所观境，又在五阴中也只就识阴即所谓介尔一念运用三千、三谛的观法。以下的九境即由此而生起。

"十乘观法"，指在观想每一境时，视机宜不同，应按十种层次进行，即：观不思议境、起慈悲心、巧安止观、破法遍、识通塞、修道品、对治助开、知次位、能安忍、无法爱。以这十个层次一一观上述十境，故名"十重观法"。十种观法由因至果，达到圆满解脱，故又名"十法成乘观"。原著自卷五开始到卷末，都是叙述用此"十乘观法"对"十境"（最后三境未讲）的观想。十乘观法以观不思议境为根本，用一心三观的方法论证一念心与三千世间圆融相即的关系。在此集中了智𫖮止观学说体系中最为精彩的一念三千、一心三观与圆融三谛等思想，故将有关内容抽出，另编成以下第八和第九两章。

8　成圣堕凡皆在己心一念——一念三千的性具实相说

"一念三千"是天台宗为人的存在及修道确立坐标的根本世界观，最能显示天台教义的特色所在。本章内容节选自卷五上，为第七《正修止观章》中所述十乘观法的第一种"观不思议境"的部分内容。三千诸法由十法界、十如是、三世间构成，作为观心实践的对象。它的每一步构成皆有经典的依据，然而经过圆融三谛和一心三观的哲学建构，则成为智𫖮的天才性独创。十法界众生根据主体意识中无明与法性两种力量的盛衰消长，使业力的染净因果对比发生变化，如此十界彼此互具，则成百法界。此中每一互相包含的法界，都具备实相的十种规定性（十如是），即事物的相状（相）、本性（性）、体质（体）、功能（力）、作为（作）、直接原因（因）、辅助条件（缘）、结果（果）、果报（报）、自初相至末报毕竟平等（本末究竟等），如是则成千如。百界千如各有三世间，指生命主体所依存的五阴世间、众生世间、国土世间等三种生存环境，便成三千世间。所谓一念三千，指在日常生活的一念心中，即具足从凡到圣的所有依正统一的三千世间，此即作为天台宗解脱论基础的"性具实相说"。主体在十法界内升降进退、成圣堕凡，悉取决于己心一念。天台哲学的最高主体性在这里得到确立，它表明主体具有选择自己在十法界中任一层次及其相对应环境的绝对自由，而主体的升华则意味着对所处环境的变革。

9　对真理的如实把握——心三观与圆融三谛

　　本章原文依然节选自卷五上，为第七《正修止观章》中所述十乘观法的第一种"观不思议境"的部分内容。智颉在阐述一念三千说的哲学基础时，集中论述了"一心三观""圆融三谛"等核心思想，作为天台宗独特的认识论、真理观和方法论，在中国哲学史上具有重要的意义，故将其独立出来，另编成一章。智颉在论证一念心与三千世间圆融相即的关系时，指出此一念心与三千世间，并不存在时间上的前后派生关系，也不存在空间上的整体与部分的横向关系，非纵非横，非一非异，所以称为不可思议境。对此，只有绝对统一的认识才能把握。这种认识方法就是一心三观，所认识到的绝对真理就是圆融三谛，能把握这种绝对真理的主体，就是具有一心三智的最高智慧者。在确立了第一义谛所指的真理终极性之后，在世俗谛中，不妨假借名相概念而方便说明之，这就是"四悉檀"的因缘。

佛教是一个在世间而出世间、即历史而超历史的巨系统，如何处理出世超越与入世济度的关系，永远是佛教思想家必须重视的课题。顺应时代的发展，因应社会的需求，在保持自己宗教的特征和主体尊严的同时，不断改变佛教传播的方式方法，使自己与众生一起向着解脱的道路行进。这是整部《摩诃止观》的核心所在，也是不断昭示后人的最可宝贵的财富。

本书所据原本，取自最常见的《大正藏》版，并参校日本《国译一切经》。标点、段落设定皆由笔者自行决断，凡认为有衍、脱、错字者，则参照书中所列校勘记改正，并在注释中说明。本书体例，凡于每章开头，先列原典，次列注释，再列译文。译文以直译为主，视上下文关系，在译文中酌添文字以贯通文意。个别地方，例如第一章叙述西土二十四祖传承时，原文虽简略却包含大量传说和掌故，若一一注明，将使注释部分极其庞杂,故参酌史实,采取意译方式并补缀若干内容。根据原著内容,由笔者加上章、节、目三级标题,尽可能使用原著的语句。正文之后,有一分成九节的《解说》,重点阐发各章所选原典的主要思想,同时兼顾全书结构,并对学说的源流开合之处展开说明。《源流》主要阐述止观学说的形成及发展。本书的《题解》、各章注释、《解说》《源流》等部分是统一的整体,凡在此中任一部分已有论列者,则列出参见位置,不再赘述。

本书在撰作过程中,对前辈时贤的研究成果多有取资,一般均随文列出,以申谢意。书末所列《参考书目》,均指笔者参阅或引用过的文献。

注释:

①"本书",专指笔者对《摩诃止观》的选注和翻译。为避免注译本与原著在章节方面的混淆,凡指涉《摩诃止观》时,均称"原典""原文"或"原著"。

经典

1 智者说己心中所行法门
——著述缘起与学说传承

金口相承与今师相承

原典①

止观明静②,前代未闻。智者,大隋开皇十四年四月二十六日,于荆州玉泉寺③,一夏④敷扬,二时慈霔。虽乐说不穷,才至见境⑤,法轮停转,后分弗宣。

然挹流寻源,闻香讨根。论曰⑥:"我行无师保。"经云⑦:"受莂于定光。"书言⑧:"生知者上,学而次良。"法门浩妙,为天真独朗,为从蓝而青。行人若闻付法藏⑨,则识宗元。

大觉世尊,积劫行满,涉六年以伏见,举一指而降魔。始鹿苑,中鹫头,后鹤林。⑩

法付大迦叶，迦叶八分舍利，结集三藏，法付阿难。阿难河中入风三昧，四派其身，法付商那和修。修手雨甘露，现五百法门，法付毱多。多在俗得三果，受戒得四果，法付提多迦。多登坛得初果，三羯磨得四果，法付弥遮迦。迦付佛陀难提。提付佛陀蜜多，多授王三归，降伏算者。法付胁比丘，比丘出胎发白，手放光取经。法付富那奢，奢论胜马鸣，剃发为弟子。鸣造《赖吒和罗》妓，妓音演无常苦空，闻者悟道。法付毗罗，罗造《无我论》，论所向处，邪见消灭。法付龙树，树生生身，龙成法身。法付提婆，婆凿天眼，施万肉眼。法付罗睺罗，罗识《鬼名书》，降伏外道。法付僧伽难提，提说偈试罗汉。法付僧伽耶舍，舍游海，见城说偈。法付鸠摩罗驮，驮见万骑，记马色，得人名，分别衣。法付阇夜多，多为犯重人作火坑，令入忏悔，坑成池罪灭。法付盘陀，陀付摩奴罗，罗分恒河为二分，自化一分。法付鹤勒那。那付师子，师子为檀弥罗王所害，剑斩流乳。付法藏人，始迦叶，终师子，二十三人；末田地与商那同时取之，则二十四人。

诸师皆金口所记[11]，并是圣人，能多利益。昔王不立厩于寺，立厩于屠[12]。况好世值圣，宁无益耶？又婆罗门货髑髅[13]，孔达者、半者、不者。达者起塔礼供，得生天。闻法之要，功德若此。佛为此益，付法藏也。

此之止观，天台智者说己心中所行法门。智者生，光满室，目现双瞳。行法华经忏⑭，发陀罗尼⑮。代受法师，讲金字《般若》。陈隋二国，宗为帝师。安禅而化，位居五品⑯。故经云："施四百万亿那由他国人，一一皆与七宝，又化令得六通，不如初随喜人百千万倍"，况五品耶？文云即如来使⑰，如来所使，行如来事。《大经》云："是初依菩萨。"

智者师事南岳。南岳德行，不可思议。十年专诵，七载方等⑱，九旬常坐，一时圆证，大小法门，朗然洞发。南岳事慧文禅师，当齐高之世，独步河淮。法门非世所知，履地戴天，莫知高厚。

文师用心，一依《释论》⑲。论是龙树所说，付法藏中第十三师。智者《观心论》⑳云："归命龙树师"，验知龙树是高祖师也。疑者云："《中论》遣荡，《止观》建立，云何得同？"然天竺注论，凡七十家，不应是青目，而非诸师。又论㉑云："因缘所生法，我说即是空，亦为是假名，亦是中道义。云云"

注释

①本章内容，节选自记录者灌顶所述的序论。

②**止观明静**：止（梵文 Śamatha，奢摩他），停止或

抑制为外境的生起、转变所引发的心之散乱、动摇；观（梵文 Vipaśyanā，毗婆舍那），在寂静的心境中对现象做如实的观察和自在的对应。止以寂静为体，观以明照为体，故一般以定与慧、寂与照、明与静来形容止观。"止观"二字，概括《摩诃止观》全书宗旨，阐明天台宗定慧兼美、义观双明的独特学说。

③**荆州玉泉寺**：在今湖北省当阳县玉泉山东南麓，智𫖮于隋开皇十二年（公元五九二年）建立，次年于此寺讲《法华玄义》。隋文帝原敕寺额"一音寺"，后敕改为"玉泉寺"。以智𫖮在此讲经故，寺名远播，与当时的栖霞、灵岩、天台并称天下丛林四绝。

④**一夏**：整个夏安居期间。佛制，以夏季雨期禁止出家人外出，在三月中聚居一处致力修行，称为安居。一般从四月十六日开始，至七月十五日结束。

⑤**见境**：即"观诸见境"，为"十境"中第七境，详见第七章《正修止观的对象与方法——十境与十乘观法》。

⑥**论曰**：此句出自《大智度论》卷二《初品》，参见《大正藏》第二十五册，第六十六页。

⑦**经云**："受莂于定光"出自《太子瑞应本起经》卷上。受莂，即受记，指未来世证果及成佛名号之预言。定光，即定光如来（又名锭光佛、燃灯佛、普光佛等），为过去佛中最有名者。

⑧**书言**：此句出自《论语·季氏》，文为："生而知之者上也，学而知之者次也；困而学之，又其次也；困而不学，民斯为下矣。"

⑨**付法藏**：指付嘱传递佛陀之正法。智𫖮在此所述西天二十四祖，系根据北魏·吉迦夜、昙曜共译之《付法藏因缘传》（收于《大正藏》第五十册）。是指释迦世尊把内证境界传授给摩诃迦叶，一直到师子比丘的历代师资相承，即下表所示的二十四祖系统：大迦叶——阿难——商那和修，末田地（旁出）——优婆毱多——提多迦——弥遮迦——佛陀难提——佛陀蜜多——胁比丘——富那夜奢——马鸣——迦毗摩罗——龙树——提婆——罗睺罗——僧伽难提——僧伽耶舍——鸠摩罗驮——阇夜多——婆修盘陀——摩奴罗——鹤勒那——师子。

这个付法藏系统，系根据北魏·吉迦夜、昙曜共译之《付法藏因缘传》，后宋代禅宗僧人契嵩著《传法正宗论》，认为此书是北魏·昙曜的伪作，并在第六祖弥遮迦之下，增入婆须蜜，又在天台宗所传的第二十三代师子以下，增加四代，则形成禅宗的西天二十八祖之说。这一传法世系是：摩诃迦叶——阿难——商那和修——优婆毱多——提多迦——弥遮迦——婆须蜜——佛陀难提——佛陀蜜多——胁尊者——富那耶舍——马鸣——

迦毗摩罗——龙树——迦那提婆——罗睺罗——僧伽难提——伽耶舍多——鸠摩罗多——阇夜多——婆修盘陀——摩奴罗——鹤勒那——师子——婆舍斯多——不如蜜多——般若多罗——菩提达摩。由此在宋代兴起天台宗与禅宗之间关于付法藏祖师的诤论。

⑩**始鹿苑，中鹫头，后鹤林**：指释迦牟尼佛一代转法轮的三个主要地区：鹿野苑（Mrgadava），为释尊成道后初转法轮之地，即今之沙尔那斯，位于今北印度瓦拉纳西市（Varanasi）以北约六公里处；鹫头，又名灵鹫山、灵山，为耆阇崛山（Grdhrakuta）之音译，为释尊生平主要弘法处，位于今中印度贝哈尔州（Behar）拉查基尔（Rajgir）东南之塞拉吉里（Saila-giri）；鹤林，即释尊入灭的娑罗树林，位于中印度拘斯那揭罗城（Kusinara）。

⑪**金口所记**：金口，表明佛陀亲自说教之毫无过误。此指自迦叶至师子二十三祖历代传承佛所说之法的"金口相承"。

⑫**立厩于屠**：出自《付法藏因缘传》卷六，过去华氏国国王有头战象，勇猛无比，因象厩被烧，暂居于寺旁，象日夜听闻比丘诵《法句偈》后，心便起慈悲，不再为国王杀戮罪人。国王为重新激发战象的恶心，便将象厩移居于屠坊。（《大正藏》第五十册，第三二二页）

⑬**婆罗门货髑髅**：过去有婆罗门携大量人头髑髅到

华氏城，强迫居民购买。城中居士以铜棍贯穿髑髅两耳，如全通者，付给全价；半通者，付给半价；不通者，则不付价。婆罗门惊问其故，居士们说：在这些髑髅中，两耳全通者，表明他们生前听受佛法，智慧高贵；半通者，表明生前对所听佛法未能很好领会；不通者，说明他们生前不曾听过佛法。居士们将所购得全通的髑髅建塔礼供，这些居士死后全得生天的果报。出处同上。

⑭**法华经忏**：即修习法华三昧的忏悔法，详见第四章《行坐住卧皆成佛道——四种三昧的实践形式》。智顗著有《法华三昧忏仪》一卷行世，收入《大正藏》第四十六册。

⑮**陀罗尼**：（Dhāraṇī）意译为总持、能持，即能总摄忆持无量佛法而不忘失之念慧力，能于众中自由自在地说法。天台宗据《法华经·普贤菩萨劝发品》之说，立有旋陀罗尼、百千万亿陀罗尼、法音陀罗尼三种陀罗尼，而以之配于空、假、中三观。慧思印证智顗入法华三昧初旋陀罗尼，事见《续高僧传·智顗传》,《大正藏》第五十册，第五六四页。

⑯**五品**：即五品弟子位：（一）随喜品，闻佛法而生信解随喜；（二）读诵品，读诵讲说妙法之经；（三）说法品，以正确说法引导他人；（四）兼行六度品，观心之余，辅修布施、持戒、忍辱、精进、禅定、智慧等六

度；（五）正行六度品，自行化他，事理具足。此说原出《法华经·分别功德品》，智颉将其判为"六即"位之第三"观行即"，属内凡位外品，详见第三章《超克自卑与我慢——六即成佛的阶位》。据《续高僧传·智颉传》，智颉临终前，告诉弟子智朗，说自己一生领众说法，为他损己，修行果位只得五品位。（《大正藏》第五十册，第五六七页）

⑰**如来使**：出自《法华经·法师品》，指在现实的苦难中实践真理的精进者，有如佛陀的使徒，被派遣在世间宣说佛法。

⑱**七载方等**：湛然在《止观辅行传弘决》卷一之一中指出，慧思的传记中均无"七载方等"之说，或为传记作者所闻不同。（见《大正藏》第四十六册，第一四九页）

⑲**依《释论》**：据《佛祖统纪》卷六《二祖北齐慧文传》，慧文在读《大智度论》第三十卷（实为第二十七卷）中所谓一心中得一切智、道种智、一切种智，依此而修一心三观，观成得一心三智。（参见《大正藏》第四十九册，第一七八页）

⑳**《观心论》**：亦名《煎乳论》，一卷，为智颉所作，以偈颂形式概括观心法门的境、行、果。有灌顶的《观心论疏》四卷，依《摩诃止观》的思想进行系统解释。

二书皆收于《大正藏》第四十六册。

㉑论：据《佛祖统纪》卷六《二祖北齐慧文传》，慧文在读《中论·观四谛品》这首偈时，恍然大悟，建立一境三谛之旨。天台宗对这首偈的读法是：以"因缘所生法"作为观境，"我说即是空"，即是"空"的遣荡；"亦为是假名"，即是"假"的建立；"亦是中道义"，即是空假不二的"中"的综合。能观方面是一心三观，所观对象则是一境三谛。

译文

著书缘起

定慧兼美、义观双明的止观法门，为旷世前代所未闻。智者大师于隋朝开皇十四年（公元五九四年）四月二十六日，在荆州玉泉寺结夏安居期间，为大众阐扬《法华经》妙义而讲述此书。智者以无缘大慈之心、多闻善辩之慧，所宣法音，如甘霖倾注。虽每日朝暮二时讲说不休，才讲到第七《正修止观章》，到其中"十境"之第七境"观诸见境"时，因结夏安居期满，法轮停转，以后部分未及终篇。

金口相承的付法历史

掬流水应寻溯始源,闻幽香须探讨根本。《大智度论》说道:"佛是证悟一切智慧的觉者,自然无师自通。"这是就上根利机者在果上独悟而言。若从因地上讲,修行者必须靠师父引导入门,故《太子瑞应本起经》提到:"释迦佛在前生为儒童菩萨时,曾受定光佛授记,将于九十一劫后的贤劫成佛。"儒书《论语》也说:"生而知之的天才为最上等,后天通过学习而掌握知识的次之。"佛教法门博大精妙,佛所证之理天然本真,故须独自体悟而朗然洞发;学佛之道则应明确师承次第,有如青色出于蓝靛。修行者如能知晓佛法传受的统绪,自然明白心法的根本。

大觉大悟的释迦牟尼佛,积历劫修行的功德,终于经六年苦行之后,一举降伏天魔,摧折邪见,觉悟宇宙人生的真理。从鹿野苑开始弘传佛法,历经灵鹫峰等处,而后于鹤林树下示灭。

佛灭以后,佛法代代传付予以下祖师:(一)大迦叶,接受佛的传法付嘱,将佛陀灵骨舍利分送八国供奉,并主持结集经、律、论三藏。(二)阿难受迦叶传法,游行宣化二十年后,于恒河中入风奋迅三昧,寂后舍利分送四处供奉。(三)商那和修,从阿难得法,后至优婆毱多处,举手向空,洒下甘露如雨,以神通示现五百法门,度毕弟子后入般涅槃。(四)优婆毱多,从商那和修得法,他在俗时已证得第三不还果,出家受戒后得第四阿罗汉果。(五)提多迦,从优婆毱多得法,早在受具足戒时,登戒坛第一天即证入圣流初果,在受戒仪式的三羯磨中,依次从二果证得阿罗汉果。(六)弥遮迦,从提多迦得法。(七)佛陀难提,从弥遮迦得法。(八)佛陀蜜多,从佛陀难提得法,于辩论大会中胜国王,为其授三归依,并降伏外道的卜算者。(九)胁比丘,从佛陀蜜多得法,胁比丘在胎中经过六十年,出生时须发皆白,有外道见其手放光明,于暗中取经,即舍邪归正。(十)富那夜奢,从胁比丘得法,以真俗二谛论与马鸣辩"我"之有无,辩胜后将马鸣剃度为弟子。(十一)马鸣,受法后于华氏城作《赖吒和罗》乐曲,其音清雅,演示无常苦空之法,城中五百王子闻此音乐,同时悟道。(十二)迦毗摩罗,从马鸣得法,于南天竺造《无我论》一百偈,此论所弘之处,外道邪见尽皆消灭。(十三)龙树,从迦毗摩罗得法,从树下出生而得父母所生身,由龙宫阅大乘经典而成就菩萨法身。(十四)提婆,从龙树得法前为婆罗门,曾凿去神庙中大自在天锻金神像的左眼,神像遂化作肉身形,因神之请求,提婆挖出自己肉眼布施予神，但仍索之不已，一直挖眼达于万数。（十五）罗睺罗，从提婆得法，能识甚为难解的《鬼名书》，降伏著书的婆罗门外道。（十六）僧伽难提，由罗睺罗得法，为考查一阿罗汉，说一偈试测之，此阿罗汉升天问弥勒后方才得知，却为僧伽难提所识破。（十七）僧伽耶舍，从僧伽难提得法，曾游海边见七宝宫殿，因乞食而说"饥是第一病"之偈。（十八）鸠摩罗驮，从僧伽耶舍得法，在童子时以博闻强识而著称，见万人骑马，能识别所有的马色、骑手的名字和所穿的衣服。（十九）阇夜多，从鸠摩罗驮得法，曾为犯重罪比丘忏罪，化出一火坑，令其投入忏悔，比丘投入后，火坑变成清水池，为其说法灭罪。（廿）婆修盘陀，从阇夜多得法。（廿一）摩奴罗，从婆修盘陀得法，以恒河为界与夜奢三藏划分教化区域，恒河以北，人多信佛，由夜奢三藏弘法；恒河以南，人多邪见，为摩奴罗自己化度之区。（廿二）鹤勒那，从摩奴罗得法。（廿三）师子，从鹤勒那得法，后因外道淫乱后宫，加祸于僧人，师子为檀弥罗王所害，挥剑斩首，血变为乳。以上从大迦叶开始，到师子尊者为止，历代传法祖师有二十三人。若加上二祖阿难的旁出，与商那和修同时的末田地尊者，则共有二十四人。

历代祖师皆从释迦牟尼佛金口说法而得道，并经代代授记，都是得果圣人。法藏流布之处，能使众生获得众多利益。过去华氏国国王为重新激发战象的恶心，便将象厩从慈悲戒杀的佛寺一侧移居屠坊旁边。畜生尚且能因听闻佛法而生起慈心，何况我们身为人？现值太平盛世，传播与听闻佛法，怎么会不产生大利益呢？过去有个婆罗门强迫华氏城居民买人头髑髅，城中居士以铜棍贯穿髑髅两耳，如两耳全通者，表明他们生前听受佛法且智慧高贵，故付给全价；半通者，表明生前对佛法未能很好领会，故付给半价；不通者，说明他们生前不曾听过佛法，则不予付价。然后将购得的全通髑髅建塔礼供，这些居士死后全获得生天的果报。供养听闻过佛法的髑髅，尚且具有如此功德！佛就是为了利益世人，殷勤付嘱法藏的啊！

今师相承的求道足迹

这部《摩诃止观》，为天台智者大师所作，宣说的皆是他自己修行中内心体悟的法门。智者降生时，祥光照满室中，目中现双重瞳仁。出家后修行法华三昧忏仪，证入法华三昧前方便，开发初旋陀罗尼的智慧。受业师南岳慧思之托，曾代讲他所督造的金字《大品般若经》。智者在陈、隋二朝，皆被陈宣帝和隋炀帝尊奉为帝师。临终时，在禅定中安然入寂，修行果位居"五品弟子位"。如果说在《法华经·随喜功德品》中，佛对弥勒菩萨说，"倘若布施四百万亿阿僧祇劫世界六趣众生，布施七宝所成宫殿，又度化他们都获得六种神通，如此功德，不如闻《法华经》一偈获得初品随喜位者百千万倍"，那更何况是获得圆满具足的五品位呢？在《法华经·法师品》中，佛又说获得此果位者，能为世人所依怙："成为颁行如来佛旨的使者，为如来所派遣，宣扬佛的因果。"智者获得五品位的殊胜，亦可证诸《大般涅槃经》："若有人虽具烦恼性，能知如来秘密之藏，即已到达初依菩萨的果位。"

　　智者师承南岳慧思禅师。南岳的道德学问不可思议，他专诵《法华》等经典，十年中诵经之声不间断，又用七年修习方等三昧。曾用九十天时间连续坐禅，于身体倚壁的刹那间彻证法华三昧，顿悟大小乘法门，开发圆满智慧。南岳师承慧文禅师，慧文在高氏统治的北齐时代，所传授的实相禅法，独步于河北淮南地区。慧文禅师创立的"一心三观"法门，在盛行小乘禅法的北方，高峻直指云天，非世间一般人能测高深。

　　慧文禅师依《大智度论》而发明"一心三观"之宗旨，使禅学法门得以改转。此论是龙树所说，即西天付法藏中第十三位祖师。智者在《观心论》中写道："顶礼归命龙树师"，可知龙树大师确实是天台圆教的高祖。有人也许会发出疑问:"龙树的《中论》是从否定方面遣荡一切名相,而《摩诃止观》则从正面建立系统佛法,这二种学说如何能说具有同一师承关系呢?"须知:在印度注释《中论》的多达七十家,不应该只是片面地肯定青目一家的注释,而排斥其他诸师的见解。圆顿止观的"圆融三谛"思想,也来自于龙树所著的《中论》,因为论中明明白白地写道:"因众多条件而生的诸法,我说它们本来就是空性,同时又是假名意义上的存在(把握缘起性空的实质和幻有状态的现象),就是空有不二的中道实相。"

智𫖮所传的三种止观

原典

天台传南岳三种止观:一渐次,二不定,三圆顿。皆是大乘,俱缘实相①。同名止观,渐则初浅后深,如彼梯隥。不定前后更互,如金刚宝置之日中②。圆顿初后不二,如通者③腾空。为三根性,说三法门,引三譬喻。略说竟,更广说。

渐初亦知实相。实相难解,渐次易行。先修归戒,翻邪向正,止火血刀,达三善道。次修禅定,止欲散网,达色无色定道④。次修无漏,止三界狱,达涅槃道。次修慈悲，止于自证⑤，达菩萨道。后修实相，止二边偏⑥，达常住道⑦。是为初浅后深，渐次止观相。

不定者，无别阶位，约前渐后顿，更前更后，互浅互深，或事或理。或指世界⑧为第一义⑨，或指第一义为为人⑩、对治⑪。或息观为止，或照止为观。故名不定止观。

圆顿者，初缘实相⑫，造境即中，无不真实。系缘法界，一念法界。⑬一色一香，无非中道。⑭

己界及佛界、众生界亦然。阴入皆如，无苦可舍；无明尘劳，即是菩提，无集可断；边邪皆中正，无道可修；生死即涅槃，无灭可证。无苦无集，故无世间；无道无灭，故无出世间。纯一实相，实相外更无别法。法性⑮寂然名止，寂而常照名观。虽言初后，无二无别。是名圆顿止观。……⑯

注释

①**实相**：梵语 Dharmata，原意为本体、实体、真相、本性等；大乘佛教指为一切万法最后究竟的真实体相，或真实之理法、不变之理、真如、法性等，不能用语言所描述。依色心不二、理事圆融之实相而修止观，为慧文、慧思"法门改转"以来最具特色者，故太虚大师称天台宗的禅法为"实相禅"。（参见太虚：《中国佛学

特质在禅》)

②出自《大般涅槃经》卷二十二:"如金刚宝置之日中,色则不定。"

③**通者**:具有不可思议之神通能力者。

④**色无色定道**:即色界四禅和无色界四无色定,在阐述渐次止观的《释禅波罗蜜次第法门》一书中,属于"世间禅"的范畴。

⑤**止于自证**:此指修大乘菩萨道行者,已超越小乘的自证阶段。

⑥**止二边偏**:即破除对空、假二边的偏执。

⑦**常住道**:常住(梵语 Nitya-sthita),为"无常"之对称。意指贯通过去、现在、未来三世,恒常存在、永不生灭变易的如来法身。

⑧**世界**:即世界悉檀,亦名欲乐悉檀,四悉檀之一。以适应于世间人喜好的思想、语言、观念等,随不同机宜而解释经文,令凡夫喜悦而生得世间之正智。悉檀,通常译作成就、宗,而智𫖮以梵汉并举,悉是言遍,檀是檀那的略称,即遍施而使其成就。

⑨**第一义**:即第一义悉檀,亦名入理悉檀,四悉檀之一。即破除一切论议语言,直接以第一义谛诠明诸法实相之理,令众生真正契入教法。

⑩**为人**:即为人悉檀,亦名生善悉檀,四悉檀之

一。根据众生各别根机与能力，而说各种出世实践法，令生起善根。

⑪**对治**：即对治悉檀，亦名断惑悉檀，四悉檀之一。针对众生种种烦恼，分别给予不同的对治方法。

⑫**缘实相**：指修止观时，心念所依住的实相理体。圆顿止观所缘的对象，即泯灭一切色心、能所、主客等对立的中道妙境。

⑬**系缘法界，一念法界**：系缘，将心念依止于所观之境而不思其他事物；一念，将所观的三千性相圆具于一念心中。能观之心与所观之境，泯合无间。法界，既指由地狱到佛十种生命主体及所依环境，也指融合性相、理事的世界绝对真实本性。详见第八章《成圣堕凡皆在己心一念——一念三千的性具实相说》。

⑭**一色一香，无非中道**：指中道实相之理，遍布于一色一香等一切微细事物之中。此为用空、假、中三观所照察的悟境。

⑮**法性**：梵语 Dharmata，指宇宙一切现象所具有的真实不变之体性，与如、实际等，皆为诸法实相之异名。

⑯删略部分，为灌顶依据经典论证圆顿止观的成立，有闻圆法，起圆信，立圆行，住圆位，以圆功德而自庄严，以圆力用建立众生等项内容。

译文

天台大师传承了南岳慧思的三种止观法门：一是渐次止观，二是不定止观，三是圆顿止观。这三种止观，都是大乘法门，俱依住于实相而修。所谓渐次止观，即由浅入深的修习止观，犹如登楼梯、石阶循序而进。所谓不定止观，是把顿渐、深浅各种法门前后更替、自由活用，如金刚宝石在日光照耀下，光芒闪烁不定。所谓圆顿止观，即以最高至深之心境为出发点，如神通开发者腾空而起。智者为上、中、下三种根机之人，说此渐次、不定、圆顿三种止观法门，引述了上述三种譬喻。以上简略介绍完毕，下面详细解说。

渐次止观

渐次止观虽为习禅的初步，亦贯通圆极实相之理。但实相难以理解，通过渐次止观则易于循序修行。第一步是皈依三宝和持戒，依持戒之力，改邪归正，舍弃以火、血、刀为标志的地狱、饿鬼、畜生三恶道，而趋达天、人、阿修罗三善道。第二步是修习禅定，灭止情欲，消除散乱，达到色界和无色界的四禅八定道。第三步进而修无漏道，脱离三界之牢狱，到达涅槃解脱之道。第四步是修习慈悲门，超越自证阶段，到达大乘菩萨道。第五步是修实相观法，破空、假二边的偏执，而证入佛的涅槃常住的实相之道。以上所述，就是初浅后深、循序渐进的渐次止观相状。

不定止观

不定止观，即不对修习阶位做固定的分别，所悟之法，或前渐后顿，或前顿后渐。或以浅显的法门用于深奥的理体，或以深奥的法门用于初浅的事物。或偏重于三界之内的事相，或偏重于出三界之外的理体。或由俗向真，以"世界悉檀"为"第一义悉檀"；或由真回俗，指"第一义悉檀"为"为人悉檀"或"对治悉檀"。或正用观时，停息观门改为止门，息观即成止；或正用止时改用观门，照止即成观。如此更互回换，故名不定止观。

圆顿止观

圆顿止观，与渐次止观、不定止观不同，是圆融顿极、始终不二的。从初发心时，能观之心，即融入绝待的中道实相之境，故所触之境即达中道，无不契入于真实。以心止于法界，虽寂止而心常明照；以念观于法界，虽明照而心常寂止。从所观之境而言，无情世界中的眼观之色、鼻闻之香，无一不体现着中道法界。

从有情世界来看，自己与一切众生，都与佛相等，都具有佛性，同依住于中道实相。从圆教的无作四谛看，由五阴、十二入等构成的十法界众生皆契合真如实相，故无苦可舍；无明尘劳等十界之惑，即是菩提，故无集可断；边见、邪见皆与中正之道相依存，故无道可修；生死即涅槃，故无灭可证。无苦无集，故无世间；无道无灭，故无出世间。世间与出世间，皆统一于实相之中，在实相之外更无别的世界存在。契合于世界的本来真相——法性，寂然无为，不起任何造作，故名为止；在寂然无为的世界真实中，而常以智慧的眼光洞察观照变迁无常的现象世界，故名为观。言时，虽有最初发心和其后证果的次第，其实起点与归宿一体不二，没有分别。如此法门，就称作圆顿止观。

2　五略十广的宏伟架构
——全书的组织与大纲

以"十广"架构章节

原典[①]

今当开章为十：一、大意，二、释名，三、体相，四、摄法，五、偏圆，六、方便，七、正观，八、果报，九、起教，十、旨归。十是数方，不多不少。始则标期在荼[②]，终则归宗至极。善始令终，总在十章中矣。

生起者，专次第十章也。至理寂灭，无生无生者，无起无起者。有因缘故，十章通是生起。别论，前章为生，次章为起。缘由趣次，亦复如是。

所谓无量劫来，痴惑所覆，不知无明即是明。今开觉之，故言大意[③]。既知无明即明，不复流动，故名为止；朗然大净，呼之为观。④既闻名得体⑤，体即摄法⑥。摄于偏圆⑦，以偏圆解，起于方便⑧。方便既立，正观⑨即成。成正观已，获妙果报⑩。从自得法，起教⑪教他。自他俱安，同归常寂⑫。

只为不达无生无起，是故生起。既了无生无起，心行寂灭，言语道断，寂然清净。

分别者，十章功德如囊中有宝，不探示人，人无见者。今十章，幾⑬真、幾俗、幾非真非俗；幾圣说、圣默、非说非默；幾定、幾慧、幾非定慧；幾目、足⑭、幾非目足；幾因、果、非因果；幾自、他、非自他；幾共、不共、非共非不共；幾通、别、非通别；幾广、略、非广略；幾横、竖、非横竖。如是等种种，应自在作问。

初八章，即俗而真；《果报》一章，即真而俗；《旨归章》，非真非俗。

《正观》圣默，余八章圣说，《旨归》非说非默。

《正观》一分是定，余八章及一分是慧，《旨归》非定非慧。

《大意》至《正观》是因，《果报》是果，《旨归》非因非果。

前八章自行，《起教》化他，《旨归》非自非他。

《大意》至《起教》是目，《方便》至《果报》是足，

《旨归》非目非足。

《大意》至《正观》共，《果报》《起教》不共，《旨归》非共非不共。

《大意》一通，八章别，《旨归》非通非别。

《大意》略，八章广，《旨归》非广非略。

《体相》竖，余八横，《旨归》非横非竖。……⑮（选自卷一上）

注释

①本书原典主要选自卷一，因"五略十广"实际上并未讲完，故从卷二论述到"五略"的内容中抽取相应文字，分别插入感大果、裂大网、归大处等节目中。

②**始则标期在茶**：意谓在最初的《大意章》中就已标明究竟解脱的终极。"茶"（Dha，亦音译作"荼"），指四十二梵文字母的最后一字，意为"入诸法边竟处故，不终不生故"。《大智度论》卷四十八说此四十二字，为一切字之根本。南岳慧思曾著《四十二字门》二卷（今已不传），以《大品般若经》所说之四十二字门配当菩萨修行之四十二阶位。

③**大意**：《大意章》的内容，详见下节"五略"。

④既知以下一句，指第二《释名章》，此章讲述具在

卷三，分相待、绝待、会异、通三德四点解释止观的名义：一、可思议的相待止观：先说止有三义：（一）止息止，即止息一切的心想；（二）停止止，即停住于诸法实相真如理上；（三）非止止，即对不止叫它作止。次说观有三义：（一）贯穿观，即妄想的动乱停止；（二）观达观，即体达诸法实相真如理；（三）非观观，即对不观叫它作观。

二、不可思议的绝待止观：超越相互对待与思议，断绝凡情妄想所起的推画分别，真慧开发，直下契证实相境界，这便是绝待止观。

三、会同止观异名：在各种经论中，止或叫作远离，或叫作不住、不着、无为、寂灭、不分别、禅定等；观的异名有知见、智慧、照了等。现于绝待止观中，会同所有止观的异名。

四、通三德：视止观为佛学的核心，包容佛学中的解脱论、般若学和法身观，从而与三菩提、三佛性、三宝等一切三法相通。

⑤**既闻名得体**：指第三《体相章》（卷三上至卷三下），分教相、眼智、境界、得失四点，解释止观的法体与相状：一、教相：先简别藏、通、别三教的止观相；次说圆顿教三止三观相即互融的止观相，次第三止三观同成一绝待止观，无有障碍，具足无减，这就是圆顿教

止观体。次第三止（体真止、方便随缘止、息二边分别止）与次第三观（从假入空观、从空入假观、中道第一义谛观）一一对应。由此次第性、阶段性的说法，进入超越圆顿的一心三观。在此观中，能观之心与所观之境，皆泯绝性相而又历历分明。

二、眼智：由次第三止三观而得的三眼（慧眼、法眼、佛眼）、三智（一切智、道种智、一切种智）；由不次第止观而得的五眼（肉眼、天眼、慧眼、法眼、佛眼）、三智所知所见的不同，显示从诸门入理就是得体有异，而只有用不可思议一法的眼智，才能得圆顿止观体。

三、境界：显示眼、智所对的境界就是空、假、中三谛理，有随情说（即随他意语）、随情智说（即随自他意语）、随智说（即随自意语）权实的不同。

四、最后分别申论藏、通、别三教的得失，而圆教的教证都不可思议，自行化他都得寂照不二的实体，有得无失。

⑥**摄法**：即第四《摄法章》，此章讲述具在卷三，说明用止观概括一切法门，遍摄一切诸法、一切理、一切惑、一切智、一切行、一切位、一切教。

⑦**偏圆**：即第五《偏圆章》，此章讲述具在卷三，用大小、半满、偏圆、渐顿、权实等五双范畴，分别分析止观的偏浅和圆深方面。其中偏圆门阐明五时四教的前

四时和三教的止观都属于偏，只有圆教的止观、一心三谛是圆。

⑧方便：即第六《方便章》，此章讲述具在卷四，说修习正观的加行（预备阶段）有二十五种，分为具五缘、诃五欲、弃五盖、调五事、行五法等五科。

一、具五缘：须先具备持戒清净、衣食具足、闲居静处、息诸缘务（生活、人事、技能、学问）、得善知识等五缘，摒世离俗，以为修行入道的先决条件。

二、诃五欲：即外摒色、声、香、味、触等五种嗜欲，隔绝感官与感觉对象的接触。

三、弃五盖：即内净贪欲、嗔恚、睡眠、掉悔、疑等五种覆盖心神、障碍定慧的心理，在意识中清除感官欲望遗留下来的表象和意念活动。

四、调五事：（一）调食，令不饥不饱；（二）调眠，令不节不恣；（三）调身，令不宽不急；（四）调息，令不涩不滑；（五）调心，令不沉不浮。由此使生理和心理调整到适合习禅的状态。

五、行五法：（一）欲，欲离妄想颠倒，欲得禅定智慧；（二）精进，坚持禁戒，弃绝五盖，初中后夜，勤行精进；（三）念，念想世间一切都可轻可贱，只有禅定智慧可重可贵；（四）巧慧，筹量世间乐和禅定智慧乐的得失轻重等；（五）一心，念慧分明，明见世间一切都可患可恶，只有禅定智慧乐可尊可贵。

这二十五法，综合了各种经论，是对一切习禅修行而准备的注意事项，必须具足。原著又把方便分作远、近两种，把这二十五法叫作远方便，而以第七《正观章》的十种境界为近方便。

⑨**正观**：即第七《正观章》，此章讲述具在卷五至卷十，为全书最重要部分。详见第七章《正修止观的对象与方法——十境与十乘观法》、第八章《成圣堕凡皆在己心一念——一念三千的性具实相说》、第九章《对真理的如实把握——一心三观与圆融三谛》等内容。

⑩**果报**：即第八《果报章》，原书未及阐述，可参看第二章"五略"中的"感大果"所述内容。

⑪**起教**：即第九《起教章》，原书未及阐述，可参看第二章"五略"中的"裂大网"所述内容。

⑫**同归常寂**：即第十《旨归章》，原书未及阐述，可参看第二章"五略"中的"归大处"所述内容。

⑬**幾**：事物本质的征兆、迹象。此处指十章在各自显示特征的同时，已内在地隐含着真与俗等十门的性质。

⑭**目、足**：又作智目行足。目，喻为智慧；足，喻为行业。为修行佛道必须兼备的智解和修行二大要素。

⑮删略部分为料简问答。

译文

总说十章

现在将全书分为十章：第一，《大意章》，第二，《释名章》，第三，《体相章》，第四，《摄法章》，第五，《偏圆章》，第六，《方便章》，第七，《正观章》，第八，《果报章》，第九，《起教章》，第十，《旨归章》。以十章之数，概括尽修习止观的法门。从初始《大意章》即已标明四十二字门修行途径的最后一位"荼"字门，到最后《旨归章》则归于解脱终极。由修行始，到证道终，自行化他的修证妙法，皆包含在这十章中。

关于这十章生起的次第，有通论和别论二种解释。若作通论解释，至高无上的实相真理寂灭无为，既无能生及能生者，亦无所起及所起者。以因果相生的缘起法则，十章中每一章都具备能生与所起二种含义。若作别论解释，那么前章作为生，次章即作为起。前章是后章的缘由，后章就是前章的趣向。

十章的次序及意义

因众生从无量数劫以来，为无明、痴惑所覆盖，却不知无明当体就是法性之明。现在为使众生开显觉悟心中本具之法性光明，故在第一《大意章》阐明这一道理。既知无明与法性之明相即不离，不再片面追求流向出世间的偏小涅槃，寂然而心不动名为止；不再为烦恼、迷惑所染，心地明朗清净名为观，故有此第二《释名章》。既知止观之名相，就应进一步理解止观的法体，故有此第三《体相章》。止观能概括佛教一切权实法门，故有此第四《摄法章》。绝对、真实的本体包括一切相对的法门，应以偏与圆的关系分析这些深浅不一的教义和法门，故有此第五《偏圆章》。因为已了解偏圆各种教门的义理，应依圆理而发起修习止观前的预备修行，故有此第六《方便章》。预备修行的方便已经具备，即正式进入正修止观的观心内容，故有此第七《正观章》。正观实相之理的观行成就而感得妙果，故有此第八《果报章》。自己修证得法，遂起大悲心用各种法门教化他人，故有此第九《起教章》。自行化他同时成就，同归于常寂光净土，故有此第十《旨归章》。

　　因为众生不通达中道实相本来无生无起的道理，所以权施方便，叙说此十章的生起次序。如果完全契入实相之理，既无主体上的能生，也无客体上的所起，心念的流行完全归于寂灭，一切言语分别统统泯绝，自然达到寂然清净的实相境界。

以十门说明十章的相互关系

现在以十门分别说明十章之间的关系。十章所指涉的止观功德非语言所能描述,但如果不对此分别解说,则如囊中宝贝,不能为外人见到。此十章中,每一章都分别蕴含着下述十门关系:就佛法真理的真谛与俗谛之关系而言,即真谛、即俗谛、即非真谛非俗谛;就表达教法的言说与默然而言,即圣说、即圣默然、即非说非默然;就禅定与智慧的关系而言,即定、即慧、即非定非慧;就智目与行足的关系而言,即目、即足、即非目非足;就修行与果报的因果关系而言,即因、即果、即非因非果;就自行与化他的关系而言,即自、即他、即非自非他;就凡圣深浅之间共同与不共同的关系而言,即共、即不共、即非共非不共;就因果自他的通别关系而言,即通、即别、即非通非别;就阐释的广泛与简略而言,即广、即略、即非广非略;就释义深浅的横竖关系而言,即横、即竖、即非横非竖。如此十门关系,若分开来讲,则分别对应着全书各章。

从最初《大意》到第七《正观》及第九《起教》这八章,尚未达到真正的证悟,故名为俗,但此俗的体性本来是真,故称即俗而真;《果报》一章,讲的是所感果报为界外之俗,俗由真证,故称即真而俗;《旨归章》,对真俗二谛双重否定而又双重运用，故称非真非俗。

《正观章》是依圣法而修观心，故称圣默然；其余八章是依观心所得而说体证经验，故称圣说；《旨归章》对此圣说与圣默然双重否定而又双重运用，故称非说非默然。

《正观章》正修止观，即定慧双修，故有一部分是定；其余八章及《正观章》的一部分是慧；《旨归章》对定与慧双重否定而又双重运用，故称非定非慧。

《大意章》至《正观章》是修行之因；《果报章》及《起教章》是修行之果；《旨归章》对因与果双重否定而又双重运用，故称非因非果。

前八章是自行；《起教章》是化他；《旨归章》对自行与化他双重否定而又双重运用，故称非自非他。

《大意章》至第五《偏圆章》及第九《起教章》是智目；从第六《方便章》至第八《果报章》是行足；《旨归章》对智目与行足双重否定而又双重运用，故称非目非足。

《大意章》至《正观章》的位次在凡夫位，但在义理上由浅层次的凡夫位通向深层次的圣贤位，故是共；《果报章》《起教章》则独在圣位，超越于下层圣位及凡夫，故是不共；《旨归章》双重否定而又双重运用此共与不共，故称非共非不共。

《大意章》通于因果自他，故是通；其余八章各有行相，故是别；《旨归章》双重否定而又双重运用此通与别，故称非通非别。

《大意章》的叙述是简略；其后八章是广博；《旨归章》对此广博与简略双重否定又双重运用，故称非广非略。

《体相章》辨别法门的深浅，故是竖；其余八章则进行横向展开，故是横；《旨归章》对此横与竖双重否定而又双重运用，故称非横非竖。

以"五略"概述大意

原典

解释①者，释十章也。初释《大意》，囊括始终，冠戴初后。意缓难见，今撮为五，谓发大心、修大行、感大果、裂大网、归大处。

云何发大心②？众生昏倒，不自觉知，劝令醒悟，上求下化。

云何修大行？虽复发心，望路不动，永无达期。劝牢强精进，行四种三昧③。（选自卷一上）

云何感大果？虽不求梵天，梵天自应。④称扬妙

报⑤，慰悦其心。（选自卷一上）

第三，为明菩萨清净大果报故⑥，说是止观者：若行违中道，即有二边果报⑦。若行顺中道，即有胜妙果报。设未出分段⑧，所获华报⑨，亦异七种方便⑩，况真果报邪？香城七重⑪，桥津如画，即其相也。此义在后第八重中，当广分别。

问：《次第禅门》明《修证》，与此《果报》，云何同异？

答：修名习行，证名发得；又修名习因，证名习果⑫，皆即生可获。今论界报⑬，隔在来世，以此为异。二乘但有习果，无有果报，大乘具有。（选自卷二下）

云何裂大网？种种经论，开人眼目，而执此疑彼，是一非诸，闻雪谓冷，乃至闻鹤谓动⑭。今融通经论，解结出笼。（选自卷一上）

第四，为通裂大网诸经论故⑮，说是止观者。若人善用止观观心，则内慧明了，通达渐顿诸教，如破微尘出大千经卷，恒沙佛法一心中晓。若欲外益众生，逗机设教者，随人堪任，称彼而说。乃至成佛化物之时，或为法王，说顿渐法，或为菩萨，或为声闻、天、魔、人、鬼十法界像，对扬发起；或为佛所问，而广答顿渐；或扣机问佛，佛答顿渐法轮。此义至第九重当广说，《摄法》中亦略示。（选自卷二下）

云何归大处？法无始终，法无通塞。若知法界，法界无始终，无通塞，豁然大朗，无碍自在。（选自卷一上）

第五，归大处诸法毕竟空故⑯，说是止观者：夫胶手易着，寐梦难悭。封文齐意⑰，自谓为是，竞执瓦砾，谓琉璃珠。近事显语，犹尚不识，况远理密教，宁当不惑？为此意故，须论旨归。旨归者，文旨所趣也。如水流趣海，火炎向空，识密达远，无所稽滞。譬如智臣解王密语，闻有所说，皆悉了知，到一切智地。得此意者，即解旨归。旨者，自向三德⑱；归者，引他同入三德，故名旨归。又自入三德，名归；令他入三德，名旨，故名旨归。……⑲

旨归三德，寂静若此，有何名字而可说示？不知何以名之，强名中道、实相、法身、非止非观等，亦复强名一切种智⑳、平等大慧㉑、般若波罗蜜观等，亦复强名首楞严定㉒、大涅槃、不可思议解脱止等。当知种种相、种种说、种种神力，一一皆入秘密藏中。何等是旨归，旨归何处，谁是旨归？言语道断，心行处灭，永寂如空，是名旨归。至第十重中，当广说也。（选自卷二下）

注释

①**解释**：此处所引原典仍为解说"十章"的文字，

初为"总说",次为"生起"(即上节的内容),三为"料简"(删略),四为"解释"。本节所引即其中第四"解释"部分,用"五略"概述"十广"的内容,故另起一节。

②**发大心**:此处原文仅是略说,详细内容,见第三章《超克自卑与我慢——六即成佛的阶位》。

③**四种三昧**:此处原文仅是略说,详细内容,见第四章《行坐住卧皆成佛道——四种三昧的实践形式》。

④**虽不求梵天,梵天自应**:出自北凉·昙无谶译《大般涅槃经》卷二《寿命品第二之二》,为纯陀问难文殊时所作的"贫女之喻",意为以修行积累之功德,虽不求解脱,而解脱自至。(参见《大正藏》第十二册,第三七四页)

⑤**妙报**:指菩萨行位的初住位。关于菩萨行位,详见第三章《超克自卑与我慢——六即成佛的阶位》正文及注。

⑥**第三,为明菩萨清净大果报故**,在"五略"的解说中,智𫖮事实上仅详说了第一"发大心"和第二"修大行",第三"感大果"以下,同"十广"中第八章《果报》以下一样,皆未详说。故从原典卷二下抽出此段文字,插入此处,以补充智𫖮未说部分。

⑦**二边果报**:以天台四种净土说辨别果报,凡未彻破无明,未彻证中道者,所得果报皆称为"边"。此指相对于"实报无障碍土","方便有余土""凡圣同居土"为边,

以此二土尚有空、有二边。

⑧**分段**：指分段生死，因果报之异而有形貌、寿量等之区别，为轮回于三界中众生之生死，与"变异生死"相对。

⑨**华报**：又作"花报"，指佛教修行在究竟后得之"果报"（又称实报、正报）之前，所兼得的成果。如以念佛修善为业因，往生极乐世界为华报，后证大菩提则为果报。

⑩**七种方便**：指声闻乘入见道以前之七位，又称"七贤位""七加行位"。分别为：五停心观、别相念住、总相念住、暖法、顶法、忍法、世第一法。

⑪**香城七重**：指空中众香城，其城七重，皆有七宝楼台庄严，街巷如画，桥津如地，昙无竭菩萨常在城中宣说般若波罗蜜多。（见《大智度论》卷九十七，《大正藏》第二十五册，第七三四页）

⑫**修名习因，证名习果**："习因"，即"同类因"，指能生起同类法的原因；"习果"，即"等流果"，指与原因之流类相等之结果。旧译作"习"字，乃在强调因果关系的前后相续。习因、习果通于一切色、心法及善、恶、无记等三性。

⑬**界报**：疑为"果报"之误，译文据湛然《止观辅行传弘决》卷二之五改。

⑭**闻雪谓冷，乃至闻鹤谓动**：即盲人说乳之喻，指偏执一己之见，永远无法理解佛法的真谛。据北凉·昙无谶译《大般涅槃经》卷十四载，谓外道于佛法断章取义，实不知涅槃"常、乐、我、净"之四德，犹如盲人不识乳色，经问他人，却辗转迷失于"白贝之声""米粖之柔""白雪之冷""白鹤之动"四种譬喻，依然无法得知乳之真色。(《大正藏》第十二册，第四四六—四四七页)

⑮第四，为通裂大网诸经论故，此段文字从原典卷二下抽出，插入此处，以补充智顗未说部分。

⑯第五，归大处诸法毕竟空故，此段文字在原典卷二下，在此插入，以补充智顗未说部分。

⑰**封文齐意**：封文，即闭塞于经典文字；齐意，即对诸教诸门各执一隅、局限于自己之私情。

⑱**三德**：即涅槃所具有的法身、般若、解脱三种性质。在显教中，南北《涅槃经》皆以三德之不一不异称为秘密藏，即唯佛与佛乃能知之的秘密法藏。

⑲删略部分为论述"总、别相旨归"，即法身、般若、解脱三德分别各具三德，非三非一，不可思议。

⑳**一切种智**：又作佛智，为尽知一切事物的总相、别相的智慧。就广义而言，一切种智同于萨婆若（一切智）；然在三智中，一切智相应于声闻、缘觉，道种智相应于菩萨，一切种智相应唯佛具有。

㉑**平等大慧**：指佛宣说《法华经》之一乘实智。所谓平等有二义：一、此智能证平等之理性；二、众生皆可齐得此智慧。

㉒**首楞严定**：又作首楞严三昧、首楞严三摩地、健相三昧、健行定、勇健定、勇伏定、大根本定等，为百八三昧之一，乃诸佛及十地菩萨所得之禅定。北本《大般涅槃经》卷二十七称佛性即首楞严三昧，有五种名：（一）首楞严三昧，（二）般若波罗蜜，（三）金刚三昧，（四）师子吼三昧，（五）佛性。

译文

此处"解释"，即开始详释全书十章的内容。先解释第一章《大意》，本章囊括了从《释名章》到《旨归章》的始终，如人之戴冠，为全书的序论部分。因《大意》一章包括全书十章内容，为提纲挈领，使人容易了解掌握，现再简括为五部分进行阐述，即发大心、修大行、感大果、裂大网、归大处。

发大心

为什么要先说发大心？因为众生无始以来，为无明、烦恼障碍，使心地昏暗颠倒，不能自己觉悟知解，故菩萨劝众生发菩提心，从无明中醒悟过来，进入上求菩提、下化众生的解脱道中。

修大行

什么是修大行？虽然已经发心求道，如果只是眼望着解脱宝所之路，而足下不肯前进，则永无到达究竟之期。因此，在此劝修行者要迈开坚定强健之足，精进修行四种三昧。

感大果

什么是感大果？犹如贫女因慈念功德所积，虽然不求生往梵天，死后自然生于梵天。这一部分是称扬修习止观所能到达的菩萨地妙报果位，以使修行者慰悦而勇猛精进。

第三，为证明圆教菩萨修行所获得的清净大果报，而说此圆顿止观。如果修行未达到彻底破除无明，未证得中道实相，所获得的即是"凡圣同居土""方便有余土"的果报，尚执有空、有二边，故称二边果报。如果修行证得中道实相，所获得的即是"实报无障碍土"果报。这是初地初住菩萨所获得的胜妙果报，已破根本的无明惑，证无生法忍，即使尚未出三界内的分段生死，所获得的究竟果报之前的"华报",已迥异于小乘的"七贤位",何况是真正的终极果报?昙无竭菩萨所居众香城中的七重城郭、街巷桥梁如画的美景,就是这种胜妙果报的相状。关于这些义理,将在以后"十广"中的第八《果报章》中,详细解说这里面的分别。

问:《释禅波罗蜜次第法门》中的第七章《修证》所述的修证果位,与此《摩诃止观》第八章《果报》有什么相同,又有什么区别?

答:关于修证之间的因果关系,修是禅定的修习,称作"习因";证是智慧的开发,称作"习果"。二者为等流因果关系,都是在今生可获的结果。现在所论的果报,已超越今生,而延续到来世,因此与《释禅波罗蜜次第法门》之《修证章》所述不同。小乘声闻、缘觉二乘的修证果位只是"习果",一旦证入无生,习果亦不复存在。而"方便有余土"等果报,唯大乘才具有。

裂大网

什么是裂大网?佛教种种经论,都是为了使人开眼目而生智慧,而有人执着一部分经论而怀疑另一部分经论,肯定一理而否定诸事,使自己陷于大疑之网中。好比盲人不识乳之颜色,说乳色似雪,则理解为如雪之冷；乃至说乳色如白鹤，则理解为鹤之飞动。现在用真俗、权实的不二关系融通各种经论所说，消解执着经文者的滞结，如放鸟出笼，纵游于无碍之太虚。

第四，为破除自己和他人对佛教经论所起的疑网，而说此圆顿止观。如果修行者能善用不思议观观于一心，则内在的智慧开发明了，通达渐教、顿教各种法门，犹如读破无量微尘数的经卷，使恒河沙数的无边佛法在一心中完全通晓。如果为利益他人，针对不同根机而传播教法，就能随顺十界众生的根机任意说法，使他们能理解微妙的佛法。如此节节通达，乃至到成佛化物之时，或化身为法王，说先顿后渐之法；或化身为菩萨，或化身为声闻，乃至天龙八部等，用正说反说的种种方法弘扬。或者为佛所问，而广答以或顿或渐的法门；或者菩萨叩各自机宜问佛，佛相应地以或顿或渐的法轮回答。关于这些义理，将在以后"十广"中的第八《起教章》中，详细解说。在《摄法章》中亦有简略的说明。

归大处

什么是归大处？自行化他的修道历程成熟之后，归入法身、般若、解脱三秘密藏的大涅槃处。此法界之秘密藏本无始终，本无通塞。如能体悟到真如法界无始无终、无塞无通之理，则豁然开朗，于真如法界无碍自在。

第五，为归于诸法毕竟空寂的究竟解脱之处，而说此圆顿止观。众生的心性如手，而痴惑如胶，心性极易为痴惑之胶黏着，陷于长夜迷梦，难以清醒。学佛之人，往往囿于经典文字，对各种法门各执一隅，还自以为是，竞相执着于文字的瓦砾，当作实相的琉璃宝珠。用浅近的语言事例告诉他们，尚且不识其中道理，更何况是说如此深远的义理、奥秘的教门，怎么会不产生迷惑？为此缘故，必须讲清楚修道的旨归。所谓"旨归"，即佛陀言教所指的终极归趣。就如众水流向大海，火焰升腾向空一样，要通达言教所指的深远奥秘的义理，而不执着粘滞于文字。譬如智臣善解君王隐秘之语，对所闻之言能举一反三，了知全部含义，从而到达一切智的境地。能领悟其中意义者，就能理解旨归。所谓"旨"，自行趣向三德；所谓"归"，引他人同归入三德，故称作"旨归"。又可以说自行趣入三德，名"归"；令他人归入三德，名"旨"，故称作"旨归"。

旨归所具有的法身、般若、解脱三德，非一非三，其体寂静，有什么名相概念可说明显示？旨归是无法用语言描述的，只能勉强命名为中道、实相、法身、非止非观等，亦勉强命名为一切种智、平等大慧、般若波罗蜜观等，亦勉强命名为首楞严定、大涅槃、不可思议解脱止等。所以，应当知道种种名相、种种言说、种种神力，一一都归入唯佛与佛乃能知之的秘密法藏中。什么是旨归，其旨归向何处，谁是旨归？到一切言语分别统统泯绝，心念的流行完全归于寂灭，达到永远寂然清净的实相境界，这就是旨归。关于这些义理，将在以后"十广"中的第十《旨归章》中，详细解说。

3 超克自卑与我慢
——六即成佛的阶位

六即说的根据

原典①

约六即显是②者,为初心是,为后心是?

答:如论焦炷③。非初不离初,非后不离后。若智信具足,闻一念即是。信故不谤,智故不惧,初后皆是。若无信,高推圣境,非己智分;若无智,起增上慢,谓己均佛,初后俱非。

为此事故,须知六即。谓理即,名字即,观行即,相似即,分真即,究竟即。此六即者,始凡终圣,始凡故除疑怯,终圣故除慢大云。

注释

①本章选自卷一下,为"五略"第一"发大心"的部分内容。

②**约六即显是**:发菩提心由"简非""显是"二大部分构成。在"显是"中,继约理而谈"四谛",约誓而谈"四弘誓愿"之后,现在约学佛之行位谈"六即"。参见《题解》中的相关介绍。

③**如论焦炷**:见《大智度论》卷七十五《释灯喻品》,《大正藏》第二十五册,第五八四—五八五页。

译文

现在,就"六即"而正面显示圆教觉悟真理的菩提心。那么,所显示的真理是指最初的发心,还是最后已经圆满实现的终极真理?

圆教的回答是:比如《大智度论》提到,佛在解释须菩提问菩提心是在初心得,还是在后心得时,以灯的前后光焰燃烧烛芯作譬喻,指出终极真理并不限于最初发心,但它以最初的发心为本始;终极真理也不限于最后的圆觉,但它以最后的证悟为期冀。如果智慧与信心具足,闻一念佛法,当下就圆满觉悟终极真理。具足信心,故对佛法不起毁谤;具足智慧,故对修行不生自卑。无论是最初发心还是最后证悟都是如此。如果像玩弄文字者那样对修行没有信心，只是将圣贤境界束之高阁，那就不是自己本分上的智慧；如果像暗证禅师那样缺少智慧，则会产生憍慢的心理，认为自己与佛毫无区别。这两种情况，无论是在初发心阶段还是在以后的观心阶段，都是错误的。

为避免这两种错误，必须在众生成佛的理体和觉悟真理的进程中，知道存在着"六即"的次第。这就是众生与真理本来一体（理即）；通过语言文字而知道真理（名字即）；将理论运用于观心的修行实践（观行即）；由此迷惑消退、悟境接近（相似即）；进一步除去根本迷惑而体悟部分真理（分真即）；最后完全体悟真理而圆满成佛（究竟即）。这六即说，阐明了从最始的凡夫到终极成佛的体用不二关系。在根本理体的性德上，一切众生与佛本来一体，故排除疑惧自卑的心理；在具体实践的修德上，终极的圆满佛果是历劫修行的结果，故排除无谓的憍慢心理。

六即说的构成

原典

　　理即者,一念心即如来藏①理,如故即空,藏故即假,理故即中。三智一心中具,不可思议,如上说三谛一谛,非三非一。一色一香,一切法,一切心,亦复如是,是名理即是菩提心。亦是理即止观,即寂名止,即照名观。

　　名字即者,理虽即是,日用不知,以未闻三谛,全不识佛法,如牛羊眼不解方隅②。或从知识,或从经卷,闻上所说,一实菩提③。于名字中,通达解了,知一切法皆是佛法,是为名字即菩提。亦是名字止观。若未闻时,处处驰求,既得闻已,攀觅心息名止;但信法性,不信其诸名为观。

　　观行即是者,若但闻名口说,如虫食木偶得成字,是虫不知是字非字。既不通达,宁是菩提?必须心观明了,理慧相应,所行如所言,所言如所行。《华首》④云:"言说多不行,我不以言说,但心行菩提。"此心口相应,是观行菩提。《释论》四句⑤,评闻慧具足,如眼得日,照了无僻。观行亦如是,虽未契理,观心不息,如

《首楞严》中射的喻⑥，是名观行菩提。亦名观行止观。恒作此想名观，余想息名止云云。

相似即是菩提者，以其逾观逾明，逾止逾寂，如勤射邻的，名相似观慧。一切世间治生产业，不相违背，所有思想筹量，皆是先佛经中所说，如六根清净⑦中说。圆伏⑧无明名止，似中道慧名观云云。

分真即者，因相似观力，入铜轮位⑨，初破无明见佛性，开宝藏显真如，名发心住。乃至等觉⑩，无明微薄，智慧转着，如从初日至十四日，月光垂圆暗垂尽。若人应以佛身得度者，即八相成道⑪。应以九法界身得度者，以普门示现⑫。如经广说，是名分真即菩提。亦名分真止观，分真智断。

究竟即菩提者，等觉一转，入于妙觉⑬，智光圆满，不复可增，名菩提果。大涅槃断，更无可断，名果果⑭。等觉不通，唯佛能通。过荼无道可说⑮，故名究竟菩提，亦名究竟止观。

注释

①**如来藏**：梵语 Tathāgata-garbha，指于一切众生之烦恼身中，所隐藏的本来清净的如来法身。

②**方隅**：边境四陲。

③**一实菩提**：指实相菩提。天台宗对应佛的法、报、应化三身，提出三种菩提：（一）实相菩提，又作法佛菩提、真性菩提，指中道实相之理；（二）实智菩提，又作报佛菩提、清净菩提，指契合实相之理的智慧；（三）方便菩提，又作究竟菩提、应化佛菩提，指自在善巧教化众生的作用。这三种菩提又分别对应法身、般若、解脱三德。

④**《华首》**：即《华手经》，凡十卷，后秦·鸠摩罗什译，收于《大正藏》第十六册。

⑤**《释论》四句**：据湛然《止观辅行传弘决》卷一之五，此语出自《大智度论》第九十三卷，谓："有慧无多闻，亦不知实相，譬如大暗中，有目无所见。多闻无智慧，亦不见实相，譬如大明中，有灯而无照。无闻无智慧，譬如人身牛。"（《大正藏》第四十六册，第一七九页）

⑥**《首楞严》中射的喻**：出自后秦·鸠摩罗什译《首楞严三昧经》卷上，佛以射箭作比喻，先射箭靶外围的大小圆环（准），然后射靶中圆心，然后依次学射钱、杖、百毛、十毛、一毛、百分之一毛等更小的目标。以此回答坚意菩萨所问，修习首楞严三昧的次第为学爱乐、深心、大悲心、四无量心、五神通、六波罗蜜，成就第三地观等。（《大正藏》第十五册，第六三三—

六三四页）

⑦**六根清净**：据《法华经·法师品》称，依受持、读诵、解说、书写经典之力量，而使眼、耳、鼻、舌、身、意六根清净，并得六根种种功德。天台宗将此位次判为别教的十信位，亦相当于圆教六即位中的相似即。十信，在菩萨五十二阶位中，属于最初十位，为助成信行所应修的十种心，即：信心、念心、精进心、定心、慧心、戒心、回向心、护法心、舍心、愿心。

⑧**圆伏**：为天台宗圆教之法，即体悟惑体融通，同时泯伏见思、尘沙、无明等三惑。

⑨**铜轮位**：以金、银、铜、铁四轮王比喻菩萨修行的位次，此铜轮位相当于十住菩萨位，亦即天台宗圆教六即位中的分真即。

⑩**等觉**：指菩萨修行的终极位次，稍逊于佛，故称等觉，亦相当于天台宗圆教六即位中的分真即。

⑪**八相成道**：又作如来八相、八相示现、八相作佛等，指释迦牟尼佛一生化仪，总为八种相，即：降兜率相、托胎相、降生相、出家相、降魔相、成道相、说法相、涅槃相。以上为《四教义》卷七及《释迦谱》卷一至卷四所说之八相，一般称为"小乘八相"。另据《大乘起信论》等载，则无"降魔"，而加"住胎"一相，称为"大乘八相"。上述为北传佛教所主说之八相成道。南传佛教

则主说降诞、成道、初转法轮、入涅槃等四大事。

⑫**普门示现**：指菩萨通达实相之理，神通自在，示现种种身，开无量法门，使众生得证圆通。《法华经·普门品》详说观世音菩萨以三十三相、十九说法为其普门示现之用。天台宗有"十普门"之说，即慈悲普、弘誓普、修行普、断惑普、入法门普、神通普、方便普、说法普、成就众生普、供养诸佛普。此普门示现相当于十普门中之"入法门普"。

⑬**妙觉**：指由等觉位之上更断一品无明，断除一切烦恼，而得此觉行圆满之究竟佛果，据《四教义》卷五，别教之妙觉位坐于莲华世界七宝菩提树下大宝华王座，现圆满报身；圆教之妙觉位则以虚空为座，成就清净法身，居于常寂光土。

⑭**果果**：指果位之果，相对凡夫而言，成就菩提智慧为果；相对涅槃而言，菩提为因，涅槃为果，故称果果。

⑮**过荼无道可说**："荼"（荼），为四十二梵文字母的最后一字，意指由发菩提心开始，历各级菩萨阶位修道，到达终极佛地果位，则无道可修，无道可说。关于"四十二梵文字母"，参见第二章《五略十广的宏伟架构》第一节注释。

译文

理即

关于理即。众生一念心中即内蕴着成佛根据的如来藏理,"如"对应着空谛,"藏"对应着假谛,"理"对应着中谛。空、假、中三智在一心中圆满具足,这关系不可以思辨之心加以推度。如同上面所说的空、假、中三谛圆融,既非各自分离的三谛,亦非在三谛之外另有一谛。世界上每一种目观之色、鼻闻之香,一切物质现象,一切心理活动,都体现着真理实相,皆为如来藏之显现。这就是说,在理体上众生本具的真理与佛丝毫没有差别。这也就是理即止观:依止于寂灭解脱,这就是止;与观照智慧相应,这就是观。

名字即

关于名字即。众生在理体上虽与佛性不离,但在日常生活中却蒙昧无知,这是因为从未听说真理是空、假、中三谛圆融的统一体,全然不认识凡夫本具佛性之法,就如牛羊的眼睛不能了别周边的方位一样。众生通过善知识的开导,或者通过阅读经典,从而了解上述唯一真实的中道实相之理。但这不过是在言语名相中,知道一切法皆是佛法,故称作名字即菩提心。这也就是名字即止观。在尚未听闻佛法时,处处向外驰求,现既闻得佛法,向外攀缘寻觅的心念停息,这就是止;只信名相所指的法性,不信表面上的名相,这就是观。

观行即

关于观行即。听闻佛法的目的是为了修行,如果仅仅停留在语言文字的耳闻口说上,不去依法修行,即便所说的是如理的佛法,也不过如虫子蛀木,偶尔碰巧蛀成文字形状,却根本不懂这字是什么意思。理论与实践不能一致,岂能通达佛法,岂能发真正菩提心?必须依理而修行观心法门,心所观的真理与心所开发的智慧相应,所行是依理起观,所言是依行而说。《华手经》说:"不要只会言说而不事修行,我不口头言说,只是一心修行觉悟之道。"这心口相应的修行,就是观行即菩提心。《大智度论》评论多闻与智慧的关系有四句话,其中第四种人多闻与智慧具足,如明眼人得日光照耀,观察一切无碍。观行即也是如此,虽尚未与真理相契,但观心修行不息,就如《首楞严经》中所比喻的练习射箭与中靶远近的关系,这就是观行即菩提心。这也就是观行即止观。常恒作此观察就是观,停息各种杂想就是止。

相似即

关于相似即菩提心。通过止观修习,心愈来愈明静,也愈来愈寂止,就如勤练射箭,中靶心的准确率愈来愈高,这称作接近于中道智慧的"相似观慧"。到这个阶段,从事世间一切与国计民生有关的事务,都不会与佛法相违背,心中所有的思维活动,都仿佛是佛经中早已说过。到这个阶段,就是大乘菩萨行位的"六根净位"了。这相似即菩提心,也称作相似即止观。习气将清,圆满降伏无明之惑,这就是止;与中道智慧相似,这就是观。

分真即

关于分真即。因为相似观慧的力量,使修行功夫增进,入于菩萨十住位中的"铜轮位",断去一部分无明,即证见一部分佛性,如云开雾散,显示出自身本具的宝藏而呈显真如,这称作"发心住"。如此修行,乃至进入"等觉位",此时内心的无明已经非常微薄,心地智慧朗朗开发,犹如从初一至十四日,月光接近圆满,黑暗渐渐退尽。如修行者此时应以佛身而得解脱,即呈八相而成道做佛。如修行者此时应以菩萨以下九法界身而得解脱，则呈现九界中种种形象说法，以无量法门从事利他济度的事业。如《法华经·普门品》《往生论》等经论中所详细解说，这就是分真即菩提心。这也称作分真即止观，获得分真位上的菩提智德和涅槃断德。

究竟即

关于究竟即菩提心。菩萨修行者觉行圆满，此时从"等觉位"转出，入于最后成佛的"妙觉位"，菩提智慧圆满，成就智德而无以复加，称作菩提之果。在大涅槃位上永断无明烦恼，更无烦恼可断，涅槃为菩提之果，故称作果中之果。等觉位菩萨尚未通达此位，唯佛能通达此妙觉位。到此阶段，再无其他修行道可说，故名究竟即菩提心，也称作究竟即止观。

圆教发菩提心与六即说

原典

总以譬譬之：譬如贫人，家有宝藏，而无知者，知识示之，即得知也，耘除草秽而掘出之，渐渐得近，近已藏开，尽取用之。合六喻可解云云。

问：《释论》五菩提①意云何？

答：论竖判别位，今竖判圆位②。会之，发心对名字，伏心对观行，明心对相似，出到对分真，无上对究竟。又用彼名，名圆位，发心是十住③，伏心是十行④。

问：住已断，行云何伏？

答：此用真道⑤伏。例如小乘破见名断，思维名伏⑥。明心是十回向⑦，出到是十地⑧，无上是妙觉。又从十住具五菩提，乃至妙觉，究竟五菩提。故《地义》⑨云：从初一地，具诸地功德，即其义也。

问：何意约圆说六即？

答：圆观诸法，皆云六即。故以圆意，约一切法，悉用六即判位。余不尔，故不用之。当其教用之，胡为不得？而浅近，非教正意也。

然上来简非⑩，先约苦谛，升沉世间简耳。次约四谛智⑪，曲拙浅近简耳。次约四弘行愿⑫，次约六即位，展转深细，方乃显是。故知明月神珠，在九重渊内，骊龙⑬颔下，有志有德，方乃致之。岂如世人粗浅浮虚，竟执瓦石草木，妄谓为宝？末学肤受，太无所知。（选自卷一下）

注释

①**五菩提**：《大智度论》卷五十三《释无生品》谓

菩萨发心以后，须经五个阶段始得无上菩提，即：（一）发心菩提，指十信菩萨在无量生死中，为求无上正等正觉而发心，其心为至菩提果之因；（二）伏心菩提，指十住、十行、十回向等阶位之菩萨，修行诸波罗蜜，制伏烦恼，降伏其心；（三）明心菩提，指登地菩萨了悟诸法实相毕竟清净；（四）出到菩提，指第八以上不动地、善慧地、法云地等三阶位之菩萨于般若波罗蜜中得方便力，亦不着于般若波罗蜜，灭一切烦恼，得无生法忍，出离三界，而到一切智者；（五）无上菩提，指等觉、妙觉位上的菩萨断尽诸烦恼，证得无上正等正觉，即佛果之觉智。（《大正藏》第二十五册，第四三八页）

②**圆位**：此指圆断位，即天台宗所说之"圆教之断惑"。当了达见思、尘沙、无明等三惑之体无有差别，而远离与圆妙圆满、惑智一如之理相违之妄念，是为圆断，此系初住以上者之断惑。

③**十住**：又作十地住、十法住、十解，在菩萨五十二阶位中，属于第十一至二十阶位，即：初发心住、治地住、修行住、生贵住、方便具足住、正心住、不退住、童真住、法王子住、灌顶住。

④**十行**：在菩萨五十二阶位中，属于第二十一至三十阶位，即：欢喜行、饶益行、无嗔恨行、无尽行、无痴乱行、善现行、无着行、尊重行、善法行、真实行。

⑤**真道**：到达初住位以上皆是真正断无明惑，已分证中道真理。

⑥**小乘破见名断，思维名伏**：指小乘对断惑与伏惑的看法。伏惑，制伏所起之惑，使之一时不起；断惑，断绝惑种，使之毕竟不生。小乘把一切惑障分为见惑（所知障）与修惑（烦恼障，亦称思惑），在生起无漏分别智而见道时，能顿断见惑，但此时修惑只被制伏不起现行。断除修惑，须历劫修行，有极繁复的程序。

⑦**十回向**：在菩萨五十二阶位中，属于第三十一至四十阶位，即：救护一切众生离众生相回向、不坏回向、等一切佛回向、至一切处回向、无尽功德藏回向、随顺平等善根回向、随顺等观一切众生回向、如相回向、无缚无着解脱回向、法界无量回向。

⑧**十地**：共有五类说法。天台宗所据《大品般若经》卷六、卷十七等，以此十地共通于三乘，称作通教十地，在菩萨五十二阶位中，属于第四十一至五十阶位，即：干慧地、性地、八人地、见地、薄地、离欲地、已作地、辟支佛地、菩萨地、佛地。

⑨**《地义》**：即《十地经论》，引文出自卷九。

⑩**简非**：即识别十种非心。在"发大心"中，发菩提心由"简非""显是"二大部分构成。在"简非"中，要舍弃发地狱、畜生、饿鬼、阿修罗、人、天、魔罗、

尼犍（即出家的外道）、色无色、二乘十种非心。

⑪**四谛智**：即在"发大心"之"显是"中，区分生灭、无生灭、无量、无作四种四谛，分别对应藏、通、别、圆四教，说明要依圆教的无作四谛，体达法性和一切法无二无别，才是发真正菩提心。

⑫**四弘行愿**：即"发大心"之"显是"中，说上求下化的四弘誓愿：众生无边誓愿度、烦恼无尽誓愿断、法门无量誓愿学、佛道无上誓愿成。

⑬**骊龙**：骊，黑马，现借用指龙颔骨头。

译文

以譬喻说六即

现在以譬喻将此六即作一总的概括：理即佛，譬如贫人，家有宝藏；名字即佛，譬如贫人不知家有宝藏，通过善知识开导而得知；观行即佛，譬如知道家有宝藏后，即除草挖土而发掘；相似即佛，譬如发掘，渐渐接近宝藏；分真即佛，譬如宝藏已经打开；究竟即佛，譬如将宝藏全部取出而用之。综合以上六喻，可以理解六即佛的次第关系。

六即说与五菩提

问：六即与《大智度论》所说的"五菩提"是什么关系？

答：《大智度论》所判的"五菩提"，是别教由下至上的发菩提心位次，现在应与圆教所判的位次比较异同而会通之："发心菩提"尚未修行，故对应名字即；"伏心菩提"尚未断惑，故对应观行即；"明心菩提"已除暗迷，故对应相似即；"出到菩提"已除烦恼，故对应分真即；"无上菩提"，则对应究竟即。此外，可用此五菩提之名来解释圆教之断惑位，发心菩提是"十住位"，伏心菩提是"十行位"。

问：大小乘各教派都是说先伏惑，后断惑，怎么现在说在十住位已断惑，而比它更高的十行位却又是伏惑呢？

答：此处是用真道伏惑，在初住以上皆是真断，又何妨说在十住位已断惑。例如小乘破见惑称作顿断，而此时只是制伏思惑。从别教的次第来看，明心菩提是"十回向位"，出到菩提是"十地位"，无上菩提即"妙觉位"。而从圆教的观点来看，位位皆具五菩提，从十住位具五菩提，乃至妙觉位，都究竟具足五菩提。故《十地经论》

说：从初地起，即具足菩萨诸地功德，就是这个道理。

问：那么按照圆教的说法，六即又是什么意思呢？

答：藏、通、别三教都不了解六即的妙义，唯独圆教观一切修行之法，皆说六即阶位。故以圆教之意，对一切修行法门，都用六即判别修行位次。其余三教都不用六即的方法。如果前三教也用六即之名，当然也是可以，但其理解浅近，并非圆教的真正含意。

圆教真正的发菩提心

在前文最初"简非"一节中，先从苦谛进行简别，地狱、畜生、饿鬼、阿修罗、人、天、魔罗、尼犍（即出家的外道）、色无色九种皆沉沦于世间，二乘虽超升世间，并非究竟，故先给予简别。然后简别四种四谛智慧，前三教都是偏拙浅近。然后再简别四教发心修行的四弘行愿，而以圆教为最究竟。最后谈圆教的六即位，如此从浅至深，由粗转细，方是圆教真正的发菩提心。所以，明月神珠深藏在九重渊内的黑龙颔骨下，唯有志发愿并有修道德行者，方有可能获得。岂能如世上粗浅浮夸的人，竟将瓦石草木，妄称为宝物？圆教真正的发菩提心，不是浅尝辄止的初学者所能了解的。

4 行坐住卧皆成佛道
——四种三昧的实践形式

原典①

二、劝进四种三昧入菩萨位,说是止观者:夫欲登妙位,非行不阶。善解钻摇,醍醐可获。《法华》云:"又见佛子修种种行以求佛道。"行法众多,略言其四:一、常坐,二、常行,三、半行半坐,四、非行非坐。通称三昧者,调直定也。《大论》云:"善心一处住不动,是名三昧。"法界是一处,正观能住不动。四行为缘观心,借缘调直。故通称三昧也。

一、常坐者,出《文殊说》②《文殊问》③两般若,名为一行三昧④。今初明方法,次明劝修。方法者,身论开遮⑤,口论说默,意论止观。

身开常坐,遮行住卧。或可处众,独则弥善。居一静室或空闲地,离诸喧闹,安一绳床,傍无余座,九十日为一期,结跏正坐。项脊端直,不动不摇,不萎不倚,以坐自誓。肋不挂床,况复尸卧游戏住立。除经行、食、便利,随一佛方面,端坐正向,时刻相续,无须臾废。所开者专坐,所遮者勿犯。不欺佛,不负心,不诳众生。

口说默者,若坐疲极,或疾病所困,或睡盖所覆,内外障侵,夺正念心,不能遣却,当专称一佛名字,惭愧忏悔,以命自归。与称十方佛名字功德正等。所以者何?如人忧喜郁怫⑥,举声歌哭,悲笑则畅。行人亦尔,风触七处⑦成身业,声响出唇成口业,二能助意,成机感佛俯降。如人引重,自力不前,假傍救助,则蒙轻举。行人亦尔,心弱不能排障,称名请护,恶缘不能坏。若于法门未了,当亲近解般若者,如闻修学。能入一行三昧,面见诸佛,上菩萨位。诵经诵咒,尚喧于静,况世俗言语耶!

意止观者,端坐正念,蠲除恶觉⑧,舍诸乱想,莫杂思维,不取相貌。但专系缘法界,一念法界。系缘是止,一念是观。信一切法皆是佛法,无前无后,无复际畔,无知者无说者。若无知无说,则非有非无,非知者非不知者。离此二边,住无所住,如诸佛住,安处寂灭法界。

闻此深法,勿生惊怖。此法界亦名菩提,亦名不可思议境界,亦名般若,亦名不生不灭。如是等一切法,与法界无二无别。闻无二无别，勿生疑惑，能如是观者，是观如来十号。观如来时，不谓如来为如来。无有如来为如来，亦无如来智能知如来者。如来及如来智无二相，无动相不作相，不在方不离方，非三世非不三世，非二相非不二相，非垢相非净相。此观如来，甚为希有，犹如虚空，无有过失。增长正念，见佛相好，如照水镜自见其形。初见一佛，次见十方佛。不用神通往见佛，唯住此处，见诸佛，闻佛说法，得如实义。为一切众生，见如来而不取如来相；化一切众生，向涅槃而不取涅槃相；为一切众生，发大庄严而不见庄严相。无形无相无见闻知，佛不证得，是为希有。何以故？佛即法界。若以法界证法界，即是诤论，无证无得。

观众生相，如诸佛相。众生界量，如诸佛界量。诸佛界量不可思议，众生界量亦不可思议。众生界住，如虚空住。以不住法，以无相法，住般若中。不见凡法，云何不见圣法？云何生死涅槃垢净亦如是？不舍不取，但住实际。如此观众生，真佛法界。

观贪欲嗔痴诸烦恼，恒是寂灭行，是无动行，非生死法、非涅槃法。不舍诸见，不舍无为，而修佛道。非修道非不修道。是名正住烦恼法界也。

观业重者，无出五逆⑨。五逆即是菩提，菩提、五逆无二相。无觉者，无知者，无分别者。逆罪相、实相相，皆不可思议，不可坏。本无本性，一切业缘，皆住实际。不来不去，非因非果，是为观业即是法界印。

法界印四魔⑩所不能坏，魔不得便。何以故？魔即法界印，法界印云何毁法界印？以此意历一切法，亦应可解。上所说者，皆是经文。……⑪

注释

①本章原典选自卷二，为"五略"第二"修大行"，本书有删节。

②《文殊说》：即《文殊师利所说摩诃般若波罗蜜经》，又称《文殊说摩诃般若经》《文殊师利般若波罗蜜经》《文殊般若经》，二卷。扶南人曼陀罗仙译，书成于梁天监二年（公元五〇三年），收于《大正藏》第八册，同册亦收入扶南人僧伽婆罗的复译本。内容叙述文殊师利、佛如来及有情界之一相不可思议，及一相庄严三摩地等之说法。本经异译本为唐·玄奘译《大般若波罗蜜多经》之第七会《曼殊室利分》。

③《文殊问》：即《文殊师利问经》，二卷。梁·僧伽婆罗译，收于《大正藏》第十四册。内容系佛回答文殊师利所问菩萨戒、佛身、无我、涅槃、般若、有余气、来去相、中道、三归、十戒、无垢、无所着、无

漏、发菩提心、字母及部派分裂等问题。

④**一行三昧**：梵文 Ekavyuha-samadhi 的意译，又作一三昧、真如三昧、一相三昧、一相三摩地等。指心专于一行而修习之正定，有理、事二种：（一）理之一行三昧，乃定心观法界平等一相之三昧，体证一切诸佛法身与众生身为平等无二，故于行坐住卧等一切处，能纯一直心，不动道场，直成净土；（二）事之一行三昧，即一心念佛之念佛三昧。

⑤**开遮**：开，指许可；遮，指禁止。

⑥**郁怫**：郁，谓蓊郁，即多的意思；怫，意为不泄。

⑦**风触七处**：此据《大智度论》卷六《初品中十喻释论第十一》，指人欲语时，口中风出名"忧陀那"，此风出后还入于脐，触脐发出声响，响声出时依次触项、龈、齿、唇、舌、喉、胸等七处，由此语言产生。（见《大正藏》第二十五册，第一○三页）

⑧**蠲除恶觉**：觉（Vitarka），新译作"寻"。心所之名，即寻求推度之精神作用，亦即对事理的粗略思考，仅限于色界之初禅及欲界。恶觉，有欲（贪觉），对顺情之境起种种贪求；嗔（恚）觉，对违情之境起种种愤怒；害（恼）觉，常起侵害他人之知觉，以上是为三恶觉。若加上亲里觉、国土觉、不死觉、族姓觉（利他觉）、轻他觉（轻侮觉），则称八恶觉。

⑨**五逆**：指五种罪大恶极、将堕无间地狱的大罪，有大、小乘两种五逆。小乘五逆是指：害母、害父、害阿罗汉、恶心出佛身血、破僧等五种。大乘五逆是指：破坏塔寺经像、毁谤大小乘佛法、妨碍出家人修行或杀害出家人、犯小乘五逆罪之一、不畏因果自行或教唆他人行十恶事。

⑩**四魔**：指夺取人之身命及慧命的四种魔：（一）蕴魔（又作阴魔、五阴魔等），指由色、受、想、行、识等五蕴积聚而成生死苦果；（二）烦恼魔（又作欲魔），指身中一百零八种烦恼，能恼乱众生心神；（三）死魔，能令众生四大分散，夭丧殒没；（四）天子魔，即欲界第六天之魔王，能害人善事，憎嫉贤圣法，做种种扰乱事，令修行人不得成就出世善根。上述前三者为内魔，最后一个为外魔。

⑪劝修部分略。

译文

在"五略"第二"修大行"中，说的是圆顿止观的实践形式，即通过修习四种三昧的方式而进入菩萨位。须知，欲登上终极解脱的圆妙阶位，离开修行则无阶梯可循。正如学会用钻摇器具提炼牛乳，可获得醍醐一样。

《法华经》说道:"又见佛弟子经过种种修行,以获求佛道。"修行方法有许多种,可概括为四种来说:一、常坐三昧,二、常行三昧,三、半行半坐三昧,四、非行非坐三昧。这四种形式通称三昧,都是将散乱的心善加调整,使心安定于一处而不散动。如《大智度论》所说:"善于将散乱之心安定于一处而不动,就称作三昧。"宇宙法界本是一处,通过圆顿止观的观心实践,能使心安住于法界而不散动。四种三昧的修行就是观心的条件,借助这种条件而使扭曲散乱的心理活动调整正直。故上述修行方法通称为三昧。

常坐三昧

第一,常坐三昧,出自《文殊说般若经》和《文殊师利问经》两部经,又名为"一行三昧"。现在首先阐明修习方法,然后说劝修的利益。所谓方法,就身仪而言有开许与禁止,就口业而言有说与默,就意业而言有止与观。

身仪当取坐姿,而不用行、住、卧的方式。可以集体修习,能独修则更善。择一所远离喧闹的静室或空闲地,安置一张空无依傍的绳床,以九十日为一期,盘腿结跏,端正而坐。项须直,脊须挺,身体不能大动,也不能小动；姿势不能萎靡下垂，也不能倚附于物，以日夜打坐自誓。连肋部都不容许搭挂床边，更何况出现仰卧躺尸相或起立游走的相状！除了经行、饮食、大小便外，平时向着正西佛像方面端正坐禅，时刻相续，不可有须臾暂废。所坚持的是专心打坐，所避免的是犯戒条。要做到不欺佛，不负心，不诳众生。

  关于口业的说与默，如果坐得极端疲倦，或因疾病所困，或被睡眠盖所障覆，身心障碍，内外交侵，妨害心正念实相，而又不能排遣时，应当专念阿弥陀佛名号，以惭愧心忏悔，尽此身命而无愧悔。念阿弥陀佛一佛名号，与称念十方佛名号功德相等。为什么呢？譬如在人忧愁喜悦而无所排遣时，通过放声歌唱、或哭或笑，能使心绪畅快。修行人也是如此，以语言的产生来说，脐中之风发出，触动项、龈、齿、唇、舌、喉、胸等七处，构成身业；声响出唇，构成口业；身、口二业，能构成意业产生的助缘，从而感应阿弥陀佛降临。譬如有人荷举重担，如果自力不够，借助旁人的救助，就能轻松地举起重担。修行人也是如此，自己心力微弱，不能排除障碍，称念佛名，请佛护持，则恶缘不能破坏自己的修行。假若尚未理解此法门，应当亲近已悟解般若智慧的人，根据他们所说的道理如法修学。如此就能入于"一行三昧"，当面见到诸佛，登上菩萨位。行三昧时，必须禁绝与外人接谈，诵经诵咒，尚且嫌其喧闹而不能入静，更何况用世俗言语呢！

关于意业的止与观。端坐正念，去除欲、嗔、害等恶觉，舍弃各种乱想，切莫掺杂思维，不要执取外境相貌。将心依止于法界，专心一念观照于法界，使精神统一于宇宙实相中。前者是为止，后者是为观。相信一切法都是佛法，佛法与一切法无前无后；法界之体遍于一切，亦无分际界限。既无内证知法者，亦无化他说法者。如果没有知法和说法的分别，那么同样，既没有知，也没有无知；既没有知者，也没有不知者。离开这种有、无二边的偏见，使心安住于无所住中，就如同诸佛所住的境界，安处于寂灭清净的法界。

听到如此深奥之法，勿生惊怖之感。如此中道不二的法界，也称作菩提、不可思议境界、般若、不生不灭等。如此凡圣、迷悟等一切诸法，与法界一体不二。听到凡圣、迷悟等一切诸法与法界无二无别，不要产生疑惑，能如此观察，就是观如来十号。观如来时，不说如来是如来，没有如来为如来；也没有如来之智，能知如来。如来与如来智本无二相，既无所动之相，也无能作之相；不在空间，也不离空间；既非三世，亦非不是三世；既非二相，亦非不是二相；既非垢相，亦非净相。如此观察如来，为稀有的殊胜法门，犹如虚空湛然，没有任何过失。如此增长正念，见佛相好时，犹如临水照镜，自见形象。起初见到一佛，然后见到十方诸佛。不用靠神通去见佛，就安住于此处，目见诸佛，耳闻佛说法，而获得如实真义。为一切众生，见如来而不执取如来之相；度化一切众生，趋向涅槃而不执取涅槃之相；为一切众生，发悲智福慧庄严而不执见庄严之相。无形、无相、无见、无闻、无知，佛自于法无所证得，行者又如何能说自己已经证得。为什么这样说？佛所证者就是唯一法界，如果以法界去证法界，即是诤论，事实上是无证也无得。

观察众生之相，如同诸佛之相。众生的界量，如同诸佛的界量。诸佛界量不可思议，众生界量也不可思议。住于众生界，犹如住于虚空。用不执滞和无相可取的法门，安住于般若智慧中。众生如佛，不见凡俗之法，有何可舍？佛如众生，不见圣道之法，有何可取？生死与涅槃，相当于苦、灭二谛；垢染与清净，相当于集、道二谛；无作四谛无所取舍，也应作如是观。不舍不取，以此中道，安住于实际理地。如此观察众生，就是真佛法界。

观察贪欲、嗔恚、愚痴等各种烦恼，其实本来就是真谛意义上的寂静行，就是俗谛意义上的无动行，就是中谛意义上的既无生死法亦无涅槃法的中道行。不舍弃各种见解即为假观,不舍弃无为法即为空观,又照空、假,以此中道而修佛道。既非修道,亦非不修道。这就称作正住于烦恼法界。

如果观业相,业力深重者,莫过于五逆重罪。五逆本性空寂,就是菩提,菩提与五逆本无二相。没有能观外境之觉,也没有内了之知,知觉一体不二,无有分别。内外之分别既然都已泯灭,五逆之罪相与实相之体,皆一体不二,故二者皆不可坏。既然连五逆之罪都本来无自性,其他一切业相都是如此,皆住于本性空寂的实际。不来不去,故五逆之罪无生灭;非因非果,故观业亦无始终。这就是说,观业相即是观法界之印。

法界之印为蕴魔、烦恼魔、死魔、天子魔等四魔所不能破坏,以止观的缘故,魔不得乘便而得逞。为什么呢?魔即是法界之印,法界印岂能毁坏法界印?以此意历观一切善恶等法,亦应可以理解。以上所说者,皆根据佛经而来。

常行三昧

原典

二、常行三昧者。先方法,次劝修。方法者,身开遮，口说默，意止观。此法出《般舟三昧经》[①]，翻为佛立。佛立三义：一、佛威力，二、三昧力，三、行者本功德力。能于定中，见十方现在佛在其前立，如明眼人清夜观星，见十方佛亦如是多，故名佛立三昧。《十住婆沙偈》[②]云："是三昧住处，少中多差别。如是种种相，亦应须论议。"住处者，或于初禅、二、三、四中间，发是势力，能生三昧，故名住处。初禅少，二禅中，三、四多。或少时住名少，或见世界少，或见佛少，故名少。中、多亦如是。

身开常行。行此法时，避恶知识及痴人、亲属乡里，常独处止，不得希望他人有所求索。常乞食不受别请。严饰道场，备诸供具、香肴、甘果，盥沐其身，左右出入改换衣服。唯专行旋，九十日为一期。须明师善内外律能开除妨障。于所闻三昧处，如视世尊，不嫌、不恚、不见短长。当割肌肉供养师，况复余耶？承事师如仆奉大家。若于师生恶，求是三昧，终难得。须外护，如母养子；须同行，如共涉险。须要期誓愿，使我筋骨枯朽，学是三昧不得，终不休息。起大信，无能坏者；起大精进，无能及者；所入智，无能逮者。常与善师从事，终竟三月，不得念世间想欲如弹指顷；三月终竟，不得卧出如弹指顷；终竟三月，行不得休息，除坐食左右，为人说经，不得希望衣食。《婆沙偈》云："亲近善知识，精进无懈怠,智慧甚坚牢,信力无妄动。"

口说默者,九十日身常行无休息,九十日口常唱阿弥陀佛无休息。或唱念俱运,或先念后唱,或先唱后念,唱念相继无休息时。若唱弥陀,即是唱十方佛功德等,但专以弥陀为法门主。举要言之,步步、声声、念念,唯在阿弥陀佛。

意论止观者,念西方阿弥陀佛,去此十万亿佛刹,在宝地、宝池、宝树、宝堂众菩萨中央坐说经。三月常念佛。云何念三十二相?从足下千辐轮相③,一一逆缘,念诸相乃至无见顶④;亦应从顶相顺缘,乃至千辐轮,令我亦逮是相。又念:我当从心得佛,从身得佛?佛不用心得,不用身得。不用心得佛色,不用色得佛心。何以故?心者佛无心,色者佛无色,故不用色、心得三菩提⑤。佛色已尽,乃至识已尽。佛所说尽者,痴人不知,智者晓了。不用身口得佛,不用智慧得佛。何以故?智慧索不可得,自索我了不可得,亦无所见。一切法本无所有,坏本绝本。……⑥

注释

①**《般舟三昧经》**:又作《十方现在佛悉在前立定经》,三卷,支娄迦谶于东汉光和二年(公元一七九年)

译，收于《大正藏》第十三册。为大乘经典中最早期作品，亦为有关弥陀经典中之最早文献。其注疏本较重要者有智𫖮《般舟三昧行法》、元晓《般舟三昧经疏》等。

②**《十住婆沙偈》**：出自龙树所造，后秦·鸠摩罗什译《十住毗婆沙论》卷十二《赞偈品》。本论主要解释《华严经·十地品》之大意。

③**千辐轮相**：佛三十二相之一。在佛之双足及手掌上，呈现千辐轮宝妙相，象征佛游化诸处转法轮。

④**无见顶**：即无见顶相，为佛八十种相好之第六十六种，谓佛顶高至不可得见。

⑤**三菩提**：即实相菩提、实智菩提、方便菩提，详见第三章第二节"一实菩提"注。

⑥以上意止观部分是用空观观佛与我无相可得，下面尚有用假观和中观观佛。其论证方法，具见第五章。

译文

第二，常行三昧。首先阐明修习方法，然后说劝修的利益。所谓方法，就是身仪的开许与禁止，口业的说与默，意业的止与观。此法门出自《般舟三昧经》，般舟三昧，此处翻译为"佛立"。佛立有三层含义：一、佛的威力，二、三昧的正定力，三、修行者本身的功德力。

修此三昧，能在定中，见到十方现在诸佛站立在修行者前面，好比明眼人夜观晴空明星，所见到的十方诸佛，亦如繁星无数，故名佛立三昧。《十住毗婆沙论·赞偈品》说："此三昧所住之处，就入定的深浅有少、中、多等种种差别。对其中的种种相状，亦应详加论议。"佛立三昧相应之处，或产生于初禅，或在二禅、三禅、四禅中间，发生此佛立势力，能生三昧，故名住处。此三昧在初禅产生较少，在二禅居中，而以三禅、四禅居多。这里所谓少，或指三昧停住时少，或在定境中所见之世界少，或在定境中所见佛少。所谓中、多，亦可依此类推。

关于身仪的开许与禁止。修行此法门时，应远离恶人与愚痴之人，亦应避开亲属乡里，独自索居，不得对他人有所希冀求索。除乞食外，不再接受其他供养。要将道场布饰庄严，准备各种供具、香花肴馔和甘果，盥沐其身，在道场左右出入时须改换干净衣服。专心绕旋行道，以九十日为一期。修行中，须有精通内外身、口、意戒律的明师指导，能帮助修行者解除妨碍修道的障碍。对于从师听闻的三昧法门，就如尊视世尊本人一样，不得对师有任何讥嫌、愤恨、计较水平短长的表现。菩萨因师而得菩提，求道者应当割自身肌肉以供养恩师，更何况其他？对待明师就如仆役侍奉家主一样。如果师生间交恶，欲求此三昧，终难获得。行道须有外护提供衣食及鞭策，如慈母养子一样；须有同修者结伴，共同跋涉险道。必须克期发出殷重誓愿："终使我筋骨枯朽，若不学得此三昧，终不休息。"所起之大信，没有什么力量能加以破坏；所起之大精进，没有什么人能及得上；所入智慧，没有什么人能相伴。恒常追随善师修行，在行道的三个月中，不得有弹指间的片刻思念世间的名闻利欲；在行道的三个月中，不得有弹指间的片刻睡卧及走出道场；在行道的三个月中，坚持经行不得休息，连饮食也不得坐下，为他人说经，不得希望衣食之施。《十住毗婆沙论·赞偈品》说："亲近善知识，精进无懈怠，智慧甚坚牢，信力无妄动。"

关于口业的说与默。在九十日中，身步步常行，无片刻休息；九十日中，口常唱阿弥陀佛名号，无片刻休息。或同时口唱心念，或先念后唱，或先唱后念，唱念相继，无片刻休息时。口唱阿弥陀佛，即与唱十方佛的功德相等，但专以阿弥陀佛为法门主尊。总而言之，步步、声声、念念，在身、口、意三业中，唯关注于阿弥陀佛。

就意业的止与观而言。心念西方阿弥陀佛，距此方十万亿佛土处，在宝地、宝池、宝树、宝堂中，阿弥陀佛在众菩萨围绕中，端坐说经。在三个月中恒常念佛。念什么？念佛的三十二相。从足下千辐轮相开始，自下而上——观想诸相，一直至无见顶相；然后应从无见顶相自上而下观想，一直至千辐轮相。心想：使我亦能获得如此相好。然后推念：我应当从心得佛，还是从色身得佛？佛不能用我心而得，也不能用我身而得。不能用我心得佛之色身，也不能用我色身得佛之心。为什么呢？若讲心，佛无心；若讲色，佛无色，故不能用色、心得三菩提。佛无相可得，从色开始，历观受、想、行，乃至到识，皆无相可得。佛所说的无相无得，愚痴之人不知，唯智者才通晓明了。不用身、口之色得佛，不用智慧之心得佛。为什么呢？用智慧求索佛不可得，求索自我亦不可得，亦无所见。以无我的缘故，一切法本无，故称坏本；亦不着此坏本，故称绝本。

半行半坐三昧

原典

三、明半行半坐。亦先方法，次劝修。

方法者，身开遮，口说默，意止观。此出二经。《方等》①云："旋百二十匝，却坐思维。"《法华》云："其人若行若立读诵是经，若坐思维是经，我乘六牙白象②，现其人前。"故知俱用半行半坐为方法也。

方等至尊，不可聊尔。若欲修习，神明为证。先求梦王③，若得见一，是许忏悔。于闲静处，庄严道场，香泥涂地及室内外，作圆坛彩画，悬五色幡，烧海岸香④，然灯敷高座，请二十四尊像，多亦无妨。设肴馔，尽心力，须新净衣鞋屩，无新浣故。出入着脱，无令参杂。七日长斋，日三时洗浴。初日供养僧，随意多少。别请一明了内外律者为师，受二十四戒⑤及陀罗尼咒，对师说罪。要用月八日、十五日，当以七日为一期，决不可减。若能更进，随意堪任。十人已还，不得出此。俗人亦许，须办单缝三衣⑥，备佛法式也。

口说默者，预诵陀罗尼咒一篇使利。于初日分，异口同音，三遍召请三宝、十佛⑦、方等父母⑧、十法王子⑨。召请法在《国清百录》中。请竟，烧香运念，三业供养。供养讫，礼前所请三宝。礼竟，以志诚心，悲泣雨泪，陈悔罪咎竟，起旋百二十匝，一旋一咒，不迟不疾、不高不下。旋咒竟，礼十佛、方等、十法王子。如是作已，却坐思维。思维讫，更起旋咒。旋咒竟，更却坐思维。周而复始，终竟七日。其法如是。从第二时，略召请，余悉如常。

意止观者，经令思维，思维摩诃袒持陀罗尼，翻为大秘要遮恶持善。秘要只是实相中道正空。经言："吾从真实中来。"真实者寂灭相，寂灭相者无有所求。求者亦空，得者着者，实者求者，语者问者，悉空。寂灭涅槃亦复皆空。一切虚空分界亦复皆空。其一。无所求中，吾故求之，如是空空真实之法，当于何求？六波罗蜜中求。其二。此与《大品》十八空同。《大经》迦毗罗城空⑩、如来空、大涅槃空，更无有异。以此空慧，历一切事，无不成观。……⑪

约法华，亦明方法，劝修。方法者，身开遮，口说默，意止观。

身开为十：一、严净道场，二、净身，三、三业供养，四、请佛，五、礼佛，六、六根忏悔，七、绕旋，八、诵经，九、坐禅，十、证相。别有一卷，名《法华三昧》⑫，是天台师所著，流传于世，行者宗之。此则兼于说默，不复别论也。

意止观者，《普贤观》⑬云："专诵大乘，不入三昧，日夜六时，忏六根罪。"《安乐行品》云："于诸法无所行，亦不行不分别。"⑭二经本为相成，岂可执文拒竞？盖乃为缘前后互出，非硕异也。《安乐行品》护持、读诵、解说、深心礼拜等，岂非事耶？《观经》明无相忏悔，我心自空，罪福无主，慧日能消除，岂非理耶？南岳师云：有相安乐行⑮，无相安乐行⑯，岂非就事理得如是名？持是行人，涉事修六根忏，为悟入弄引，故名有相。若直观一切法空为方便者，故言无相。妙证之时，

悉皆两舍。若得此意，于二经无疑。……⑰

注释

①《方等》：即《大方等陀罗尼经》，又作《方等檀持陀罗尼经》，四卷，北凉·法众译，收入《大正藏》第二十一册。内容叙述佛应文殊师利之请，说种种陀罗尼功德，详明修忏行道、灭罪增寿、善恶梦应等事相。本经向以讲说菩萨之二十四重戒及阐明声闻之受记做佛而著称。

②六牙白象：此指菩萨具无漏六神通。

③梦王：据《大方等陀罗尼经》卷三，佛对文殊师利说，须求得十二梦王之一，才能于七日中行方等忏法，十二梦王是：袒荼罗、斤提罗、茂持罗、乾基罗、多林罗、波林罗、檀林罗、禅多林罗、穷伽林罗、迦林罗、伽林罗、婆林罗。(《大正藏》第二十一册，第六五二页)

④海岸香：即栴檀香。

⑤二十四戒：此即佛为恒伽所说二十四重戒，一切诸佛悉由此戒成等正觉。详见《大方等陀罗尼经》卷一，《大正藏》第二十一册，第六四五—六四六页。

⑥单缝三衣：据智𫖮著《方等三昧行法》，三衣指三

种净衣：一、最上净者，入道场中着；二、次净者，从浴处趋道场时着；三、日常起坐时着。在家人在道场中可穿出家人法衣，但缝制方式有异，称作单缝三衣。(《大正藏》第四十六册，第九四四页)

⑦**十佛**：据《大方等陀罗尼经》卷二，即无量寿佛、释迦牟尼佛、维卫佛、式弃佛、随叶佛、拘楼秦佛、拘那含牟尼佛、迦叶佛、过去雷音王佛、秘法藏佛。(《大正藏》第二十一册，第六五〇页)

⑧**方等父母**：此指《大方等陀罗尼经》中之陀罗尼咒，以陀罗尼即是实相，具有权、实二智，为诸法之父母。

⑨**十法王子**：指《大方等陀罗尼经》中初闻佛说法的十二位菩萨，即：文殊师利、慈王、大目、梵音、妙色、栴檀林、师子吼音、妙声、妙色形貌、种种庄严、释幢、顶生法王子等。

⑩**迦毗罗城空**：佛在迦毗罗城对阿难说：汝见城有，我见空寂；汝见亲戚，我修空故，悉无所见。

⑪删略处为劝修部分。

⑫**《法华三昧》**：即《法华三昧忏仪》，又名《法华三昧行法》《法华三昧仪》《法华经三昧仪》，书名之下副题为"法华三昧行事运想补助仪礼法华经仪式"，智𫖮著，全一卷，收于《大正藏》第四十六册。

⑬**《普贤观》**：与下文《观经》同，即《观普贤菩萨行法经》，一卷，刘宋·昙摩密多译。本经系承《法华经》最后之《普贤菩萨劝发品》而说观普贤菩萨之方法及功德，被称为《法华经》的结经。

⑭**于诸法无所行，亦不行不分别**：《法华经·安乐行品》中，在说菩萨行忍辱而心亦不惊之后，原文为"复于法无所行，而观诸法如实相，亦不行，不分别，是名菩萨摩诃萨行处"。(《大正藏》第九册，第三十七页)

⑮**有相安乐行**：安乐行，指菩萨于恶世末法期间，弘扬《法华经》时安住身心之法。据《法华经》卷四《安乐行品》，有身安乐行、口安乐行、意安乐行、誓愿安乐行等四种，称作四安乐行。慧思在《法华经安乐行义》中，将安乐行分为有相安乐行和无相安乐行两种，有相安乐行乃外在的修法，如一心读诵《法华经》之文字等，称为文字有相行。

⑯**无相安乐行**：此乃内在的修法，如修止观等，以体达一切诸法中，心相寂灭，毕竟不生之三昧；亦即不以此"安乐行"为行法，而于自然无行之状态下，自行化他。

⑰删略的是劝修部分。

译文

方等三昧

第三，应明了半行半坐三昧。也是首先阐明修习的方法，然后说劝修的利益。

所谓方法，就是身仪的开许与禁止，口业的说与默，意业的止与观。此法门出自《大方等陀罗尼经》和《法华经》二部经典。《方等经》说："绕旋一百二十圈后，坐下思维。"《法华经》说："其人如行走或站立读诵此经，如端坐思维此经，我将乘六牙白象，现身在此人前面。"由此可知，这二部经用的都是半行半坐的方法。

关于身仪的开许与禁止。方等三昧至尊无上，不可等闲视之。如想修习，需有神明为证。应先求十二梦王，如能梦得其中之一，即能允许修行者忏悔。然后于伽蓝、兰若等闲静之处，将道场布饰庄严，用香泥涂地及室内外墙壁，做圆坛绘以彩画，悬挂五色幡，烧栴檀香，燃灯，敷高座，请二十四尊佛菩萨像，多些亦无妨。尽自己心力，设精美肴馔，必须置办新净衣鞋，如无新衣，可将旧衣洗浣干净。于道场内外分别放置衣、鞋，出入着脱，不要杂乱。用七日长斋，过午不食，每日早、中、晚三时洗浴。第一日必须设斋供养僧众，随自己能力而定,若能日日供斋更好。另请一位明了内外戒律者为师,受菩萨律仪二十四重戒及陀罗尼咒,对师说罪忏悔。时间是每月的初八日、十五日,应当以七日为一期,决不可减少。若能加期进修,应随本人意愿和能力而定。行此三昧,以十人为限,不得超出此数,以增喧哗。在家人亦许可修此法门,但必须另外置办仿出家人穿的单缝三衣,使之具备佛门法式。

关于口业的说与默。预先诵摩诃袒持陀罗尼咒一篇,使能得到三宝的护持,消除魔障。于行道第一日,必须异口同音地召请三宝、十佛、方等父母、十法王子等,如此须行三遍。召请法详见《国清百录》中。召请法完毕后,烧香运念,用身、口、意三业供养。供养完毕,头面礼足,跪拜所请三宝。礼拜毕,以矢志虔诚之心,悲泣雨泪,在佛前陈述忏悔自己的罪咎。然后,起身旋绕一百二十圈,每旋绕一圈,念一遍咒,速度不迟不疾,音调不高不下。旋绕诵咒完毕,再礼拜十佛、方等父母、十法王子。礼拜完毕,即坐下思维。思维完毕,再起身旋绕诵咒。旋绕诵咒完毕,即坐下思维。如此周而复始,修满七日。具体方法就是如此。如果要继续修第二期,可略去召请法,其余都如常法。

关于意业的止与观。《大方等陀罗尼经》令思维摩诃袒持陀罗尼,翻译为"大秘要遮恶持善"的思维。秘要就是一切法即一、一法摄一切法的实相，中道就是不落空、有二边的正观，空就是正体无相。《大方等陀罗尼经》言："吾从真实中来。"所谓真实，就是寂灭相，应明白寂灭相无有所求。一切所求皆空：得三昧者空，执着于三昧者空，执实于能、所者空，求三昧者空，语三昧者空，问三昧者空，一切都归结于空。寂灭涅槃亦复皆空。一切虚空分界也都是空。这是其一。于无所求中，而求真实之法，如此空空真实之法，应当从何处去求？应当于六波罗蜜中求。这是其二。经中所说，与《大品般若经》所讲的十八空相同。《大般涅槃经》说迦毗罗城空、如来空、大涅槃空，更与《大方等陀罗尼经》所言无有差别。以此空的智慧，遍历一切事物，无不成为观境。

法华三昧

关于法华三昧，也是首先阐明修习方法，然后说劝修的利益。所谓方法，就是身仪的开许与禁止，口业的说与默，意业的止与观。

关于身业的行仪，开许为十科方法：一、庄严清净道场，二、沐浴净身，三、身、口、意三业供养，四、奉请佛，五、礼敬佛，六、忏悔六根，七、绕佛行道，

八、读诵经典，九、坐禅习定，十、证悟实相。关于此法，另有《法华三昧忏仪》一卷详述，是天台大师所著，流传于世，为修行者所宗。上述十门已兼于口业的说与默，故不再赘述。

关于意业的止与观。《观普贤菩萨行法经》说："专门读诵大乘，不证入三昧，于日夜六时之中，忏悔六根之罪。"《法华经·安乐行品》说："虽然一切诸法毕竟空寂，心无所行处，但也不能执着于不分别之相。"《观普贤菩萨行法经》所说为有相之行，《法华经·安乐行品》所说为无相之行，但二部经典本为相辅相成，岂能执着于经文而互相排斥？二部经典都阐明了有相、无相之行，在经典的前后文中交互出现，并非截然相异。《安乐行品》提到十方菩萨应护持、读诵、解说、深心礼拜《法华经》等，岂不是有相的事忏？《观普贤菩萨行法经》也说明了无相之行，经中所说"我心自空，罪福并无主宰""智慧之日能消除"，岂不是无相的理忏？而南岳大师说：有相安乐行及无相安乐行，岂不是就事、理的关系而得如此名称？行持上述所有事相的修行者，就事而修六根清净忏法，为悟入法华三昧的前方便，故名有相安乐行。如果直观一切法空，亦是悟入法华三昧的方便，故名无相安乐行。待到圆妙证悟之时，有相、无相二者都可以舍去。如能体悟到此意，于上述二部经典则不会产生疑虑。

非行非坐三昧

原典

四、非行非坐三昧者。上一向用行、坐，此既异上，为成四句，故名非行非坐。实通行、坐及一切事，而南岳师呼为"随自意"，意起即修三昧。《大品》称"觉意三昧"，意之趣向，皆觉识明了。虽复三名，实是一法。

今依经释名。觉者照了也，意者心数①也，三昧如前释。行者心数起时，反照观察，不见动转根原终末、来处去处，故名觉意。诸数无量，何故对意论觉？穷诸法源，皆由意造，故以意为言端。对境觉知，异乎木石名为心，次心筹量名为意，了了别知名为识。如是分别，堕心想见倒中，岂名为觉？

觉者，了知心中非有意，亦非不有意；心中非有识，亦非不有识；意中非有心，亦非不有心；意中非有识，亦非不有识；识中非有意，亦非不有意；识中非有心，亦非不有心。心、意、识非一，故立三名；非三，故说一性。若知名非名，则性亦非性。非名故不三，非性故不一；非三故不散，非一故不合；不合故不有，不散故不空；非有故不常，非空故不断。若不见常、断，终不见一、异。若观意者，则摄心、识，一切法亦尔。若破意，无明则坏，余使②皆去。故诸法虽多，但举意以明三昧。观则调直，故言"觉意三昧"也。"随自意""非行非坐"，准此可解。

就此为四③：一、约诸经，二、约诸善，三、约诸恶，四、约诸无记。诸经行法，上三不摄者，即属随自意也。

且约《请观音》④示其相，于静处严道场，幡盖香灯，请弥陀像，观音、势至二菩萨像，安于西方。设杨枝、净水⑤，若便利左右。以香涂身，澡浴清净，着新净衣。斋日建首，当正向西方，五体投地，礼三宝、七佛、释尊、弥陀、三陀罗尼⑥、二菩萨圣众。礼已胡跪⑦，烧香散华，至心运想，如常法。

供养已，端身正心，结跏趺坐，系念数息。十息为一念，十念成就已，起烧香。为众生故，三遍请上三宝，请竟，三称三宝名，加称观世音。合十指掌，诵四行偈⑧竟，又诵三篇咒⑨，或一遍，或七遍，看时早晚。诵咒竟，披陈忏悔。自忆所犯，发露洗浣已，礼上所请。礼已，一人登高座，若唱若诵此经文，余人谛听。午前、初夜，其方法如此，余时如常仪。若嫌阙略，可寻经补益。……⑩（选自卷二上）

注释

①**心数：** 即心所法，为种种复杂的心理活动和作用，为五位法之一，从属于心王。

②**使：** 烦恼之异名。因烦恼驱使人流转于生死，故称烦恼为使，与随眠同义。

③**就此为四：** 非行非坐三昧分作"约诸经观"和"约三性观"两部分。前者观终极真理之实相，故称"理观"；后者是依伦理性的善、恶、无记（不善不恶）的三种性质而观，故称"事观"。本节所选的是"约诸经观"部分。但非行非坐三昧的重点在"约三性观"，至于"约三性观"，则选其中的"约诸恶"部分，展开为第五章《末法时代的权宜之法——即贪欲而修佛道》。

④**《请观音》：** 即《请观音经》，又作《请观世音经》《请观世音消伏毒害陀罗尼经》《请观世音菩萨消伏毒害陀罗尼咒经》《消伏毒害陀罗尼经》，一卷。东晋·竺难提译，收于《大正藏》第二十册。本经详说称念观世音菩萨名号及破恶业障、消伏毒害陀罗尼咒等的功德，向为天台宗所重视。

⑤**杨枝、净水：** 因观音菩萨左手持杨枝、右手持净瓶，须请观音法须用此二物。其中杨枝拂动象征智慧，净水澄清象征禅定。

⑥**三陀罗尼**：即消伏毒害陀罗尼，能破报障；破恶业障陀罗尼，能破业障；六字章句陀罗尼，能破烦恼障。

⑦**胡跪**：指胡人（古称西域、印度一带为胡）的跪拜方式，有三种说法：（一）凡屈膝就称胡跪；（二）指长跪，双膝着地，竖两足以支身；（三）右膝着地，竖左膝危坐。

⑧**四行偈**：据《止观辅行传弘决》卷二之二所载，此四偈全文如下：

愿救我苦厄，大悲覆一切，普放净光明，灭除痴暗冥。

为免毒害苦，烦恼及众病，必来至我所，施我大安乐。

我今稽首礼，闻名救厄者；我今自归依，世间慈悲父。

唯愿必定来，免我三毒苦，施我今世乐，及与大涅槃。（《大正藏》第四十六册，第一九四页）

⑨**三篇咒**：载于《请观音经》中。

⑩删略部分为观六尘、五阴等方法，以及"约三性观"中的约诸善、约诸无记等等内容。

译文

非行非坐三昧的名义

　　第四,非行非坐三昧。以上三种三昧,都与行或者坐的形式有关。这种三昧与上述三种都不同,只是为了完成四种三昧的形式,故在上述三种三昧之外而定名为非行非坐。其实这种三昧通于行、坐、住、卧等一切事,故南岳慧思大师称之为"随自意三昧",即不问行、坐、住、卧,于一切事上随心意所起而修三昧。《大品般若经》称为"觉意三昧",随心意之趣向而修三昧,都是要使心、意、识觉悟明了。虽有"非行非坐三昧""随自意三昧""觉意三昧"等三种名称,其实都是同一个法门。

　　现在,依据经典解释"觉意三昧"的名称。"觉",照察觉了的意思,"意",即心理活动的现象,"三昧",如前面所释。修行者在心理活动产生时,向内返照观察,不见心理活动运转的根源和来去的始终,故称作"觉意"。描述心理活动的心所法有许多种,为什么这里只以"意"作为"觉意三昧"的观境?如果追寻一切现象的根源,其实皆由"意"所造,故在此以"意"作为讨论的开端。对内外之境产生觉知时,在不同的场合,"意"至少有三种不同的名称:有灵觉而不同于木石的,名为

"心"；随心念起而筹划思量的，名为"意"；对境分别了知的，名为"识"。这三者体同名异，如妄加分别，就堕于颠倒的心识思想见解之中，岂能称作为"觉"？

所谓"觉"，应当是明了心中并非另有一个意，但也不是没有意；心中并非另有一个识，但也不是没有识；意中并非另有一个心，但也不是没有心；意中并非另有一个识，但也不是没有识；识中并非另有一个意，但也不是没有意；识中并非另有一个心，但也不是没有心。心、意、识并非绝对同一，故立三个名称；又并非三个各自独立的事物，故说同一体性。如果知道以上三名都是假名，则同一的体性亦是假名而无实性。因都是假名，故不存在三个独立的心、意、识；因无实性，故心、意、识不是绝对同一；心、意、识不是三个独立的东西，故心理活动不散离；心、意、识亦非绝对同一的东西，故不能简单地合于一处；不合于一处，故不存在实有的心、意、识；不散离，故心、意、识亦不空无；非实有状态的存在，故心、意、识不是常存不变的东西；也不处于空无的状态，故心、意、识亦不断灭。如果不见心、意、识的恒常或断灭状态，那也就不见心、意、识的绝对同一或截然相异状态。如果观察"意"时，同时也就包含着"心"与"识"，其他一切法都是如此。如果破除"意"的造作，则破除根本无明，也就破除了其余的烦恼。所以，一切色、心事物虽然杂多，但只要择举一个"意"，就能明了此三昧。观，即是调直心意，故称作"觉意三昧"。至于"随自意三昧""非行非坐三昧"的名称，可依上述解释而推知。

依《请观音经》而说修法

现将这种三昧分成四个方面解说：第一是根据所依的经典而说修行方法；第二是就随顺心所趋向的善性而说修行方法；第三是就随顺心所趋向的恶性而说修行方法；第四是就随顺心所趋向的不善不恶性而说修行方法。各种经典阐述的禅修方法，凡不在以上三种三昧中述及的，都属于"随自意三昧"的范围。

现根据《请观音经》，而说修行这种三昧的事宜方法。首先于闲静之处，布饰庄严道场，悬挂幡盖，燃起香灯，恭请阿弥陀佛像和观音、势至二尊菩萨之圣像，安放于西方。在圣像左右，设置杨枝和净水瓶。以香料涂身，澡浴清净，穿着上新衣。在第一日，应设斋供僧。然后正向西方，行五体投地大礼，礼拜三宝、七佛、释尊、阿弥陀佛、三陀罗尼、观音势至二菩萨等圣众。此礼行毕，以屈膝竖身的跪拜礼烧香。烧香之后，用至诚之心观想，如上述三种三昧之法。

供养礼仪完毕，端身正心，结跏趺坐，将心念系于数息上。以十次数息为一念，当十念成就后，即起身烧香。为众生故，按上述方法三遍礼请三宝，礼请仪式之后，三称三宝之名，并加称观世音菩萨名。十指合掌，诵求观世音菩萨加持的四行偈。诵毕，再诵三篇咒，或一遍，或七遍，看时间早晚而定。诵咒之后，在佛菩萨前坦白陈述所犯罪业，深切忏悔。自忆所犯一切罪业，坦白发露，洗去精神上一切污浊。忏悔完毕，重新礼拜以上所请诸佛菩萨。礼拜之后，一人登高座，唱诵此《请观音经》经文，其余人在旁恭敬谛听。此法用于午前和初夜，其余时间则如常仪。若嫌此处所述阙略，可在修行此法时查阅《请观音经》补益。

5　末法时代的权宜之法
——即贪欲而修佛道

恶亦是止观的对象

原典①

三、以随自意，历诸恶事者。夫善恶无定，如诸蔽②为恶，事度③为善，人天报尽，还堕三涂，已复是恶。何以故？蔽、度俱非动出，体皆是恶。二乘出苦，名之为善。二乘虽善，但能自度，非善人相。《大论》云："宁起恶癞野干④心，不生声闻辟支佛意。"当知生死、涅槃，俱复是恶。六度菩萨，慈悲兼济，此乃称善。虽能兼济，如毒器⑤贮食，食则杀人，已复是恶。三乘同断，此乃称好，而不见别理，还属二边，无明未吐，已复是恶。别教为善，虽见别理，犹带方便，不能称理。

《大经》云："自此之前，我等皆名邪见人也。"邪岂非恶？唯圆法名为善。善顺实相名为道，背实相名非道。若达诸恶非恶，皆是实相，即行于非道，通达佛道。若于佛道生着，不消甘露，道成非道。如此论善恶，其义则通。

今就别明善恶，事度是善，诸蔽为恶。善法用观，已如上说。就恶明观，今当说。前虽观善，其蔽不息，烦恼浩然，无时不起。若观于他，恶亦无量。故修一切世间不可乐想⑥时，则不见好人，无好国土，纯诸蔽恶，而自缠裹。纵不全有蔽，而偏起不善，或多悭贪，或多犯戒，多嗔，多怠，多嗜酒味。根性易夺，必有过患，其谁无失？出家离世，行犹不备，白衣受欲，非行道人，恶是其分。罗汉残习⑦，何况凡夫？凡夫若纵恶蔽，摧折俯坠，永无出期。当于恶中，而修观慧。

如佛世时，在家之人，带妻挟子，官方俗务，皆能得道。央掘摩罗⑧，弥杀弥慈。祇陀、末利，唯酒唯戒。⑨和须蜜多⑩，淫而梵行。提婆达多，邪见即正。⑪若诸恶中一向是恶，不得修道者，如此诸人永作凡夫。以恶中有道故，虽行众蔽，而得成圣。故知恶不妨道。

又道不妨恶。须陀洹人淫欲转盛⑫，毕陵尚慢⑬，身子生嗔⑭，于其无漏有何损益？譬如虚空中明暗不相除，显出佛菩提，即此意也。若人性多贪欲，秽浊炽盛，虽对治折伏，弥更增剧，但恣趣向。何以故？蔽若不起，不得修观。譬如纶钓，鱼强绳弱，不可争牵，但令钩饵入口，随其远近，任纵沉浮，不久收获。于蔽修观，亦复如是。蔽即恶鱼，观即钩饵。若无鱼者，钩饵无用。但使有鱼，多大唯佳，皆以钩饵随之不舍，此蔽不久，堪任乘御。

云何为观？若贪欲起，谛观贪欲有四种相：未贪欲、欲贪欲、正贪欲、贪欲已。为当未贪欲灭，欲贪欲生？为当未贪欲不灭，欲贪欲生？亦灭亦不灭，欲贪欲生？非灭非不灭，欲贪欲生？

若未灭欲生，为即为离？即灭而生，生灭相违；若离而生，生则无因。未贪不灭而欲生者，为即为离？若即，即二生相并，生则无穷；若离，生亦无因。若亦灭亦不灭而欲生者，若从灭生，不须亦不灭；若从不灭生，不须亦灭。不定之因，那生定果？若其体一，其性相违；若其体异，本不相关。若非灭非不灭而欲贪欲生，双非之处，为有为无？若双非是有，何谓双非？若双非是无，无那能生？如是四句⑮，不见欲贪欲生。

还转四句，不见未贪欲灭。欲贪欲生、不生、亦生亦不生、非生非不生，亦如上说。观贪欲蔽，毕竟空寂，双照分明，皆如上说。是名钩饵，若蔽恒起，此观恒照。亦不见起，亦不见照，而起而照。其一。

又观此蔽，因何尘起，色耶余耶？因何作起⑯，行耶余耶？若因于色，为未见、欲见、见、见已。若因于行，未行、欲行、行、行已。为何事起，为毁戒耶，为眷属耶，为虚诳耶，为嫉妒耶，为仁让耶，为善禅耶，为涅槃耶，为四德耶，为六度，为三三昧耶，为恒沙佛法耶？其二。

如是观时，于尘无受者，于缘无作者，而于尘受根缘，双照分明。幻化与空，及以法性，不相妨碍。所以者何？若蔽碍法性，法性应破坏；若法性碍蔽，蔽应不得起。当知蔽即法性，蔽起即法性起，蔽息即法性息。《无行经》⑰云："贪欲即是道，恚痴亦如是。如是三法中，具一切佛法。若人离贪欲，而更求菩提，譬如天与地。"贪欲即菩提。《净名》云："行于非道，通达佛道。"一切众生，即菩提相，不可复得；即涅槃相，不可复灭。为增上慢，说离淫怒痴，名为解脱。无增上慢者，说淫怒痴性，即是解脱。一切尘劳⑱，是如来种。山海色味，无二无别。即观诸恶不可思议理也。其三。……⑲

注释

①本章原典选自卷二，为"四种三昧"之四"非行非坐三昧"中的部分内容。"非行非坐三昧"先述"约诸

经观",然后是"约三性观"。在"约三性观"中,先述历诸善法观心,次述历诸恶法观心,最后述历无记法观心。因观恶法涉及天台宗重要的"性恶"思想,故将这部分内容从上章抽出,单列一章。

②**诸蔽**:指能蔽覆净心的各种染污心理活动,具体指悭贪、破戒、嗔恚、懈怠、散乱、愚痴等六蔽。

③**事度**:即持五戒、十善等法,以度脱恶道之苦。因五戒、十善等皆属有为之事相,故名。

④**野干**:狐之一种。

⑤**毒器**:指菩萨仍有贪、嗔、痴三毒。欲广求佛法为有贪欲,呵恶二乘为嗔恚,未了佛性为愚痴。

⑥**一切世间不可乐想**:十种观想法门之五。十想是:(一)无常想,观一切有为法皆新新生灭,无常变坏;(二)苦想,观一切有为法无常,常受三苦、八苦所逼迫;(三)无我想,观一切法皆由因缘所生而无自性,故无我;(四)食不净想,观想世间饮食皆从不净因缘所生,悉为不净物;(五)一切世间不可乐想,观想一切世间无任何乐处,唯有过恶;(六)死想,观想死之相;(七)不净想,观想人身内三十六物、身外九孔,恶露常流不净;(八)断想;(九)离欲想;(十)尽想。后三想为得涅槃菩提,而求断烦恼、舍离生死之迷,以及灭尽烦恼与生死等之观想。

⑦**罗汉残习**：指二乘之人虽断除烦恼，然犹存残余之习气。此残习又称"余习"，唯佛才能断除之。

⑧**央掘摩罗(Aṅguli-mālya)**：原为舍卫城北之恶人，师事婆罗门邪师摩尼跋陀罗，因受师母诬陷，其师命杀一千人，取指做花鬘。至九百九十九人时，欲杀其母以成一千之数。为佛陀所止，乃改过忏悔而入佛门，后证得阿罗汉果。

⑨**祇陀、末利，唯酒唯戒**：据南齐·昙景译《未曾有因缘经》卷下，祇陀太子（即只陀）因常与国中豪强饮酒，难持酒戒，欲舍去五戒，转受十善法。佛说只要饮酒时心欢喜不起恶业，仍不失有漏善报。时波斯匿王提出质询，他曾因出猎回宫，肚饥无食，怒极欲杀厨子，末利夫人为救厨子，遂备具好肉美酒，携诸伎女，陪王娱乐。末利夫人终身持五戒，现于一日之中破酒、妄二戒，于八关斋戒中，破过中食、服华香、做倡伎、坐高广床、饮酒、妄语等六戒。佛对王说：以救人利益故，如此犯戒，得大功德。（参见《大正藏》第十七册，第五八五页）

⑩**和须蜜多**：即婆须蜜多女（Vasumitra），为善财童子五十三参中所参第二十五位善知识，据东晋·佛驮跋陀罗译《华严经》卷五十，婆须蜜多女居险难国宝庄严城，容貌端丽，身出大光明，已成就离欲实际清净法门，即

为一切有欲众生说离欲法门，使皆得清净。（参见《大正藏》第九册，第七一七页）

⑪**提婆达多，邪见即正**：提婆达多（Devadatta）为佛陀时代另立教团，破坏僧伽和合的罪人，各种经典均记载因破和合僧、出佛身血、杀莲华色比丘尼等三逆或五逆重罪，生陷地狱。《法华经》卷四《提婆达多品》称提婆达多过去世为善知识，曾为释迦牟尼佛宣说大乘经典，又将于当来无量劫以后成佛，号曰天王如来。（参见《大正藏》第九册，第三十四页）

⑫**须陀洹人淫欲转盛**：据《出曜经》卷十七，昔有得须陀洹初果者，淫欲旺盛，其妻不堪其扰，得一善知识比丘授以机宜，在其近身时，对其夫说："你这已得须陀洹初果者，礼当行此事吗？"其人闻后，心生惭愧，得第三阿那含果，遂永断淫欲。（参见《大正藏》第四册，第六九九页）

⑬**毕陵尚慢**：毕陵，即毕陵伽婆蹉（Pilinda-vatsa），舍卫城之婆罗门种，初学隐身术，得名声，后遇佛，失其咒力，遂出家为佛弟子。《增一阿含经》卷三《弟子品》谓其言语粗犷，不避尊贵。

⑭**身子生嗔**：身子，即佛十大弟子舍利弗（Śāriputra）之旧译。佛因饮食之事责备舍利弗，舍利弗闻后发嗔，即吐出口中食，发誓从今以后不再受人供

请。(参见湛然《止观辅行传弘决》卷二之四,《大正藏》第四十六册,第二〇六页)

⑮**如是四句**：即四运推检的观心方法。将心念的运动分作未念、欲念、念、念已四种相状,而一一用空、假、中三观观察之。

⑯**因何作起**：此处所述,为历十二事修观的方法。所谓十二事,即六受、六作。六受,约六识而成,即眼触所成受、耳触所成受、鼻触所成受、舌触所成受、身触所成受、意触所成受；六作,即行、住、坐、卧四威仪加上语、默二者。

⑰**《无行经》**：即《诸法无行经》,二卷,后秦·鸠摩罗什译,阐说诸法之实相,原无善恶之分别。收于《大正藏》第十五册,同册所收之异译本有隋·阇那崛多译《诸法本无经》三卷,宋·绍德等译《大乘随转宣说诸法经》三卷。

⑱**尘劳**：为烦恼之异称。因烦恼能染污心,犹如尘垢之使身心劳惫。

⑲删略部分为"述历无记法观心"等内容。

译文

恶在不同众生中的相对表现

第三,现在说以"随自意三昧",根据修行者的根机和所处环境随缘观察各种恶事。善恶本无一定,视不同的对象及处境而定。比如说悭贪、破戒、嗔恚、懈怠、散乱、愚痴等六蔽是恶,而五戒、十善等事度是善,那么修事度所获得的人天善报享尽以后,仍然还要随业堕落三恶道,这就又是恶了。为什么呢?六蔽、事度都未出离世间,体性上都是恶。声闻、缘觉二乘依修行能出三界之苦,可名之为善。但二乘虽有出世之善,只能自度,不能兼度他人,还是不能称作真善,故《大智度论》说:"宁起心凶身病的野狐之心,也不生小乘的声闻、辟支佛之意。"故应当知道将生死、涅槃隔离,也就是恶。藏教修行六度的菩萨,以慈悲心兼济天下,这当然是值得称道的善行。但是,虽然能兼济天下,仍不能断尽烦恼,犹如以毒器贮食,人食之则毒杀人,这就又是恶了。通教菩萨已同断三界烦恼,这固然不错,但仍不见别教之理,还停滞于"空""假"二边,未断除根本无明,这就又是恶了。别教菩萨已悟中道之理,但其所谓"中道",是与"空""假"互相隔离的,并未契入真理,还不能称作纯善。

《大般涅槃经》说："自我未闻涅槃四德之前，我等只能称作具有邪见之人。"邪见岂不就是恶？唯独圆教之理才名为善。善于随顺事物的实相就是佛道，违背事物的实相就不是佛道。如果领悟到一切善、恶与不善不恶的事物，其实都是真如实相的体现，就能从日常的邪恶现象入手，而通达于真实的佛道。假如对于佛道产生执着，即因执相而产生过患，则甘露反成毒药，佛道反而变成非佛道。只有如此理解善与恶的关系，才能圆融通达实相的意义。

今就现象上的善恶分别而言，五戒、十善等事度是善，悭贪等诸蔽为恶。就善的现象，以"随自意三昧"观心，已如前面所说。现在应当就恶的现象，来说以"随自意三昧"观心。前面虽然着重观察事物善的方面，但其染污蒙蔽的一面并没有消除，烦恼依然浩荡无边，无时不在现起。如果换成恶法的角度观察，恶的现象也是无量无边。所以修习"十想"中观想一切世间无任何乐处之法门时，则所见众生有三恶、八苦、十四等恶，皆非好人；所处环境充斥饥渴、寒热、恶疫毒气等，皆非好国土，现实世界都被各种烦恼污秽所缠绕覆盖，呈现出一派恶相。纵然不完全是蔽染，也往往生起不善的念头，或者多犯悭吝、贪求的过失，或者经常犯戒，或者多发嗔恚之心，或者多生懈怠，或者嗜酒等等。凡夫俗子，根性很容易被外境所迷惑，又有谁能保证不犯过失？出家人离世修行，德行尚且不能完备，在家白衣耽受各种情欲，本非清净修行道人，恶当然更是其分内之事。修到阿罗汉果位，尚且留有烦恼残习，何况是凡夫呢？凡夫如果为烦恼蒙蔽，放纵行恶，那就摧折了本来所具的慧命，坠入三恶途中，永无出离之期。所以，应当在现实各种恶的现象中，历缘修观，开发智慧。

末法时代观恶的根据与意义

佛陀在世时，在家人带妻携子，并须应付官方俗务，皆能开悟得道。央掘摩罗，杀九百九十九人，取人手指做花鬘，后为佛陀所止，乃改过忏悔而入佛门，证得阿罗汉果。祇陀太子和末利夫人，为世事之权变而破酒、妄等戒，佛亦加以许可，说只要心欢喜不起恶业，仍不失有漏善报。婆须蜜多女，为一切有欲众生，即淫欲而说离欲法门，使皆得清净。提婆达多是造五逆重罪生陷地狱的人，《法华经》亦称他过去世为善知识，曾为释迦牟尼佛宣说大乘经典，显然并非全是邪见。如果说种种恶人恶事一恶到底，不能修习佛道，那么这些人就永远只能做个凡夫了。就是因为在恶行恶法中有着成道的理体和条件，所以虽曾受烦恼覆蔽而行众恶，终能透过这些恶事而成就圣道。由此可知，恶法不妨碍修行佛道。

另外，修习佛道也不与恶法隔离。过去有一得"预流果"的初入圣位者，其淫欲分外旺盛；毕陵伽婆蹉心怀憍慢，言语中亦曾顶撞河神；舍利弗闻佛责备后，还会产生嗔愤之意；但这些对于他们所获的无烦恼之正果，又有何损害或增益呢？其中道理，就好比在虚空中，光明与黑暗并不相互排斥，在恶法的映衬中，方显出佛的菩提智慧。如果有人生性多贪欲，内心的污浊非常炽盛，虽然用各种方法对治克服，但烦恼却越克服越多，那还不如任其自然。为什么这样说呢？烦恼的障蔽如果不生起，也就无从修习止观。譬如用丝线钓鱼，如鱼大而钓线细弱，那就不可用力拖牵，只好先令钩饵进入鱼口，随鱼所游远近放开钓线，任凭鱼沉浮翻滚，用不了多久就会有收获。针对恶法之蔽修观，其道理也是如此。恶法之蔽好比是鱼，对境观心好比钩饵。如果没有鱼，钩饵也就无用。只要有鱼，越大越好，皆以止观之钩饵，随之不舍，那么这种恶法之蔽，不久就会被降伏而转为智慧，从而趣入涅槃之道。

对恶的观察

对恶的现象应当如何观察？如果贪欲念头生起，应如实观察贪欲生起的四种相状：尚未有贪欲、将要有贪欲、贪欲正在产生、贪欲已结束。那么，是"尚未有贪欲"这一相状灭后，才进入"将要有贪欲"，还是"尚未有贪欲"这一相状不灭，就进入"将要有贪欲"？是"尚未有贪欲"这一相状亦灭亦不灭时，就进入"将要有贪欲"，还是"尚未有贪欲"这一相状非灭非不灭时，就进入"将要有贪欲"？

如果是"尚未有贪欲"这一相状灭后，才进入"将要有贪欲"，那么，观察这个过程究竟是前后统一的，还是互相分离的？如果在"尚未有贪欲"灭的当下，就是"将要有贪欲"的生，那么生与灭二者显然互相矛盾；如果二者完全分离，那么后者的产生就没有原因。如果是"尚未有贪欲"这一相状未灭时，就进入"将要有贪欲"，那么观察这个过程究竟是前后统一的，还是互相分离的？如果是统一相即的，那么这二种相状都并处于生的状态，就会产生生生无穷的逻辑错误；如果二者完全分离，那么后者的产生同样也没有原因。如果是在"尚未有贪欲"亦灭亦不灭时，而进入"将要有贪欲"，那么在灭的状态下进入，就不必在未灭的状态下进入；如果是在未灭的状态下进入，就不必在灭的状态下进入。原因倘不确定，怎么能产生确定的结果呢？如果说上述二者在体性上同一，二种相违之法，其体性不应是同一的；如果二者在体性上是相异的，那么灭与不灭本不相关，不能产生出同一后果。如果在"尚未有贪欲"非灭非不灭时，"将要有贪欲"生，那么这"非灭非不灭"，到底是有还是无？如果说是有，那又从何而说"非灭非不灭"？如果说"非灭非不灭"是无，无中如何能生？从如上四句推检，可见性相俱空，不见"将要有贪欲"生。

用同样的四句推检方法，同样不见"尚未有贪欲"灭。而关于"将要有贪欲"的生、不生、亦生亦不生、非生非不生的四种相状，亦如以上所说。通过上述观察贪欲的产生过程，不难发现贪欲的现象毕竟是虚幻不实，本质上是性空寂灭的，从空、假两方面照察就可明白，这道理已如上面所说。这就是以贪欲之蔽作为钩饵，如果假象状态的贪欲之蔽恒时现起，就用此空观恒时照察。不见假蔽之起，亦不见空观之照，而在泯寂无相的状态中，假蔽之起与空观之照宛然存在。这是第一，从空观方面来说。

又从假观角度来观察此贪欲之蔽，此贪欲之蔽因色、声、香、味、触、法六尘中哪一尘而起，是"色尘"还是其他各尘？在"六作"的行、住、坐、卧、语、默中因哪一作而起,是"行"还是其他?如果是因"色尘"而起,那么此色是在尚未有见、将要有见、见正在产生、见已结束这四个阶段中的哪一阶段呢?如果是因"行"而产生,那么是在尚未有行、将要有行、行正在产生、行已结束这四个阶段中的哪一个阶段呢?此"贪欲之蔽"是为何事而起,是为毁戒、为眷属、为虚诳、为嫉妒、为仁让、为善禅、为涅槃、为四德、为六度、为三三昧还是为恒河沙数之多的佛法?这是第二,从假观方面来说。

如此用空、假二观观察时,于法尘而言并无主观的感受者,于成事的条件而言亦无主观的能做者;同时又综合了主客观的尘、受、根、缘,而于空、假双照分明。虚幻之假象、无自性故空,以及作为万物本体之法性,三者圆融相即而又不相妨碍。为什么这样说?如果假象会障蔽法性,那么法性则是可被破坏的,但可被破坏的就不是法性;如果法性会障碍其假象,那么这些假象就不会产生,而这些假象又确实是产生了。所以,应当知道假象与法性相即不二,假象的产生就是法性的作用,如果假象消灭了,法性亦不复存在。《无行经》说:"贪欲就是佛道,嗔恚、愚痴也是佛道。这三者中即具备一切佛法。如果有人想离开贪欲而另求菩提之道,就譬如天地悬隔一样。"故贪欲与菩提相即不二。《维摩经》

也说:"于非佛道处修行,即通达于佛道。"一切众生,即具备菩提之相,不可于众生之外另求菩提;一切生死,即是涅槃之相,离生死亦无涅槃寂灭。对那些自负傲慢未得谓得者,教导他们应抛弃淫欲、嗔恚和愚痴,称之为解脱。而对那些无自负傲慢者,则不妨就事物本性而说淫欲、嗔恚和愚痴,就是解脱。一切烦恼,就是如来之种,就如高山大海的形色滋味,本性上并无区别。这就是观察各种恶事的不可思议的深奥道理。这是第三,从中观方面来说。

观恶并非纵情作恶

原典

问:上三三昧皆有劝修,此何独无?

答:六蔽非道,即解脱道。钝根障重者,闻已沉没。若更劝修,失旨逾甚。淮河之北,有行大乘空人,无禁捉蛇者①,今当说之。其先师于善法作观,经久不彻,放心向恶法作观,获少定心,薄生空解。不识根缘,不达佛意,纯将此法,一向教他。教他既久,或逢一两得益者,如虫食木,偶得成字。便以为证,谓是事实,余为妄语,笑持戒修善者,谓言非道。纯教诸人,遍造众恶。盲无眼者，不别是非，神根又钝，烦恼复重，闻其所说，顺其欲情，皆信伏随从，放舍禁戒，无非不造，罪积山岳。遂令百姓忽之如草，国王大臣因灭佛法，毒气深入，于今未改。

《史记》云：周末有被发袒身②，不依礼度者，遂犬戎侵国，不绝如缒，周姬渐尽。又阮籍③逸才，蓬头散带，后公卿子孙皆效之，奴狗相辱者，方达自然，撙节兢持者，呼为田舍，是为司马氏灭相。宇文邕④毁废，亦由元嵩⑤魔业。此乃佛法灭之妖怪，亦是时代妖怪，何关随自意意？

何以故？如此愚人，心无慧解，信其本师，又慕前达，决谓是道；又顺情为易，恣心取乐，而不改迷。譬如西施本有心病，多喜嚬呻，百媚皆转，更益美丽。邻女本丑，而效其嚬呻，可憎弥剧，贫者远徙，富者杜门，穴者深潜，飞者高逝。彼诸人等，亦复似是。狂狗逐雷，造地狱业，悲哉可伤。既嗜欲乐，不能自止，犹如苍蝇为唾所粘，浪行之过，其事略尔。其师过者，不达根性，不解佛意。

注释

①**无禁捉蛇者**：据《中阿含经》卷五十四《阿梨吒

经》，阿梨吒比丘说行淫欲不障于道，佛陀斥责道：淫欲如火坑，如毒蛇，而清净梵行及智慧如捉蛇之手及铁杖。不懂捉蛇之法，就只能被蛇所害。(见《大正藏》第一册，第七六四页)

②**被发袒身**：被发，散发不束；袒身，去衣露上身。

③**阮籍**：(公元二一〇—二六三年)三国魏尉氏人，字嗣宗。曾为步兵校尉，因不满现实，纵酒谈玄，每有怪诞之举。

④**宇文邕**：北周武帝(公元五四三—五七八年)，初重佛法，深信谶纬之学，受道士张宾及还俗僧卫元嵩之蛊惑，于建德三年(公元五七四年)下诏并废佛、道二教；建德六年灭北齐，复下诏悉毁齐境佛寺经像，僧尼三百万悉令还俗，北方佛教，一时声迹俱绝。为中国佛教史上继北魏太武帝灭佛以来的第二次法难。

⑤**元嵩**：即卫元嵩，北周益州(今四川)成都人。少时从益州野安寺亡名禅师为沙弥，不耐清苦，佯为狂放，诸僧讥耻之，遂赴长安。武帝即位后，上书诋毁佛法，自此还俗，并与道士张宾进言废毁寺院及僧尼。后不知所终。

译文

问：四种三昧中前三种皆有劝人修习部分，此"非行非坐三昧"为何独独没有这一部分？

答：说在悭贪、破戒、嗔恚、懈怠、散乱、愚痴这六蔽恶行中，即修解脱道，是为利根之人说的。钝根之人，障碍本来就很重，听到这种说法而又不通晓本义，反而会沉沦于恶行中。所以在此只说观恶而不说劝修，如果再说劝修，那等于是劝人行恶，离即恶修观的本义就太远了。在淮河以北地区，有一种行邪空之见而滥称大乘的人，犹如不用观行之禁制戒法而去捉贪欲之蛇，结果反而为蛇所害，故现在必须说明这个问题。这类邪空之人，其先师曾于善法上作止观，因根机迟钝，经久不能彻悟，故放弃善法转向恶法作止观，稍微获得少许定心，即生出相似于空的见解。不认识自己的根机，也不通达佛法的真正含义，却将此似是而非的法门，用来教其他人。时间久了，受教者中或许会有一二人偶然得到空观的益处，如虫子蛀木，碰巧蛀成字的模样。这就以此作为证据，说只有恶才是真实，其余都是妄语，反而嘲笑持戒修善的修行者，说他们所行都不是佛道。以后连这相似的空解也都忘了，纯以恶法教唆众人，肆无忌惮地到处造作种种恶事。一班有眼无珠之徒，不辨别是非，智力与根机又迟钝，烦恼又重，听到其师所说，遂放纵情欲，皆信奉跟随邪师，放弃戒律禁例，无恶不作，罪如山积。如此破戒之徒，使百姓对僧团产生轻慢之心，视之如草芥；使国王、大臣找到镇压的借口，造成毁灭佛法的惨祸，这种邪空破戒的言行，如毒气深入僧团中，于今未能改变。

《史记》中曾提到：西周末年平王东迁时，在伊川见有披发祖身者，不依礼度而祭于野，以后遂导致犬戎侵入中国，使华夏之礼几乎断绝，姬姓的周天下气数渐尽。又魏晋时期的阮籍恃才傲物，蓬头散带，不以世俗礼法为意，使当时公卿子孙纷纷效尤，以奴狗之名互相折辱者，称之为通达自然，而对谨礼勤事者，却呼之为田舍郎，这就是导致五胡乱华、司马氏西晋灭亡的预兆之相。北周武帝宇文邕毁废佛法，亦由祸首卫元嵩的魔业所致。这些人才是导致佛法灭的妖怪，亦是时代产生的妖怪，这与"随自意三昧"又有什么关系呢？

为什么要这么说？如此愚昧之徒，心无辨别是非的慧解，一味迷信其本师，却又仰慕前贤，认为其师所说就是佛道；同时又随顺情欲而变易道心，纵情取乐，而不迷途知返。譬如西施本有心病，蹙眉呻吟，反增其娇媚爱怜，更显得美丽动人。邻家女子本来丑陋不堪，却仿效西施蹙眉呻吟，更显其面目可憎，使贫者远徙而逃离，富者杜门而不出，鱼见之而深潜，鸟见之而高飞。这些邪空行恶之徒，对即恶而行佛道的曲解，亦好比是东施效颦。如狂狗之吠逐雷声，徒造地狱之业，悲哉可伤。这些无观行的凡夫既嗜好欲乐，不能自行制止，犹如苍蝇为唾沫所粘，放浪恶行者的过恶，其事略举如上。这都是其师之过，不通达善恶的根性，不理解佛说入恶修观的本意。

切勿误解贪欲即道

原典

佛说贪欲即是道者，佛见机宜，知一种众生，底下薄福，决不能于善中修道。若任其罪流转无已，令于贪欲修习止观，极不得止①，故作此说。譬如父母见子得病，不宜余药，须黄龙汤②，龃齿泻之，服已病愈。佛亦如是。说当其机，快马见鞭影，即到正路。贪欲即是道，佛意如此。

若有众生不宜于恶修止观者，佛说诸善，名之为道。佛具二说。汝今云何呵善就恶？若其然者，汝则胜佛，公于佛前，灼然违反。

复次，时节难起，王事所拘，不得修善，令于恶中而习止观。汝今无难无拘，何意纯用乳药③，毒他慧命？故《阿含》中，放牛人善知好济④，令牛群安隐。若好济有难，急不获已，当从恶济。恶济多难，百不全一。汝今无事，幸于好济、善道驱牛，何为恶道自他沉没？破坏佛法，损失威光，误累众生。大恶知识，不得佛意，其过如是。

复次，夷险两路皆有能通，为难从险，善恶俱通，审机入蔽。汝弃善专恶，能通达非道，何不蹈躔水火，穿逾山壁？世间险路尚不能通，何况行恶而会正道，岂可得乎？又不能知根缘。直是一人，即时乐善，即时乐恶，好乐不定，何况无量人邪？而纯以贪欲化他。《净名》云："我念声闻不观人根，不应说法。"二乘不观，尚自差机，况汝盲瞑无目师心者乎？自是违经，不当机理，何其愚惑，顿至于此！若见有人不识机宜，行说此者，则戒海死尸，宜依律摈治。无令毒树生长者宅。云云

（选自卷二下）

注释

①**极不得止**：此"止"，疑为"已"字之误。译文作"不得已"解。

②**黄龙汤**：又称黄汤或龙汤，即大小便，以大便解

热，以小便治劳。

③**乳药**：《大般涅槃经》用以比喻对机说法。医生以牛乳为治病之良药，但以牛所食之草及放牧条件之不同，其乳或为甘露，或为毒药。此乳药的比喻表明相同的教法，因说者、说时之不同而有邪、正之区别。

④**放牛人善知好济**：出自东晋·瞿昙僧伽提婆译《增一阿含经》卷四十六《放牛品》，佛以良田美草、渡牛处所等十一事比喻修行者应注意的事项。智𫖮此处所说"好济"，即指渡口。（见《大正藏》第二册，第七九九页）

译文

佛说贪欲就是佛道，这是佛随机摄化的机宜，因为佛知道有些众生，品行下劣，缺德薄福，不可能从善的方面来修习佛道。如果纵任其罪业流转不停，不如让他们就在这些贪欲中修习止观，这是不得已而作此说。譬如父母看见自己子女得病，医药罔效，必须服用大小便时，只好撬开其嘴强行灌下，服用后病即痊愈。佛采用此法也是出于如此用意。所说之法，必须适应对象的根机，就如快马见鞭影在头上挥舞，就能疾步走到正路上去。说贪欲与佛道相即不二，佛的本意就是如此。

如果有些众生不适宜于恶事中修习止观，佛就说各种善行，称之为佛道。佛明明是针对善恶、利钝不同根机的众生，而分别说此善、恶二种不同的修行方法。你们现在为什么指斥善事却迁就恶事呢？如此作为，你们岂不是胜于佛陀，公然在佛前，明目张胆地违反佛的本意！

其次，因不幸遭遇危难的时节，或为政治事务所拘束，不得修行善事，故佛令于恶事中而修习止观。你们现在既不处于危难的时机，亦无政治事务的拘束，怎么能不观时节与根机，一味用不对症的乳药，去毒害他人的慧命？所以在《增一阿含经》中，佛提出修道者要像放牛人一样，善于寻找好津渡，令牛群安稳地渡河。如好渡口难以找到，迫不得已之时，也只好从险恶的渡口渡过。但险恶津渡多灾难，百人之中，难以保全其一。你们现在并无难事，应从好的津渡及道路驱使牛群，何必非走恶道，使自己和他人都沉没于恶道之中呢？这是破坏佛法，损失佛的威光，误累天下苍生。曲解佛法的大恶知识，不懂得佛的本意，所犯的过恶，竟有如此之大！

再次，平坦及险恶的两种道路皆能通达目标，因为时节有难，故权且从险道而入，不论是善法还是恶法，俱通达佛法，要仔细审量众生的根机而入六蔽恶事。你们现在放弃善事，专门行恶法，如此通达非道，何不去蹈水赴火，穿逾山壁？人世间的险路尚且不能通达，更何况说行恶事就能证会佛法正道，这又岂能得正法呢？说此话者，根本就不知众生的根机及环境条件。就以一人来说，有时乐善，有时乐恶，好乐尚且不定，更何况是无量数的人呢？怎么能纯以贪欲道去教化他人呢？《维摩经》说："我若知声闻乘等不善于观察人的根机，就不应为他们说法。"声闻、缘觉二乘善于观察，尚且在根机上差了一层，更何况你们这些愚昧无知却又师心自用者？这都是违背经义，不适应契时应根的道理，何其愚昧无知到如此地步！如果今后见到有人不识机宜，不仅自行恶事，而且对人说此恶法者，这些人就是戒律大海中不能容忍的死尸，应当根据戒律的规定处治，摈出教门。不能让这些犯重戒的毒树，生长于行清净佛法的长者宅中。

6 认识的深化与教相的发展
——三止三观的由来与教观互具

次第三止

原典①

巧度止②有三种：一、体真止，二、方便随缘止，三、息二边分别止。

一、体真止者：诸法从缘生，因缘空无主。息心达本源，故号为沙门③。知因缘假合，幻化性虚，故名为体；攀缘妄想，得空即息，空即是真，故言体真止。

二、方便随缘止者：若三乘同以无言说道，断烦恼入真，真则不异。但言烦恼与习④，有尽不尽。若二乘体真，不须方便止；菩萨入假，正应行用。知空非空，故言方便；分别药病，故言随缘；心安俗谛⑤，故名为止。

经言:"动、止心常一。"亦得证此意也。

三、息二边分别止者:生死流动,涅槃保证,皆是偏行偏用⑥,不会中道。今知俗非俗,俗边寂然;亦不得非俗,空边寂然,名息二边止。

此三止名,虽未见经论,映望三观,随义立名。《释论》云:"菩萨依随经教,为作名字。"名为法施。立名无咎,若能寻经得名,即悬合此义也。详此三止,与前《释名》,名仿佛同,其相则异。同者,止息止⑦似体真,停止止⑧似方便随缘,非止止⑨似息二边。其相则别,所谓三谛相也。前三成次三,后一具前三。何以故?

如体真止时,达因缘假名空无主,流动恶息,是名止息义。停心在理,正是达于因缘,是停止义。此理即真,真即本源,本源不当止与不止,是非止止。此三义共成体真止相。

若方便止时,照假自在,散乱无知息,是止息义。停心假理,如净名入三昧,观比丘根性⑩,分别药病,是停止义。假理不动,是非止止。如是三义,共成方便随缘止相也。

息二边时,生死、涅槃,二相俱息,是止息义。入理般若,名为住缘心中道,是停止义。此实相理非止不止,是不止止义。如此三义,共成息二边止相。故与前永异也,亦非今所用也。

注释

①本章原典选自卷三，为"十广"第三《体相章》，原文分教相、眼智、境界、得失四部分，此处所选为其中的"教相"部分。

②**巧度止**：巧度，相对于小乘的析空观法为拙度，菩萨的体空观法则称巧度。度，即度越生死之一切行法。关于"三止三观"，在"十广"第二《释名章》中，即以"相待止观"和"绝待止观"做了阐述。

③**沙门**：梵语Sramana的音译，意译有勤劳、静志、净志、息止、息心、息恶、勤息、修道等义。为出家者之总称。智𫖮引用此偈，即取其息止、息心等含义。

④**习**：即习气（Vasana），又作烦恼习、余习、残气，略称习。指人的思想、行为（尤指烦恼）现起之后，熏习于人之心中的习惯、气分、习性等。用以比喻三乘圣人虽然灭除烦恼之正体（称为正使），尚存有习惯、气分。唯有佛才能永断正使及其习气。

⑤**俗谛**：又称世俗谛、世谛、有谛、假谛，为真谛（即第一义谛）之对称，在天台宗，为空、假（即俗）、中三谛之一。即指世间之事实与世俗之道理，亦指随顺世俗而阐明不可思议的佛法真理。

⑥**偏行偏用**：体真止与方便随缘止虽然都兼观空、

假二谛，但各有所偏重。行，指心意的趣向，体真止偏于涅槃住空，故称偏行；用，指心意的依止，方便随缘止偏于入假流动，故称偏用。

⑦**止息止**：即止息一切烦恼妄想。

⑧**停止止**：即将心念停住于诸法实相的谛理上。

⑨**非止止**：即对无明之不止而明法性之止。无明与法性体一不二，然称无明为不止，而称法性为止，此乃就相对意义上而言。以上止息止、停止止、非止止称作"相待止"，具见《摩诃止观》卷三《释名章》所述。

⑩**净名入三昧，观比丘根性**：出自《维摩诘所说经》卷上，维摩诘（即净名）对富楼那说：小乘智慧微浅，不能分别一切众生根机的利钝。随即入三昧，令其自识宿命。（见《大正藏》第十四册，第五四一页）

译文

小乘的析空观称为拙度，大乘的体空观则称巧度。与此相应，大乘则有巧度止，巧度止包括了次第三止和不次第三止。先阐述次第三止，共有三种：一、体真止，二、方便随缘止，三、息二边分别止。

体真止

一、关于体真止。一切事物都是根据因缘条件而产生，因条件而产生的事物在本质上性空而无主宰。停息心念的驰奔，体达事物的本源，能如此作为者故称为沙门。体悟到一切事物都是因条件关系而暂时组合的如虚如幻的存在，以假名状态存在的事物本性是空，故名为"体"；使向外攀缘的妄想，在空观的智慧观照下得到停息，此空即是"真"；所以称作"体真止"。

方便随缘止

二、关于方便随缘止。假如声闻、缘觉、菩萨三乘，都是同样以无言说的法门断除烦恼，悟入空性之真，那么此"真"对三乘而言则无区别。但是，对烦恼与烦恼之残余习气的断除，上述三乘圣人有的彻底有的不彻底。如果是声闻、缘觉二乘体悟入空性之真，则不需要方便止；而菩萨用假谛入世济度，正需要应用方便止。知道空性并非是绝对的空无，故称为"方便"；根据菩萨救济对象之根机而分别对症下药，故称为"随缘"；将心安住于俗谛，故名为"止"。佛经有言："无论是入假济世之动，还是空去杂念之止，此心湛然常一。"亦证明了此

"方便随缘止"的含义。

息二边分别止

三、关于息二边分别止。在上述二止中,"方便随缘止"偏重于世间的生死流动,"体真止"则偏重于出世间的涅槃解脱,在心意的趣向和依止方面都有所偏,并未领会中道。现在应当知道:入俗,并不是背离空理的庸常之俗,如此使对俗的"边"见停息;证空,亦不能离开世俗的道理,如此则使对空的"边"见停息。做到这一点,就称作"息二边分别止"。

与《释名章》之比较

以上三止的名称,虽然并未见诸经论,但既然经论中都是止、观并称,故不妨在此根据经论中三观的名义,给予三止相应的名称。《大智度论》说过:"菩萨可以依据佛陀经教创立名相概念,这是以法布施。"故创立名相概念,并无过错。如果能在经论中找到所创名相的根据,即与经论的本义遥相呼应。现在分析此三止的名义,与前面《释名章》所列的三止相比,名称上仿佛相同,但在体相上则并不相同。相同之处,"止息止"相似于"体真止","停止止"相似于"方便随缘止","非止止"相似于"息二边分别止"。但二者的体相则有区别，前面《释名章》所列的三止同依于诸法实相的谛理上，而现在的三止则分别依于空、假、中三谛。前面《释名章》所述的相待三止，发展成现在的体相三止，而现在三止中的任何一止，都具有前面三止的含义。这是什么缘故呢？

比如心念进入"体真止"时，通达因缘而生的事物都是假名状态的存在，性空无主宰，使烦恼妄念的流动停息，这就是"止息止"的含义。将心念停住于诸法实相的谛理上，正是通达于缘生性空，这就是"停止止"的含义。此空理即事物的真实，真实即是一切事物的本源，本源不应当以相对的止与不止妄加分别，这就是"非止止"的含义。以上三层含义，共同构成"体真止"的体相。

比如心念进入"方便随缘止"时，自在地观照假谛，使散乱无知的心念停息，这就是"止息止"的含义。将心念停住于假谛之理，如维摩诘菩萨入三昧中观比丘根性，分别病症下药，这就是"停止止"的含义。虽入假理而心寂然不动，这就是"非止止"的含义。以上三层含义，共同构成"方便随缘止"的体相。

比如心念进入"息二边分别止"时，生死、涅槃二种相状都停息，这就是"止息止"的含义。悟入般若真理，将心念停住于中道，这就是"停止止"的含义。此实相之理超越止与不止的分别，这就是"非止止"的含义。以上三层含义，共同构成"息二边分别止"的体相。故与前面《释名章》所述的相待三止截然不同，前面三止不能与现在三止的应用范围相比。

次第三观

原典

次明观相。观有三：从假入空名二谛观；从空入假名平等观；二观为方便道得入中道，双照二谛，心心寂灭，自然流入萨婆若①海，名中道第一义谛观。此名出《璎珞经》②。

所言二谛者：观假为入空之诠③，空由诠会，能所合论，故言二谛观。

又会空之日非但见空，亦复识假，如云除发障，上显下明，由真假显，得是二谛观；今由假会真，何意非二谛观？

又俗是所破，真是所用。若从所破，应言俗谛观；若从所用，应言真谛观；破用合论，故言二谛观。

又分别有三种：一约教有随情④二谛观，约行有随情智⑤二谛观，约证有随智⑥二谛观。初观之功虽未契真，

得有随教随行论二谛观。……⑦

从空入假，名平等观⑧者：若是入空，尚无空可有，何假可入？当知此观为化众生，知真非真，方便出假，故言从空；分别药病，而无差谬，故言入假。平等者，望前称平等也。前观破假病，不用假法，但用真法，破一不破一，未为平等。后观破空病，还用假法，破用既均，异时相望，故言平等也。

今当譬之，如盲初得眼开，见空见色，虽见于色，不能分别种种卉木根茎枝叶、药毒种类。从假入空随智之时，亦见二谛，而不能用假。若人眼开后能见空见色，即识种类，洞解因缘，粗细药食，皆识皆用，利益于他，此譬从空入假。亦具真俗，正用于假为化众生，故名为入假，复言平等，意如前说。

中道第一义观者：前观假空，是空生死；后观空空，是空涅槃。双遮二边，是名二空观，为方便道，得会中道。故言心心寂灭，流入萨婆若海。又初观用空，后观用假，是为双存方便⑨。入中道时，能双照二谛。故经言："心若在定，能知世间生灭法相。"前之两观，为二种方便，意在此也。

问：《大经》云：定多慧多，俱不见佛性。⑩此义云何？

答：次第三观，二乘及通菩萨有初观分，此属定多慧少，不见佛性。别教菩萨有第二观分，此属慧多定少，亦不见佛性。二观为方便，得入第三观，则见佛性。

问：经言：十住菩萨，以慧眼⑪，故见不了了，非全不见。⑫初观是慧眼位，第二观是法眼⑬位，云何而言两眼全不见耶？

答：彼次第眼，偏定偏慧，佛之所呵，不可言其见也。所言慧眼见者，其名乃同，实是圆教十住之位。三观现前，入三谛理，名之为住，呼住为慧眼耳。故《法华》云：愿得如世尊，慧眼第一净。⑭如斯慧眼，分见未了⑮。故言如夜见色，空中鹅雁⑯。非二乘慧眼得知此名。

故《法华》中譬如：有人穿凿高原，唯见干土，施功不已，转见湿土，逐渐至泥，后则得水。干土譬初观，湿土譬第二观，泥譬第三观，水譬圆顿观。又譬于教：三藏教不诠中道，如干土；通教，如湿土；别教，如泥；圆教诠中道，如水。二教之所不诠，二行之所不到，偏空慧眼宁得见性？若见性者，无有是处。

此三观与前三观，名一往似同，义相则异。同者，前是贯穿⑰，观诸虚妄，似从假入空也。前观达观⑱，达理理和，达事事和，似入假平等观也。前不观观⑲，似中道也。其相异者，前是一谛相，今是三谛相。又前三观通成后三，后三具前三。所以者何？如从假入空，破四住⑳磐石，此岂非贯穿义？所入之空，空即是理，智能显理，即观达义。此之空理，即是非观观义。如此三义，共成入空观相也。

从空入假亦具三义。何以故？识假名法，破无知障，即是贯穿义。照假名理，分别无谬，即观达义。假理常然，即不观观义也。此三义，共成假观相。

中道之观，亦具三义：空于二边即贯穿义，正入中道即观达义，中道法性即不观观义。如此三义，共成中道观相。

此依摩诃衍，明三止三观之相。以义随相，条然各别。若论三观，则有权实、浅深。若论三智[21]，则有优劣、前后。若论三人[22]，则有诸位大小。此则次第分张，非今所用也。

注释

①萨婆若：梵语 Sarvajñā 之音译，又作萨般若，意译为一切智。指为了知内外一切法相之智。

②《璎珞经》：即《菩萨璎珞本业经》，二卷，后秦·竺佛念译，收于《大正藏》第二十四册。叙述菩萨三聚净戒及五十二位菩萨行位，向为天台宗所重。近代有些学者认为此经系中国所撰述。本处引文出自卷上《贤圣学观品》，在说明菩萨阶位"十回向"中，其中第十观名

为"无相第一义观",得此观者,进入"初地"位。

③**诠**:描述事物的解释方法。此指空、假二谛以名言上的相互诠释而存在。

④**随情**:又作随他意,指佛说法时,顺应对象之根机性情而说者,称为随他意、随情。其所说者,即为随情说、随他意语。

⑤**随情智**:又作随自他意,指不违佛之自内证,而顺应对象之想法,与其作同一之说法,称为随自他意、随情智。其所说者,即为随情智说、随自他意语。

⑥**随智**:又作随自意,指佛说法时,依其自内证而说者,称为随自意、随智。其所说者,即为随智说、随自意语。

⑦解释此二谛观的共有五重回答,第五是料简问答,文繁故删。

⑧**平等观**:前观用真(即空)破俗(即假),知假非假而破假入空,则不称平等。而此"假观"则知空非空而破空入假,如此空、假各破一次,故称平等。

⑨**双存方便**:从假入空观用"空",从空入假观用"假",此二观都是针对不同对象的方便运用。在中道第一义观中,已内在地具有这二种方便。

⑩此语出自《大般涅槃经·师子吼品》:"十住菩萨智慧力多,三昧力少,是故不得明见佛性。声闻、缘觉

三昧力多，智慧力少，以是因缘不见佛性。诸佛世尊定慧等故，明见佛性了了无碍，如观掌中庵摩勒果。"（《大般涅槃经》卷三十一，《大正藏》第十二册，第五四七页）

⑪**慧眼**：指智慧之眼，为声闻、缘觉二乘人所证之眼力。能了知诸法平等，性空无相，故超越天界修禅所得之天眼和凡人之肉眼。

⑫此语亦出自《大般涅槃经·师子吼品》："慧眼见故不得明了，佛眼见故故得明了。""十住菩萨不得名为一切觉故，是故虽见而不明了。"（《大般涅槃经》卷三十一，《大正藏》第十二册，第五二七页）

⑬**法眼**：指菩萨为救度一切众生，能照见察知一切法之差别相及修行法门之眼力。

⑭**愿得如世尊，慧眼第一净**：此段偈文出自《法华经》卷三《化城喻品》，《大正藏》第九册，第二页。

⑮**分见未了**：指犹有余分无明在，故见佛性尚未明了。

⑯**空中鹅雁**：此段譬喻出自《大般涅槃经》卷八《如来性品》："譬如仰观虚空鹅雁，为是虚空，为是鹅雁？谛观不已，仿佛见之。十住菩萨于如来性，知见少分，亦复如是。况复声闻、缘觉之人能得知见？"（《大正藏》第十二册，第四一二页）

⑰**贯穿**：即用智慧之力，使烦恼妄想的动乱灭止。

贯穿观与止息止相对应，乃就修门（实践门）上之断德（断烦恼德）而言。

⑱**观达观**：即观智通达，以体会诸法实相的真理。观达观与停止止相对应，乃就智德（断烦恼后所生之智德）而言。

⑲**不观观**：即对无明之不观而明法性之观。无明与法性体一不二，然称无明为不观，而称法性为观，此乃就相对意义上而言。不观观与不止止相对应，乃就性德（本来和智、断二德为不二之法性之德）而言。以上贯穿观、观达观、不观观称作"相待观"，具见《摩诃止观》卷三《释名章》。

⑳**四住**：为四住地之略称，即生起三界一切见、思烦恼之根本依处。即：（一）见一切住地，指三界之一切见惑；（二）欲爱住地，指欲界之一切思惑，其中尤以贪爱为重；（三）色爱住地，指色界之一切思惑；（四）有爱住地，指无色界之一切思惑。以上四住地，若再加上无明住地，则称为五住地。

㉑**三智**：即一切智，了知一切诸法总相（空相）之智，为声闻、缘觉之智；道种智，了知一切诸法别相（差别法）之智，为菩萨之智；一切种智，即通达总相与别相之智，为佛智。此三智为空、假、中三观所成，即一切智为空观所成，道种智为假观所成，一切种智为中观

所成。

㉒三人：指修行者修此三观所获得的三种果位。修从假入空观，断三惑中之见、思惑，得三智中之一切智，其所修位相当于别教之十住位。修从空入假观，断三惑中之尘沙惑，得三智中之道种智，其所修位相当于别教之十行位。修中道第一义观，断三惑中之无明惑，得三智中之一切种智，其所修位相当于别教之初地。

译文

现在说明观的体相。次第观有三种：从假入空称作二谛观；从空入假称作平等观；修上述空、假二观作为方便道，得以悟入中道，双重运用空、假二谛，使念念相续的心寂灭，自然流入一切智之大海，这称作中道第一义谛观。上述名称皆出自《菩萨璎珞本业经》。

从假入空观

从假入空观，也称作二谛观。首先，因为观假是进入空谛的主观诠释，所观之空通过观假这一前提方能领会，将主观的能诠和客观的所诠合论，故称作二谛观。

其次，领会空谛之日，不仅仅是见空，同时亦识别假谛，譬如除去烦恼乌云之障碍，空慧之日由上而显，世间假谛在下而明,既然由真空使假谛显明,可得此二谛观之名;现在由观假而领会真空,怎么不能说是二谛观呢?

第三,世俗之假谛是所破,而用来破除世俗假谛的是真谛。如果从所破的角度看,应说这是俗谛观;但如从能用的角度看,应说这是真谛观;将所破和能用二方面合论,故称作二谛观。

第四,可分别从说法的三种角度来看:一、从藏、通二教而言,有为他说法的随情二谛观;二、从修行立场而言,则有自证说他的随情智二谛观;三、从证悟角度而言,则有依其自内证而说的随智二谛观。在此虽为藏、通二教的初观,修行之功尚未契会真,但初后相通,所以可说有依随言教和依随修行的二谛观。

从空入假观

从空入假观,也称作平等观。如果说从假入空观,离开假而入空,尚且无空可入,那么在从空入假观中,离开空而入假,又有何假可入?所以,应当知道此从空入假观,是为了度化众生,了知真空并非是离假之空,空中可开出无数方便之假名,所以在这个意义上说"从空";分别众生的病患而对症下药,毫无差谬,故称作

"入假"。所谓平等观，是指与前面的从假入空观相对应而称平等。前面用从假入空观破世俗之见的假病，不用世俗的假名，但用出世间的真空之法，只破掉世俗之见，而不破执空之病，所以不能称作平等。现在此观既破空病，还用世俗的假名，破空病与用假名均同，破时即是用时，用时即是破时，所以称作平等。

现在用譬喻来说明，比如盲人刚刚恢复视觉时，虽能见虚空和形形色色的东西，但所见非常朦胧，不能分别种种花卉树木的根、茎、枝、叶，亦不识何为良药何为毒药的种类。从假入空自证随智之时，虽然也见到空、假二谛，却不能方便用假。如果人智眼开后，能见虚空和形形色色的东西，对所见之物当即能识别种类，洞察其因果关系，对粗细医药、食物，都能识别利用，方便利益于他人，这是用来比方从空入假观。以上二观同时具备真、俗二谛，但从空入假观用假谛作为度化众生的方便，这就称作为"入假"，也称作是"平等"，其意义已如前面所说。

中道第一义观

现在解释中道第一义观。在最初的从假入空观中，世俗的假法被观照为空，是空去对生死的迷执；在接下来的从空入假观中，出世之空也被观照为空，则是空去对涅槃的执着。对片面的空、假二边进行双重否定，就称作"二空观"，作为进入更高真理的方便道，得以领会中道第一义观。所以能使念念相续的心寂灭，自然流入一切智之大海。另外，从假入空观用"空"，从空入假观用"假"，此二观都是针对不同对象的方便。进入中道第一义观时，能同时用此空、假二观。所以《菩萨璎珞本业经》说："心如果停在此定中，能知世间一切生、灭法相。"说前面空、假二观，为进入中道第一义观的二种方便，意义就在于此。

三观与四教的关系

有人提问：《涅槃经》说过，凡定力偏多和慧力偏多者，都不能见佛性。对此经义应如何理解？

回答是这样的：次第三观与藏、通、别、圆四教一一相对应：藏教的声闻、缘觉二乘及通教菩萨只有最初的空观，属于定多慧少，不能见佛性。别教菩萨虽进到第二层次的假观，但属于慧多定少，也不能见佛性。对圆教菩萨来说，前面的空、假二观都不过是方便的过渡阶段，由此进入更高层次的第三中道观，定慧相等，如此则见佛性。

又复问难：《涅槃经》不是说十住菩萨以慧眼之故，故见佛性不甚了了，并非说全不能见佛性。最初的空观得慧眼位，尚且能见，进到第二假观能获得法眼位，怎么倒反说慧眼与法眼都不能见佛性呢？

　　回答：所说二眼都不能见到佛性，是在次第三观的层次上而言。因为前二观偏于空、假，相应的也各偏于定、慧，为佛所呵斥，故不能说慧眼与法眼能见佛性。现在你所引经文说慧眼能见佛性者，这名称虽与别教的十住位相同，其实是借用来说明圆教的十住之位。在圆教阶段，当空、假、中三观现前，悟入空、假、中三谛圆理时，即进入圆教十住位，在此也称获得十住位者为慧眼。所以，《法华经》中说：诚愿如释迦牟尼世尊一样，获得第一清净的慧眼。像圆教十住位上所证之慧眼，因为尚有残余的无明在，故见佛性不能明了。这就好比在苍茫的夜空中难以看清物体，仰观虚空难以分辨出飞翔的鹅雁。圆教十住位上之慧眼，虽不能究竟明了佛性，但这种境地，绝非偏空的二乘所得的慧眼所能得知。

　　以是之故，《法华经》譬喻说：好比有人在高原上穿土凿井，一开始唯见干土，施功挖土不已，转而见到湿土，逐渐深至泥水层，最后则得到清水。在此，干土譬喻最初的空观，湿土譬喻第二假观，泥水譬喻第三中道观，清水譬喻圆顿的一心三观。又以此三观譬喻四教：

三藏教不懂中道，犹如干土；通教虽高于三藏教，但也不懂中道，犹如湿土；别教虽已能诠释中道，但教义不纯，犹如泥水；圆教完满地阐释中道，犹如清水。像藏教和通教这二教之不懂中道，又不懂空、假二观相即相成的行法，如此片面偏空的慧眼，岂能见得佛性？若说不懂中道观者也能见佛性，这是一点也没有道理的。

次第三观的总结

这里所述三观，与前面《释名章》所列的三观，名称上仿佛相同，但在义理上则并不相同。相同之处，前面"贯穿观"，使烦恼妄想的动乱灭止，相似于"从假入空观"。前面的"观达观"，观智通达于理，则与理和谐无碍，观智通达于事，则与事和谐无碍，相似于"从空入假观"。前面的"不观观"，相似于"中道第一义观"。但二者的体相则有区别，前面《释名章》所列的三观同依于诸法实相的谛理上，而现在的三观则分别依于空、假、中三谛。前面《释名章》所述的相待三观发展成现在的次第三观，而现在三观中的任何一观都具有前面三观的含义。这是什么缘故呢？比如进入"从假入空观"，破除如磐石般坚固的见、欲爱、色爱、有爱四烦恼住地，这岂不是"贯穿观"的含义？所悟入之空，空即是实相的真理，空之智能显实相的真理，这就是"观达观"的含义。这里以空智所显的实相真理，也就是"不观观"的含义。以上三层含义，共同构成"从假入空观"的体相。

"从空入假观"，也具有前面三观的含义。这是什么缘故呢？识别假名、假法，破除无知之障，这就是"贯穿观"的含义。观照假名之理，区别分明而无错谬，这就是"观达观"的含义。假名与实相真理恒常宛然，也就是"不观观"的含义。以上三层含义，共同构成"从空入假观"的体相。

"中道第一义观"，也具有前面三观的含义：使空、假二种边见都空去，这就是"贯穿观"的含义；悟入中道，这就是"观达观"的含义；中道法性，也就是"不观观"的含义。以上三层含义，共同构成"中道第一义观"的体相。

以上是依据大乘经论，阐明巧度次第三观的体相。以大乘经义配随其空、假、中体相，使三观的次第体相条理分明。所以，如果论三观，空、假、中逐层推进，则有权与实、浅与深的区别。智为观的结果，所以如论空、假、中三智，则同样有优与劣、前与后的区别。如果论修行此次第三观所获得的三种行位，则有十住、十行和十地中初地的大小、深浅的区别。这些都是在圆教之前的次第分别，并非现在所说的圆教止观的体相。

圆顿止观的一心三观

原典

　　圆顿止观相者，以止缘于谛，则一谛而三谛。以谛系于止，则一止而三止。譬如三相在一念心，虽一念心而有三相。止谛亦如是。所止之法虽一而三，能止之心虽三而一也。

　　以观观于境，则一境而三境；以境发于观，则一观而三观。如摩醯首罗①面上三目，虽是三目而是一面。观境亦如是。观三即一，发一即三。不可思议，不权不实，不优不劣，不前不后，不并不别，不大不小。故《中论》云：因缘所生法，即空、即假、即中②。

　　又如《金刚般若》③云："如人有目，日光明照，见种种色。"若眼独见，不应须日；若无色者，虽有日、眼，亦无所见。如是三法不异时，不相离。眼喻于止，日喻于观，色喻于境。如是三法不前不后，一时论三，三中论一，亦复如是。若见此意，即解圆顿教止观相也。

　　何但三一一三，总前诸义，皆在一心，其相云何？体无明颠倒即是实相之真，名体真止。如此实相遍一切处，随缘历境，安心不动，名随缘方便止。生死涅槃静散休息，名息二边止。体一切诸假悉皆是空，空即实相，名入空观。达此空时观冥中道，能知世间生灭法相，如实而见，名入假观。如此空慧即是中道，无二无别，名中道观。体真之时，五住④磐石砂砾，一念休息，名止息义。心缘中道入实相慧，名停止义。实相之性，即非止非不止义。又此一念，能穿五住，达于实相。实相非观亦非不观。

如此等义，但在一念心中，不动真际，而有种种差别。经⑤言："善能分别诸法相，于第一义而不动。"虽多名字，盖乃般若之一法。佛说种种名，众名皆圆，诸义亦圆。相待绝待对，体不可思议。不可思议故，无有障碍；无有障碍故，具足无减。是圆顿教相，显止观体也。

注释

①**摩醯首罗**：即大自在天，原为婆罗门教之主神湿婆，进入佛教后，成为佛教之护法神，住于色界第四禅天。其像为三目、八臂，骑白牛，执白拂之天人形。

②**即空、即假、即中**：《中论》原文为："因缘所生法，我说即是空，亦为是假名，亦是中道义。"智颛在此做了创造性的解读，以证三止三观相即互融。

③**《金刚般若》**：即《金刚般若波罗蜜经》，一卷，

后秦·鸠摩罗什译。内容阐述一切法无我之理。所引原文指菩萨不应着相而行布施,见《大正藏》第八册,第七五〇页。此比喻止观与止观所对之境其体不二。

④**五住**:又称五住地惑,即:(一)见一切住地,(二)欲爱住地,(三)色爱住地,(四)有爱住地,(五)无明住地。参见本章第二节"四住"。天台宗以见一切住地为见惑,欲爱、色爱、有爱等三住地为三界之思惑,以上总称为界内见思之惑,二乘人断之而出三界;无明住地即界外之惑,就此立四十二品之别,经四十二位断尽之,离二种生死,得证大涅槃。

⑤**经**:指《维摩诘所说经》,原文为:"能善分别诸法相,于第一义而不动。"(《大正藏》第十四册,第五三七页)

译文

现在论圆顿止观的体相。以"止"依于实相真理,则此一实相理谛圆具空、假、中三谛。以此实相理谛对应于任何一止,则一止而圆具三止。譬如三止体相皆在一念心中,虽一念心而有三止之相。作为主观运作的止与客观的理谛,二者之间的关系也是如此。所止之法虽一,而同时具备空、假、中三法;能止之心虽具有空、假、中三个方面，而实质上都圆具为一体。

以"观"作为能动的认识，观照作为对象之"境"，则一境同时具备空、假、中三境；以认识之境对应于主观的认识，则一观而圆具空、假、中三观。犹如色界大自在天王，面上虽有三目，其实只是一面。作为主观认识的观与作为客观对象的境，二者之间的关系也是如此。观有空、假、中三种次第，而实质上都圆具为一体；所对应的境虽是一，而同时即具备空、假、中三法。圆教之观，不可用常人思维去区别观与境的主客观关系。它不是像前述次第三观那样，有权与实、深与浅的区别；亦不是像前述三智那样，有优与劣、前与后的区别；亦不是像前述的观与智那样，有前因后果的开合区别；亦不是像前述修行者的果位那样，有位次的大与小的区别。所以《中论》说：根据条件关系而产生的一切现象，即空、即假、即中。

另外，《金刚般若经》说："如人的眼目，在日光明照下，能见种种色相。"如果说眼能独见色相，则不应说必须有日；而如果没有色相，虽有日、眼，也无从说所见。如此眼、日、色三法，在时间上不相异，在空间上也不相离。眼比喻止，日比喻观，色比喻境。如此止、观、境三法，不存在前后的次第相生关系。说到其中之一，也就包括了全部三法；同时又在三法的整体中，去论说其中任何一法。如能悟见此中圆意,就理解了圆顿教的止观体相。

圆顿止观不但是三法归一、一具三法,综合前面所说各种含义,皆包含在一念心之中,其绝待的圆顿止观体相又如何描述呢?体悟到无明颠倒就是实相之真理,即称作"体真止"。如此实相遍摄一切处,随条件经历各种境界,安心不动,即称作"随缘方便止"。生死、涅槃的区分皆静散休息,即称作"息二边分别止"。体悟到世间一切假法悉皆是空,空即是实相,即称作"从假入空观"。通达此空观时即与中道冥合,能知世间生灭法相,如实而见,即称作"从空入假观"。如此空慧即是中道,无二无别,即称作"中道第一义观"。体悟真空之时,如磐石般坚固的见、欲爱、色爱、有爱、无明五烦恼住地,在一念心中皆消除息灭,这就是"止息止"的含义。心依于中道而悟入实相智慧,这就是"停止止"的含义。实相之性,这就是"非止非不止"的含义。此一念心力,能穿透五烦恼住地,通达于实相。实相不是相待意义上的所观,但也不是不可观察的对象。

如此绝待圆妙的含义,都在一念心中,不扰动实相真际,而宛然存有种种事相的差别。正如《维摩诘所说经》所指出的:"能善于分别各种事物的法相,则于第一义谛而不动摇。"法相虽有众多名字,其实都为般若空慧之一法而观照。佛说种种名相，众名相皆圆融互摄，众名相所指义理，也都是圆融互摄。虽然将相待止观与绝待止观对举，但其体不可思议。正因为不可思议的缘故，遍历一切而无有障碍；以无有障碍的缘故，一切法相具足无减。这就是说圆顿止观的教相，以显示止观的体性。

7 正修止观的对象与方法
——十境与十乘观法

依妙解以立正行

原典[①]

第七,《正修止观》者:前六重,依修多罗以开妙解,今依妙解以立正行。膏明相赖,目足更资。

行解既勤,三障四魔,纷然竞起;重昏巨散,翳动定明[②]。不可随不可畏,随之将人向恶道,畏之妨修正法。当以观观昏,即昏而朗;以止止散,即散而寂。如猪揩金山,众流入海[③];薪炽于火,风益求罗[④]耳。

此金刚观,割烦恼阵;此牢强足[⑤],越生死野。慧净于行,行进于慧,照润导达,交络莹饰,一体二手,更互揩摩。非但开拓遮障[⑥],内进己道;又精通经论,外启未闻。自匠⑦匠他，兼利具足，人师国宝，非此是谁？而复学佛慈悲，无诸悭恪，说于心观，施于彼者，即是开门倾藏，舍如意珠。此珠放光而复雨宝，照暗丰乏，朗夜济穷，驰二轮而致远，翥两翅以高飞，玉润碧鲜，可胜言哉！

香城粉骨⑧，雪岭投身⑨，亦何足以报德？快马见鞭影，即着正路。

其痴钝者，毒气深入，失本心故，既其不信，则不入手。无闻法钩，故听不能解；乏智慧眼，不别真伪，举身痹癞⑩，动步不前。不觉不知，大罪聚人，何劳为说？设厌世者玩下劣乘，攀附枝叶，狗狌作务⑪，敬猕猴为帝释⑫，宗瓦砾是明珠，此黑暗人岂可论道？

又一种禅人，不达他根性，纯教乳药。体心踏心，和融觉觅，若泯若了⑬，斯一辙之意。障难万途，纷然不识，才见异相，即判是道。自非法器⑭，复阙匠他，盲跛师徒，二俱堕落，瞽蹶⑮夜游，甚可怜愍。

不应对上诸人，说此止观。夫止观者，高尚者高尚，卑劣者卑劣。

注释

①本章原典选录自卷五上，为"十广"第七《正观章》中阐释"阴界入境"的一段总论性文字。

②**重昏巨散，翳动定明**：此两句隔字为对，意谓重重的昏暗障翳智慧之明（即观），巨大的散乱扰动定境（即止）。

③**猪揩金山，众流入海**：猪揩金山，出自《大智度论》卷三十，指修"忍度"时，如有人加恶，好比猪揩摩金山，金体益真，譬喻安忍于三障四魔，转而增益心的寂止。众流入海，出自《大般涅槃经》，指不同种姓的众生如众多河流，最后汇入佛法大海，在体性上无增无损。此以猪、流譬喻散动，而以金、海譬喻寂止。

④**薪炽于火，风益求罗**：薪炽于火，譬喻观行者虽多魔障之薪，但在观行之火下，反增火势。风益求罗，语出《大智度论》卷七，解释佛放光中，从佛身光中流出无量光明，如迦罗求罗虫，其身微细，得风而其身转大。（《大正藏》第二十五册，第一一三页）此二句比喻观，以薪、风而譬喻暗，而以虫、火譬喻明，所以薪唯多而火相愈盛，风唯猛而虫身越大。

⑤**牢强足**：即坚实强健之足。牢，此指坚固。

⑥**遮障**：遮，谓遮止，即如四魔；障谓障碍，即如三障。

⑦**匠**：制成器物之工师，此指对自己、他人的引导与塑造。

⑧**香城粉骨**：据《大智度论·释萨陀波仑品》（卷

九十七至卷一百），常啼菩萨（即萨陀波仑）为求无上佛道，在众香城欲破骨出髓卖身，以供养昙无竭。

⑨**雪岭投身**：释迦牟尼佛在过去世修菩萨行时，曾为雪山童子，在雪山见帝释天化身之罗刹，为求过去佛所说"诸行无常，是生灭法"的后半偈，应罗刹之索，舍命投身以相酬，此后半偈为"生灭灭已，寂灭为乐"。详见北本《大般涅槃经》卷十四，《大正藏》第十二册，第四五〇—四五一页。

⑩**痹癞**：痹，指风湿之病，与癞一起，譬喻不知不觉不行者。

⑪**狗狒作务**：据《大智度论》卷六十八，学小乘法而放弃般若者，犹如狗不向大户乞食，反向劳动（作务）者去求索一样。(《大正藏》第二十五册，第五三四—五三五页）

⑫**敬猕猴为帝释**：帝释，原为婆罗门教主神，亦称因陀罗。入佛教后，为欲界三十三天之天主，为佛教护法主神之一。此指有人不认识帝释天，在林中见猕猴，以为是帝释天而敬事之。

⑬**体心踏心，和融觉觅，若泯若了**：此处所指对各类禅法的偏执，似与湛然在《止观辅行传弘决》卷一之一所列北方禅法的"九师"有关。现列出相关资料，以供参考：体心，"嵩师，多用本心，三世本无去来，真性

不动"；踏心，"慧师，多用踏心，内外中间，心不可得，泯然清净，五处止心"；和融，"最师，多用融心，心性相融，诸法无碍"；觉觅，"文师，多用觉心，重观三昧、灭尽三昧、无间三昧，于一切法，心无分别"；泯，"就师，多用寂心"；了，"监师，多用了心，能观一如"。上述六种禅法中，不包括"九师"中第一种用小乘七方便的"明师"，而"文师"即为"九师"最后三位慧文、慧思、智𫖮中的慧文。由引文可见，这是对大乘禅法生搬硬套，并未通达的禅师，故湛然在《止观辅行传弘决》卷五之一指出："虽体达如空，非体法实智；虽推踏不受，非无作舍觉；虽调和融通，非混同法界；虽觉察求觅，非反照心源；虽泯然亡离，非契理寂灭；虽了本无生，非智鉴妙境。"（《大正藏》第四十六册，第二八〇页）

⑭**法器**：具备修习佛道的根器与资质。

⑮**瞽躄**：无目为瞽，跛足为躄。

译文

智目与行足

第七章是《正修止观章》。前面六章，是根据经典以开发圆教的妙解，从现在起，则是根据圆教的妙解以确立真正的观行。修行与慧解的关系，犹如膏油与灯炷相互依赖，智目与行足相互促进。

修习止观达到一定程度，内心中报障、烦恼障、业障等三障和阴魔、烦恼魔、死魔、天子魔等四魔会纷纷出现；昏沉与散乱，将会严重扰乱定境和智慧。遇到这种情况，不可随顺，也不必畏惧。随顺会引人趋向恶道，畏惧则妨碍修习正法。应当以"观"观照昏沉，使昏沉转向澄明；以"止"止住散乱，使散心达到寂止。魔障如脏猪，虽百般揩摩金山，而黄金的体性愈益明亮真实；魔障如浊流，任众流涌入大海，不妨碍海洋之寂静清纯。魔障如薪，观行如火，薪愈多则火愈益猛烈；魔障如风，观行之力如迦罗求罗虫，风愈大则虫身也随风而长。

此"观"猛利，如金刚钻，能割烦恼之军阵；此"止"坚定，如牢强足，能越生死之旷野。清净智慧来自禅定修习，禅修更促进智慧的增长，智慧引导禅定，定水滋润智慧，定慧交相辉映，相互增长，如一体二手，交替摩拭。此定、慧双开的法门，不但能消除三障、四魔的障碍，对内增进自己的道业；更因精通经论，而能向外开启尚未闻法者的智慧。成己成物兼备，自利利他具足，在人堪为人师，在国奉为国宝，还有谁人能获此殊荣？更因学佛的大悲愿心，毫无吝惜地将自己的观心经验布施大众，开门倾宝藏，施舍如意珠。此如意珠放大光明，照彻暗夜朗如白昼；倾宝藏似久旱逢雨，救济穷乏于急难之中。驰止、观二轮而致远，展定、慧两翅以高飞。行者修止观一旦成就，必然外显于形色，如山抱美玉而草木滋润，涧藏明珠而水碧花鲜，又岂能用语言加以描述！

只对高尚者说此止观

对如此妙法，纵然仿效常啼菩萨在众香城出髓卖身以求道、雪山童子为半偈法语而投身等壮举，又何足以报答法乳之恩？上根利机者听闻此法，犹如快马瞥见鞭影挥舞，即能疾步驰向正路。

至于愚痴迟钝者，因见惑、思惑之毒气深入，丢失自己菩提本心之故，不信此妙法，则不会入手修行。因无宿世听闻佛法的因缘，无此法钩的牵引，纵然听闻也不能理解；因缺乏智慧的眼光，辨别不清法门的真伪。听不懂佛法，无智慧眼加以辨别，又不修行佛法，如风痹疥癞的病人，举步维艰。对此不觉、不知、不修的大罪之人，何必劳心费神说此止观？比如有一类厌世者，耽溺于下劣小乘，放弃般若根本而攀附小乘枝叶，犹如狗不向豪门大户乞食，反向无钱的劳动者去求索一样；

亦好比将林中猕猴敬奉为帝释天主，将瓦砾视若明珠一样愚蠢。对此愚昧无知者，岂可以谈论此圆顿止观之道？

又有一类所谓的禅师，在教化他人时，不了解别人的根性，也不懂用各种法门应机施化，只是用单味乳药充作包治一切的方子。所以，或者执着于"体心""踏心"，或者执着于"融心""觉心"，或者执着于"寂心""了心"，都没有通达大乘妙境，却只会墨守故辙，如何能够自行化他？他们不识修习止观中出现的各种境界，才见定中发出相似空的异相，即判为是道。自身本不具备修习佛道的资质，又缺乏教导他人的能力。无慧解如盲，无修行如跛，为师者如此，其徒弟也就可想而知。如此素质的师徒，自然一起走向堕落，犹如盲人跛子结伴夜游，甚让人怜悯叹息。

不应对以上这些人，说此圆顿止观的妙法。因为，圆顿止观对有信有行有解者，必视为无比高尚的妙法；而对于无信无行无解者，则视若下劣的法门。

正修止观的对象——十境

原典

开止观为十：一、阴界入[①]，二、烦恼[②]，三、病患③,四、业相④,五、魔事⑤,六、禅定⑥,七、诸见⑦,八、增上慢⑧,九、二乘⑨,十、菩萨⑩。此十境,通能覆障。

阴在初者二义:一、现前,二、依经。《大品》云:"声闻人依四念处⑪行道,菩萨初观色乃至一切种智。"章章皆尔,故不违经。又行人受身,谁不阴入?重担现前⑫,是故初观。后发异相,别为次耳。

夫五阴与四大⑬合,若不照察,不觉纷驰。如闭舟顺水,宁知奔迸?若其回溯,始觉驰流。既观阴果,则动烦恼因。故次五阴而论四分也。

四大是身病,三毒是心病,以其等故,情中不觉。今大分俱观,冲击脉脏⑭,故四蛇⑮偏起,致有患生。

无量诸业不可称计,散善⑯微弱不能令动。今修止观,健病不亏⑰,动生死轮,或善萌故动,恶坏故动。善示受报故动,恶来责报故动。故次病说业也。

以恶动故恶欲灭,善动故善欲生。魔遽出境,作诸留难,或坏其道。故次业说魔。

若过魔事,则功德生,或过去习因,或现在行力,诸禅竞起,或味或净⑱,或横或竖。故次魔说禅。

禅有观支,因生邪慧⑲,逸观于法,僻起诸倒,邪辨猛利。故次禅说见。

若识见为非,息其妄着贪嗔,利钝二⑳俱不起,无智者谓证涅槃。小乘亦有横计四禅为四果，大乘亦有魔来与记，并是未得谓得，增上慢人。故次见说慢。

见慢既静，先世小习因静而生，身子舍眼[21]即其事也。《大品》云："恒沙菩萨发大心，若一若二入菩萨位，多堕二乘。"故次慢说二乘。

若忆本愿，故不堕空者，诸方便道菩萨境界即起也。《大品》云：有菩萨不久行六波罗蜜，若闻深法，即起诽谤[22]，堕泥犁中。此是六度菩萨耳。通教方便位亦有谤义，入真道不谤也。别教初心知有深法，是则不谤。此等悉是诸权善根，故次二乘后说也。

此十种境，始自凡夫正报[23]，终至圣人方便[24]。

阴入一境，常自现前，若发不发，恒得为观。余九境，发可为观，不发何所观？

又八境去正道远，深加防护得归正辙；二境去正道近，至此位时不虑无观，薄修即正。……[25]

注释

①**阴界入**：智𫖮将"阴界入境"（即五阴、十二入、十八界三科）列在观心十境之初，依据的是"现前"和"依经"二层理由。对最高最后的解脱境界来说，本无色心、主客的区别，但佛教是对希冀转凡成圣的凡夫说的，圆

顿止观也是为初发心的修行者而说。故首先阐明一切大小乘经典所述的法门都是从最初观色阴开始，乃至最后成就一切种智。而且，"阴入界境"常呈现于一切众生面前，因为五阴是凡夫不舍的生死重担，也是小乘力图舍弃的对象。而对菩萨乘来说，此五阴重担，既是舍弃的对象，以超脱生死之流；又是必须荷担的对象，以入生死而济度众生。故以发四弘誓愿为职志的菩萨道行者，必先取近把它作为止观的对象。在此"阴入界境"中，界、入两科所摄过于繁广，智𫖮对此进一步做了"三科拣境"。首先"去丈就尺"，在三科中搁置十二入、十八界，而只取修行者现前一期果报之身即五阴为所观境；然后"去尺就寸"，在五阴中搁置色、受、想、行等四阴，集中观察识阴。更于识阴中，独取第六意识为所观之境。

②**烦恼**：是由观察阴境不已，能引发烦恼而起炽盛的贪嗔，此时应当舍弃阴境而观察烦恼境。

③**病患**：是由观察阴和烦恼，四大不调，致发生病患，妨碍禅定，此时即应当观病患境。

④**业相**：是由修习止观，行人无量劫来所作善恶诸业，在静心中忽然现前，如镜被磨，万象自现，此时即应当观业相境。

⑤**魔事**：是由观察以前各种境界，有魔事发生，妨碍禅定，此时即应当观魔事境。

⑥禅定：是已修魔事观后，真明未发，而过去所修习的各种禅定纷然现起，致令行人贪着禅味，陷入定缚，此时应当观禅定境。

⑦诸见：在习禅中，因心静而对事物产生类似于悟境的明察，如果以此为足，不思进取，极易产生偏邪的智慧，满足于所得的相似境界，而起种种颠倒的见解，沉湎于世智辨聪中。所以，此时即应当观诸见境（智𫖮说到第七诸见境段便停止，以下三境，系根据本章所选录的《正观章》序说而补充）。

⑧增上慢：如果能认识以上各种邪见为非，止息其妄执及贪嗔心，就能降伏五利使与五钝使两类烦恼。对无真实智慧者而言，就认为此时已证得涅槃。在小乘修行者中，有的把尚在色界的四禅境界妄执为已超出三界的第四阿罗汉果；在大乘修行者中，亦有魔对其做已证菩提的虚假授记，这都是并未得到真实果位却说已得，从而产生高傲憍慢心的"增上慢"人。所以，此时应当观上慢境。

⑨二乘：诸见境和增上慢境既已弃除，心境获得宁静，过去世所修习的二乘心在静中发生，如沉溺于空寂，能障大乘行果，此时应当观二乘境。

⑩菩萨：如果忆念菩萨的济世本愿，而不堕落于顽空者，即呈现出藏、通、别教等权教的境界。因继续进

修，悟入真道，故此时应当观菩萨境。

⑪**四念处**：又作四念住、四意止、四止念、四念、身受心法，为原始佛典所说三十七道品修行法门中之一科。即观身不净、观受是苦、观心无常、观法无我，以次第对治净、乐、常、我等四颠倒之观法。

⑫**重担现前**：重担，指由五阴构成的生死流转重担。对此重担，凡夫不舍，二乘不荷，而菩萨则能舍能荷。故作为修菩萨行的止观观境，对一念心中现前的五阴，必须作为观察的对象。

⑬**四大**：疑为"四分"之误。四分，指四类烦恼，亦称四暴流，以烦恼能使善品流失，犹如洪水使家屋、树木流失。即：（一）欲暴流，指眼、耳、鼻、舌、身相应于色、声、香、味、触等五境而起之五欲；（二）有暴流，指色界、无色界之贪、慢、疑等；（三）见暴流，指错误偏邪之见解；（四）无明暴流，指与痴相应之烦恼。

⑭**脉脏**：《摩诃止观》卷八在论述观病患境时，略示五脏病相：如果脉搏洪直，为肝病相；脉搏轻浮，是心病相；脉搏尖锐冲刺，是肺病相；脉搏如连珠，是肾病相；脉搏沉重迟缓，是脾病相。

⑮**四蛇**：又称四毒蛇，以四蛇比喻人身之地、水、火、风四大。其中地、水二蛇性多沉下，火、风二蛇性多轻举，四蛇若相互乖违，则众病丛生。

⑯**散善**：相对于因修禅定止息妄念、令心住于一境的"定善"而言，散善，指不修禅定，以散乱之心而修善业。

⑰**健病不亏**：健，指已观烦恼境；病，指已观病患境；连同观阴界入境，已观上述三境，故称不亏。

⑱**或味或净**：即味定和净定。在四禅八定中，有三种性质之禅定，相对于圣者的无漏定，味定通常指外道与凡夫之定，指执着于贪欲而与爱味相应的禅定，亦指钝根贪行之人，对禅定静虑功德的味着。净定，指凡夫相应于有漏善心所起的禅定，有顺退分定、顺住分定、顺胜进分定、顺抉择分定四种。

⑲**禅有观支，因生邪慧**：观支，又称伺支，为色界四禅定之十八种功德法之一。初禅定有觉、观、喜、乐、一心五支，观（伺）支指修行者既证初禅功德，以细心分别此禅定中色法，诸妙功德，境界分明，为欲界所未有。据《摩诃止观》卷十上，在第二"明诸见发因缘"中，详论了在禅定中初发观支，自以为得真实法，其实"但是见惑，世智辨聪"，从而产生"佛法外外道""附佛法外道""学佛法成外道"的各种邪见。

⑳**利钝二**：即五利使和五钝使。佛教将人的根本烦恼分作贪、嗔、痴、慢、疑、恶见六种，其中恶见又分作有身见、边执见、邪见、见取见、戒禁取见等五种，

作用猛利，须至见道位才能断除，称作五利使；贪、嗔、痴、慢、疑称作五钝使，须至修道位才能断除。

㉑**身子舍眼**：身子，即舍利弗。舍眼，事见《大智度论》卷十二，舍利弗于六十劫中修菩萨道，因有一婆罗门求乞舍利弗之眼，而又唾弃于地，舍利弗认为如此之辈不可济度，不如自己早脱生死。如此思维后，即于菩萨道退堕，回向小乘。(《大正藏》第二十五册，第一四五页)

㉒此段经文节引自《摩诃般若波罗蜜经·信毁品》。(《大正藏》第八册，第三〇四页)以下所说是指藏、通、别教三种权教的菩萨皆有谤法的含义，藏教菩萨在第二阿僧祇劫，尚有谤义，通教及内凡之人及第三阿僧祇劫，方乃不谤，别教菩萨要到十住的初发心住，方才不谤。

㉓**凡夫正报**：正报，指依于过去善恶因而感得之果报正体，即造业受报的主体，与所居的环境（依报）相对应。在十境中，凡夫可见者有前八境。

㉔**圣人方便**：指未证得圆教真实果位的小乘圣者和大乘的权教菩萨，十境中的二乘境和菩萨境，唯此圣者可见。

㉕以下删略部分是具体论述诸境交互发起的关系以及料简十境之通别名称。

译文

十境产生的原因

现在,将止观的观心对象展开为十种境界:一、观阴界入境,二、烦恼境,三、病患境,四、业相境,五、魔事境,六、禅定境,七、诸见境,八、增上慢境,九、二乘境,十、菩萨境。此十种境界,都能覆蔽心念,对修行产生障碍。

一、关于观阴界入境。将此"阴入界境"列在十境之初,有二层含义:第一,现前,第二,依据经典。《大品般若经》指出:"声闻乘人依四念处法门而行道,菩萨乘修行者亦从最初观色阴开始,乃至最后成就一切种智。"佛经中凡列修行法门,无不从观五阴开始,故不违背经典。关于现前,修行者因业报所受的身心,谁不是由五阴、十二入等构成?如此五阴炽盛的重担现于眼前,所以必先取近把它作为止观的对象。在这之后,所显现的烦恼境等各种异相,则分别在下面次第述说。

二、关于烦恼境。众生的色、受、想、行、识五阴与欲暴流、有暴流、见暴流、无明暴流等四类烦恼(四分)结合,漂流在三界生死之中。如果不用止观照察,并不觉得内心纷乱奔驰。世俗之人,好比在封闭的舟船中顺水而下，岂知这四类烦恼如狂流奔腾，冲决一切善品？而修行就如逆流而上，在观心时才会觉得心念驰流不息。既然观照由五阴构成的众生之业果，则必然触动造成业报的烦恼之因。所以，紧接着观阴界入境，而论述这四分烦恼的境界。

三、关于病患境。对凡夫的业报所生身而言，地、水、火、风四大引起的是身病，贪、嗔、痴三毒引起的是心病，无始以来即身心交病，但众生对此并不知觉。现在通过观阴界入境、烦恼境，对四大构成的色阴，以及受、想、行、识等四阴转成的四分烦恼，都已加以观察，于是冲击身内的经脉脏腑。原本失调的地、水、火、风四大，此时犹如四条毒蛇，导致病患境的产生。

四、关于业相境。众生无始以来所造之业难以数计，对不修禅定者而言，以散乱心所修的善业，因力量微弱，不能发动业相境的显现。现在，通过修习止观而发动业相。因前面已观阴界入境、烦恼境、病患境，明白业力的来由，故因业受报的生死之轮，在静心中忽然如影显现。或者是因过去世的善因而萌生善业之相，或者是因过去世的恶因而导致坏灭之相；由善因而显示受善报的果相，由恶因而显示受恶报的果相。所以，接着病患境而论说业相境。

五、关于魔事境。因为观业相境的缘故，见到恶相发动，故欲灭恶而顺于涅槃；见善相发动，故欲生善而顺于菩提。魔因为畏惧修行者的灭恶生善，将会把它赶出一向盘踞的领域，便制造种种魔境进行骚扰，以破坏修行者的道业。所以，接着业相境而论说魔事境。

六、关于禅定境。如果在止观中通过魔事境的考验，则会产生各种禅定功德，令修行者贪着禅味，陷入定缚。或者因为过去世修禅的"习因"，或者是因为现在的修行之力，各种禅定境界会竞相生起。或者是生起外道与凡夫所着的"味定"，或者是生起凡夫相应于有漏善心所起的"净定"。或者在各种禅境中，要么停留于横向的某一境界，要么进入竖向的某一深度中。故在魔事境之后，讨论各种禅定境。

七、关于诸见境。在进入初禅时，会产生以往不曾具有的"观支"，由于心静而对事物产生类似于悟境的明察，如果以此为足，不思进取，极易产生偏邪的智慧，满足于所得到的相似境界，而起种种颠倒见解，沉湎于世智辨聪中。所以，紧接着禅定境而论说诸见境。

八、关于增上慢境。如果能认识以上各种邪见为非，止息其妄执及贪嗔心，就能降伏五利使与五钝使两类烦恼。对无真实智慧者来说，就认为此时已证得涅槃。在小乘修行者中，有的把尚在色界的四禅境界妄执为已超出三界的第四阿罗汉果；在大乘修行者中，亦有魔对其做已证菩提的虚假授记,这都是未得真实果位却说已经获得,从而产生高傲憍慢心的"增上慢"人。所以,接着诸见境而论说增上慢境。

九、关于二乘境。诸见境和增上慢境既已弃除,心境获得宁静,过去世所修习的道业,在静心中就能显现,但容易耽溺于空寂。舍利弗在过去世不愿施舍自己的眼睛,当下于菩萨道退堕,回向小乘,即说明这一道理。《大品般若经》说:"有恒河沙数的菩萨发大心,但真正入菩萨果位的不过百人中之一二,其余多堕入声闻、缘觉二乘。"所以,紧接着增上慢境,而论说这二乘境。

十、关于菩萨境。如果忆念菩萨的济世本愿,而不堕落于顽空者,即呈现出藏、通、别教等权教的境界。《大品般若经》亦说到:有一种行菩萨道者,不愿久行六度菩萨行,如果听闻甚深的般若法,即起诽谤,这种人将累世堕落于地狱之中。这是指藏教的六度菩萨。在通教的方便位上,亦有诽谤的含义,要到悟入真道时才不诽谤。别教菩萨要到十住的初发心住,即知有深法时,方才不谤。以上都是指各类权教菩萨的善根,所以,接着二乘境之后论说。

十境的主次关系

此十种境界，自造业受报的凡夫开始，到转凡成圣但尚未证得究竟解脱的大小乘贤圣为止，视不同条件而呈现。

其中观阴入界一境，恒常呈现于凡夫、贤圣面前，不管此境界呈现还是不呈现，应恒常将其作为观心之境。其余九境，呈现时可作为观境，不呈现时又从何而观？

另外，前面八境离解脱正道遥远，应深加防护，以趋归正道；后面二境离正道近，到达此位时不必顾虑无观，进一步修行即得正果。

观心的根据——以"观阴界入境"为中心

原典

第一，观阴入界境者，谓五阴[①]、十二入[②]、十八界[③]也。阴者，阴盖善法，此就因得名；又阴是积聚，生死重沓，此就果得名。入者涉入，亦名输门。界名界别，亦名性分。《毗婆沙》[④]明三科开合：若迷心，开心为四阴，色为一阴；若迷色，开色为十入及一入少分，心为一意入及法入少分；若俱迷者，开为十八界也。

数人⑤说，五阴同时，识是心王，四阴是数，约有门明义，故王数相扶，同时而起。论人⑥说，识先了别，次受领纳，想取相貌，行起违从，色由行感，约空门明义，故次第相生。

若就能生所生，从细至粗，故识在前；若从修行，从粗至细，故色在前；皆不得以数隔王。若论四念处，则王在中，此就言说为便耳。

又分别九种：一期色心名果报五阴，平平想受无记五阴，起见起爱者两污秽五阴，动身口业善恶两五阴，变化示现工巧五阴，五善根人⑦方便五阴，证四果者无漏五阴，如是种种源从心出。

《正法念》⑧云："如画师手画出五彩，黑、青、赤、黄、白、白白。"画手譬心，黑色譬地狱阴，青色譬鬼，赤譬畜，黄譬修罗，白譬人，白白譬天。此六种阴，止齐界内。若依《华严》云："心如工画师，画种种五阴"，界内、界外⑨一切世间中，莫不从心造。世间色心尚叵穷尽，况复出世，宁可凡心知？凡眼翳尚不见近，那得见远？弥生旷劫不睹界内一隅，况复界外边衣？如渴鹿逐炎、狂狗啮雷，何有得理？纵令解悟小乘，终非大道。故《大集》云："常见之人说异念断，断见之人说一念断，皆堕二边,不会中道。"况佛去世后,人根转钝,执名起诤,互相是非,悉堕邪见。故龙树破五阴,一异同时前后⑩,皆如炎幻响化,悉不可得。宁更执于王数同时、异时耶?

然界内外一切阴入,皆由心起。佛告比丘:"一法摄一切法,所谓心是。"论云⑪:"一切世间中,但有名与色。若欲如实观,但当观名色。"心是惑本,其义如是。若欲观察,须伐其根,如灸病得穴。今当去丈就尺,去尺就寸,置色等四阴,但观识阴。识阴者,心是也。

注释

①**五阴**:又作五蕴、五众、五聚,是指类聚一切有为法之五种类别,即色、受、想、行、识。五阴通有漏、无漏及善、不善、无记三性,《大乘义章》卷八立九种五阴:(一)生得善阴,(二)方便善阴,(三)无漏善阴,(四)不善五阴,(五)秽污五阴,(六)报生五阴,(七)威仪五阴,(八)工巧五阴,(九)变化五阴。其中前三种为善,第四种为不善,后五种为无记;又第三属无漏,其余均属有漏。此与下面智𫖮所说的九种五阴,略有不同。

②**十二入**:又作十二处、十二入处,指长养心、心所法的六根与六境。六根,即眼、耳、鼻、舌、身、意

等六种感觉和思维器官，为心、心所法所依，称为内六入（处）；六境，即色、声、香、味、触、法等六种觉知对象，为心、心所法所缘，称为外六入（处）。在法入（处）中，包括无表色法、心所法、心不相应法、无为法四种，其中无表色法属于色法，心所法属于心法，心不相应法为非色非心法，无为法则为出世法。下十八界中的"法界"，与此相同。

③**十八界**：即在所依的认识器官"六根"与所缘的认识对象"六境"之间，再加上眼、耳、鼻、舌、身、意等"六识"，即为十八界。界，为种类、种族之义。

④**《毗婆沙》**：全称《阿毗昙毗婆沙论》，六十卷，北凉·浮陀跋摩、道泰等合译，收于《大正藏》第二十八册。此书为系统总结部派佛教"说一切有部"教义的著作，新译本有唐·玄奘译《阿毗达磨大毗婆沙论》，二百卷。

⑤**数人**：即小乘二十部派中的"说一切有部"（萨婆多部），又称数论、数家，习此学说者在中国称毗昙师。

⑥**论人**：指成实师，即以《成实论》为所依经典的学派。《成实论》，十六卷，或二十卷，诃梨跋摩著，鸠摩罗什译，收于《大正藏》第三十二册。此书说明宇宙各种现象之存在皆为无实体之假象，最后终归于空。被认为是由小乘走向大乘空宗的一部重要论著。

⑦**五善根人**：修五停心观者，能产生五种善根发

相。五停心观，即：（一）不净观，对治贪欲；（二）慈悲观，对治嗔恚；（三）缘起观，对治愚痴；（四）界分别观，对治我执；（五）数息观，对治散乱，令心止持于一境。连同进一步所修的四念处，作为无漏解脱之近方便。

⑧《正法念》：即《正法念处经》，七十卷，北魏·般若流支译，收于《大正藏》第十七册。本经详述三界六道轮回之因果关系，而阐明比丘修出世间道的法门。

⑨**界内、界外**：界内，欲、色、无色三界之内，称为界内；出离三界，则称界外。大乘佛教认为，涅槃并不仅以出三界为目的，必须断除精神上的迷根，始能获得真正之涅槃，即不分界内、界外的"无住处涅槃"；若以出三界为目的，则称为"界内教法"。天台宗将佛教分为藏、通、别、圆四教，认为藏教是界内之事教，通教是界内之理教；别教是界外之事教，圆教是界外之理教。界外，即超越凡夫生死往来之三界的诸佛菩萨之净土。天台宗将净土分为四种：凡圣同居土、方便有余土、实报无障碍土、常寂光土；其中，以凡圣同居土为界内，其他三土为界外。

⑩**龙树破五阴，一异同时前后**：见《中论》卷一《观五阴品》，《大正藏》第三十册，第六—七页。

⑪**论云**：出自《大智度论》卷二十七，阐述菩萨行

道种智，得一切智，知世间一切法。原文为："若欲求真观，但有名与色。若欲审实知，亦当知名色。"(《大正藏》第二十五册，第二五九页)

译文

色心本无二致

首先，论述十境中的第一"观阴入界境"。阴入界，即指五阴、十二入、十八界。所谓"阴"，有二层含义：一、阴盖善法，此是就因而得名；二、积聚种种有漏、无漏之有为法，使众生处于生死流转之中，这是就果而得名。所谓"入"，指能感知的六根与所感知的六境互相涉入的意思，也称作输门，即外部尘境流入内心的沟通管道。所谓"界"，名为种类界别，也称作各有特性的性分。《阿毗昙毗婆沙论》阐明了此五阴、十二入、十八界三科的开合关系。如果是对迷惑于心法者，将心法开为受、想、行、识四阴，而将色法合为色阴一阴。如果是对迷惑于色法者，将色法开为眼、耳、鼻、舌、身、色、声、香、味、触十入，以及法入中属于色法的一部分；将心法合为一意入，以及法入中属于心法的一部分。如果是对色、心二法都迷惑者，则开为十八界。

毗昙师说：五阴作为法体而同时聚合为一生命，其中识阴是心王，其他四阴是从属于心王的心所有法，这是就一切法体实有的立场而阐明五阴的意义，故心王、心所法相互扶持，同时而起。成实师则说：识阴首先对事物起了别的作用，其次受阴起领纳苦乐等感受，想阴对所感受的事物在心中执取影像，行阴则对事物起或违或从的意志抉择，色阴则由行阴所感，这是就一切法体皆空的立场而阐明五阴的意义，故心王、心所法有前后次第相生的关系。

现在姑且从一切法体皆空的立场，看五阴的前后关系。如果从认识的能生与所生角度看，从微细的识阴到粗显的色阴，可说是识阴在前；如果从修行的角度看，从粗显的色阴观至微细的识阴，则可说色阴在前；都不能把心所法与心王隔离开来。如果从四念处的角度看，则心王在中。以上只是就言说的方便而言，五阴中的色心要素，并不是真有前后相生的关系。

区别九种五阴

五阴又可分别为九种：一、因业报所感的一期生命，名果报五阴；二、不善不恶、不苦不乐，名无记五阴；三、因见惑所起的污秽五阴；四、因欲爱所起的污秽五阴；五、因造身、口善业，名善五阴；六、因造身、口恶业，名恶五阴；七、变化示现，名工巧五阴；八、因修五停心观和四念处，作为无漏解脱之近方便，名方便五阴；九、证得第四阿罗汉果，名无漏五阴。以上种种五阴，其根源皆出自于心。

正如《正法念处经》所说："譬如画师之手，能画出五彩，即黑、青、赤、黄、白、白白。"在此，画手譬喻心，黑色譬喻地狱道五阴，青色譬喻鬼道五阴，赤色譬喻畜生道五阴，黄色譬喻阿修罗道五阴，白色譬喻人道五阴，白白色譬喻天道五阴。这六种五阴，都限止在三界内。如果依据《华严经》所说，"心好比高明的画师，能描绘出千姿百态的有情众生"，三界内外的一切事物，莫不都是心所构画的产物。对于世间三界六道中人类的身心，尚且不可穷尽其奥秘，更何况对于出世间的四圣，岂可以凡人之心觉知？凡人肉眼，因惑障所翳，尚且不能见于真谛之近，又岂能得见于中道之远？生生世世，未必能尽睹作为界内事教之小乘三藏教偏向出世真谛之一隅，更何况得见作为界外理教之大乘圆教之玄远妙理？不知之徒，如渴鹿逐海市蜃楼以为水，狂狗闻雷声而欲咬啮，如何能得圆妙之理？纵令他们解悟小乘，终究非大乘之道。故《大集经》说："执着常见之人，说前后异念能断；执着断见之人，则说连一念都能断，皆堕入断、常二种边见，不能领会中道。"更何况释迦牟尼佛涅槃之后，人的根机转钝，执着名相而起诤论，互相是己非他，都堕落于邪见之中。故龙树造《中论》，破除各家对五阴名相的执着，心王、心所，既非一体同时，亦非前后相异，皆如幻影虚响，如梦如幻，悉不可得。怎么能对心王、心所是同时相依还是异时相生，妄加执着呢？

去丈就尺、去尺就寸的三科择境

三界内外一切五阴、十二入等，皆由心生起。佛曾告诉众比丘："有一法能包摄一切法，这就是心。"《大智度论》指出："世界一切事物，无非由精神（名）与物质（色）两类构成。如果要如实观察世界的真理，就应当观察一切名色。"心是一切迷惑之本，经论对此教义已然阐明。如果准备就阴入界境进行观察，必须伐去迷惑的根本，就如用针灸治病，必须得到穴位一样。现在说观心对象的范围，如果说阴入界境宽泛如一丈范围，那就应当暂且搁置十二入、十八界，而取五阴之尺；然后在五阴之尺中再缩小到寸的范围，暂且搁置色、受、想、行等四阴，集中观察识阴。识阴，就是心王。

修习止观的方法——十乘观法

原典

观心具十法门：一、观不可思议境①，二、起慈悲心②，三、巧安止观③，四、破法遍④，五、识通塞⑤，六、修道品⑥，七、对治助开⑦，八、知次位⑧，九、能安忍⑨，十、无法爱⑩也。

既自达妙境，即起誓悲他，次作行填愿，愿行既巧破无不遍，遍破之中精识通塞，令道品进行，又用助开道，道中之位己他皆识，安忍内外荣辱，莫着中道法爱，故得疾入菩萨位。

譬如毗首羯磨造得胜堂⑪，不疏不密间隙容綖⑫。巍巍昂昂峙于上天，非拙匠所能揆则。又如善画图其匡郭，写像逼真，骨法精灵，生气飞动，岂填彩人所能点缀？

此十重观法横竖收束，微妙精巧。初则简境真伪，中则正助相添，后则安忍无着。意圆法巧，该括周备。规矩初心，将送行者到彼萨云。非暗证禅师、诵文法师，所能知也。盖由如来积劫之所勤求，道场之所妙悟，身子之所三请⑬，法譬之所三说⑭，正在兹乎！（选自卷五上）

注释

①**观不可思议境：** 所谓不可思议境，指众生日常生活中现前刹那刹那的妄念，即具足三千法数，以圆融三谛的真理观观之，心与一切法之间，非纵非横，非一非异，玄妙寂绝，非识所识，非言所言，所以称为不可思议境。十乘观法以此观不思议境为主体，详见第八章和第九章。

②**起慈悲心：** 即真正发菩提心。对观不思议境即一念三千的修行不锐利者，当深切反省自己是否真正发起菩提心。因为诸法门同具三千而非有缺减，心、佛、众生具同一体，而我们却自缠自缚而自寻苦恼，若不知迷悟同体，任运相资，即不能拔苦与乐而圆满愿行。众生徒负各种业障而无由得拔，故彼此思维，于此痛切地激励自己，勇猛地发起四弘誓愿：众生无边誓愿度、烦恼无尽誓愿断、法门无量誓愿学、佛道无上誓愿成。这样发菩提心，是修一切应备的条件，如此慈悲誓愿和不可思议境智，同时俱起，叫作真正发菩提心。

③**巧安止观：** 即善巧安心。如因宏愿念念紧张于心，对一念三千的修悟反而不能成就，当反省精神是否缺乏安定感，如此发起善巧安心观。把止与观之心，善巧地安住于法界。体达法界即为生死烦恼的当相，本来皆空，

空亦不可得，一一显现其本德，绝迷悟、因果、色心、依正之对立。把心安住于寂静的法界是止，照明其本体的是观。观是体之用，是能安之寂照。一法之体用并互显现，如灯自现灯相。视修行者不同的机宜而有种种不同的安心方法。

④**破法遍**：是依无生教门用从假入空、从空入假、中道第一义谛三观的智慧，彻照三谛，遍破一切诸惑。如藏、通二教只用空观破见思惑，别教虽用隔历次第的空、假、中三观破见思、尘沙、无明三惑，但无明还没有全断，所以都不能够说是遍。圆教空、假、中三观只在一心，横竖诸法都在一心中具，破心即一切皆破，这就是破法遍。

⑤**识通塞**：是因苦集、十二因缘、六蔽、三惑等法能蔽塞实相之理，即名为塞；道灭、灭因缘智、六度、一心三观等法显发实相之理，即名为通；而着重于加以识别"于通起塞"，并须破塞。如前破法遍中，所破的三惑是塞，能破的三观是通，但若于能破的三观又生爱着，这个能着心也同样是塞，也必须加以破除。如此于一一能、一一所、一一心，节节检校，破塞养通，是为识通塞。

⑥**修道品**：是更将三十七道品调停适当随意破惑入理，如修四念处生四正勤，四正勤发四如意足，四如意

足生五根，五根生五力，五力生七觉，七觉入八正道，这是善巧调适。此中道品即四谛的道谛，而无作道谛的三十七品，是基于一心三观而成立的，于此以七科解脱道品的义相，并说假如于前一道品中未能与法性相应，应当次第用其余的道品辗转调停，更举藏、通、别、圆四教的空、无相、无作三解脱门，说明道品的功能。

⑦**对治助开**：是因行人正修观时烦恼忽起，障蔽正念，应当用六度及五停心等加以对治而助开解脱。如修道品时，悭贪忽起，激动心神，当用布施度以对治；破戒心起，当用持戒度加以对治；嗔恚勃发，当用忍辱度加以对治；放逸纵荡，当用精进度加以对治；散乱不定，当用禅定度加以对治；愚痴迷惑，当用智慧度加以对治。并当观察这个助道不可思议摄一切法，而事行和理观加以配合，才能够开解脱门得见佛性。

⑧**知次位**：是令行人了知修行所历的阶位次第，以免生增上慢，未得谓得，未证谓证，并叙述四教的阶位次第。

⑨**能安忍**：是说修行者对顺逆之缘无动于心，若已知自己修行之位次，或入五品弟子位，或入初品，为众所围绕，外招名利，内动宿障，以致废损自行，应当安忍深修三昧，不为名誉、利养眷属等外障和烦恼、业、定见、慢等内障所动。

⑩ **无法爱**：是说行人虽除内外二障，然而住着中道相似之法，心生爱乐，不能真入中道，进至初住；只顶位法中，不进不退，称为顶堕。必须破除这个法爱，才能进入真正的证悟。

⑪ **毗首羯磨造得胜堂**：毗首羯磨（Visvakarman），又作毗守羯磨天、毗湿缚羯磨天，意为造一切者，住于三十三天，为帝释天之臣。造得胜堂，帝释与阿修罗战，胜后令毗首羯磨营造东西百由旬、南北六十由旬的殿堂，以其辉煌无比，名最胜堂，又因得胜而造此堂，又名得胜堂。

⑫ **间隙容綖**：指巨大的得胜堂建筑丝丝入扣，榫扣间隙的误差不超过一轻薄的丝绸。綖，古代冕上所覆的装饰之布。

⑬ **身子之所三请**：据《法华经·方便品》，因舍利弗殷勤三请，释迦牟尼佛才于法华会上，说此一切声闻、缘觉所不能知的一乘妙法。

⑭ **法譬之所三说**：据《法华经·譬喻品》，佛法唯有一乘，因众生根机不同，而有三乘。佛之说法，对上根者则直接以法说；对中根者，则以譬喻说；对下根者，则须等待因缘。

译文

十乘观法的名称

能观心识之境的观法，具有十种法门：一、观不可思议境，二、真正发菩提心，三、善巧安心，四、破法遍，五、识通塞，六、修道品，七、对治助开，八、知次位，九、能安忍，十、无法爱。

既已观达不可思议妙境，即起上求下化、自利悲他的四弘誓愿；填补此宏大愿心，必须善巧地用止观法门安心；愿力与修行既已善巧，则遍破一切诸惑；在遍破诸惑之中，精确地识别对实相之理的蔽塞与开通；更将三十七道品调停适当；根据烦恼迷惑的不同情况而加以对治，帮助修行者展开解脱之道；并令修行者对修行所历的阶位次第有妥当的认识；修行者进而对顺逆之缘无动于心，不为名誉、利养等外障和烦恼、业等内障所动；然后，切莫执着于相似中道之法，使心对此产生爱乐。如此对境分别修行，就能疾速地进入菩萨位。

十乘观法之胜妙

此十乘观法，譬如天上巧匠毗首羯磨所造之得胜堂，十法圆融无间，无片丝之疏漏之处，而又历历分明，不相混淆。圆满的观法巍然昂立，高峙于上天，非别教的禅法所能比拟，更不是那些暗证禅师之类拙匠所能测度模仿。又如高明的画家，善于构思佛法大纲的轮廓，描绘逼真之教义，深得本体之骨法，透出妙悟之灵气，生气灵动，飞向解脱之果，又岂是那些诵文法师只知依图填彩者所能点缀？

此十乘观法至广大而尽精微，横向包罗了十法界一切事理，竖向则究彻实相之底蕴。最初的"观不可思议境"，简别了圆教与其他偏小之教所观之境的真伪；中间的自"真正发菩提心"至"知次位"为观法的正行，唯有其中第七"对治助开"为观法的辅助，如此正助相添，对治各种可能出现的情况；最后的"能安忍"与"无法爱"，令修行不息，得入菩萨的初住位。意在一乘为圆，法不偏邪故巧，此观法把大小乘各种法门，尽概括为此十乘观法。为初发心者定下修道规矩，将送修行者到圆满果位。如此法门，不是那些暗证禅师、诵文法师所能知晓的。如此妙法，都是由于如来积历劫之修行求索，而于寂灭道场妙悟，又因舍利弗殷勤三请，如来才于法华会上，以妙法和譬喻，对上、中、下三根分别演说。修圆顿止观的根据，不正是在这里吗！

8　成圣堕凡皆在己心一念
——一念三千的性具实相说

生命存在的阶次——十法界

原典①

一、观心是不可思议境者，此境难说。先明思议境，令不思议境易显。

思议法者，小乘亦说心生一切法，谓六道因果、三界轮环。若去凡欣圣，则弃下上出，灰身灭智，乃是有作四谛②，盖思议法也。

大乘亦明心生一切法，谓十法界也。若观心是有，有善有恶。恶则三品：三途因果也；善即三品：修罗、人、天因果。观此六品无常生灭，能观之心亦念念不住。又能观所观，悉是缘生，缘生即空，并是二乘因果法也。

若观此空有堕落二边，沉空滞有，而起大慈悲，入假化物，实无身假作身、实无空假说空而化导之，即菩萨因果法也。

观此法能度所度，皆是中道实相之法，毕竟清净，谁善谁恶，谁有谁无，谁度谁不度，一切法悉如是，是佛因果法也。此之十法，递迤浅深，皆从心出，虽是大乘无量四谛[3]所摄，犹是思议之境，非今止观所观也。

不可思议境者，如《华严》云："心如工画师，造种种五阴，一切世间中，莫不从心造。"[4]种种五阴者，如前十法界五阴也。法界者三义，十数是能依，法界是所依，能所合称，故言十法界。又此十法各各因各各果，不相混滥，故言十法界。又此十法一一当体，皆是法界，故言十法界[5]云云。

注释

①本章选自《摩诃止观》卷五，为阐释"观阴入界境"，分别用"十乘观法"观察之，此即其中第一"观不思议境"的部分内容。

②**有作四谛**：即生灭四谛，属于四教中的藏教所说，就有为生灭之事，而观四谛之因果为实有生、灭。

③**无量四谛**：属于四教中的别教所说，观察三界内

外无限多样性的事物,皆由因缘所生,都具有无量的差别,因而四谛亦有无量之相。

④这段经文出自《华严经·夜摩天宫菩萨说偈品》,原文为"心如工画师,画种种五阴,一切世界中,无法而不造。如心佛亦尔,如佛众生然,心佛及众生,是三无差别"。(《大正藏》第九册,第四六五页)这个"唯心偈",为智顗在书中反复引用。

⑤这里是用圆融三谛的方法解释十法界,第一层用空谛解释,"十"数为假,而所依之法是空,故十以空"法"为界;第二层用假谛解释,表明十法"界"的类别;第三层用中谛解释,"十法界"统一了诸法的空性和随缘施设的假名,无非都是真如法界。

译文

十乘观法中的第一种是"观心是不可思议境",这种境界微妙难说。这里先描述能为常人思维容易理解的方面,从而使不可思议的境界较易显现。

谈到可思议境界,小乘佛教也说心能产生一切事物及其法则。所谓天、人、阿修罗、饿鬼、畜生、地狱六道,按善恶业报的因果法则相续受生;欲、色、无色三界,如车轮循环,求出无期。如果明白六道、三界轮回的原因都根源于内心，就产生出离凡俗苦海、欣求解脱圣境的愿望，如此则跳出恶道，把生命提升到高级层次，最终获得灰身灭智的涅槃。这就是小乘佛教的"有作四谛"，这属于可以思议的境界。

大乘佛教也认为心能生出万法，提出生命有十层存在形态，"十法界"是一念心的产物。观察心的本身，存在着善、恶两种倾向。根据恶的上、中、下三品程度，分别导致地狱、饿鬼、畜生三恶途的果报；根据善的下、中、上三品程度，则分别导致阿修罗、人、天三善途的果报。观察这善恶六品的生命存在，都处于生灭无常的变迁之中，而作为观察主体的心本身，也是念念相续，时刻不停地流动。观察者和被观察者，都是因缘而生、缘尽而灭的暂时存在，凡是因缘而生的事物，本性皆空。上述认识，若仅就主体方面谈空（我空），都属于声闻、缘觉二乘所谈的因果理论。

凡依赖条件而产生的万物皆自性本空，有人对此道理不明白，或者偏执于空无断灭的一边，从而堕入"空见"；或者偏执于常有不变的一边，从而堕入"有见"，这两种人皆执着于偏见而不能自拔。菩萨乘人目睹这种情况而生起大慈悲心，从事物的假象和假名入手，向人们阐发空有不二的道理：就真实理法来讲，虽无永恒不变的形象之身，但权且随缘而说此假设之身；虽知"空"

也不过是个假名，不妨从权方便而说此假设之空。以如此种种方便法门开导教化众生，就是菩萨乘的因果理论。

如果认识到济度者和被济度者，都体现了超越空、有二边的中道实相理法，从根本上说都是清净无染，既不能说谁善谁恶，也不能说谁实有谁空无，进而更无所谓谁解脱谁不解脱；推广到一切事物都作如是观，这就是佛乘的因果理论。它虽把高下浅深不等的十法界，都视作一念心动的产物，但也不过是大乘别教所说的"无量四谛"，仍属于可思议的境界，并非圆教止观法门所观照的不可思议境界。

关于"心"所观照的不可思议境界，正如《华严经》所说："心好比高明的画师，能描绘出千姿百态的有情众生，大千世界的一切事物，都是心所构画的产物。"经文所说的"种种五阴"，指一切由色、受、想、行、识五种元素构成的各类有情众生，如前面提及的十层阶次的众生。十法界有三层含义："十"，指能动的十层生命主体；"法界"，则指每一层主体赖以存在的生存位置；主客体两方面的结合，就称为十法界。其次，这十层众生，各自有其不同的"界别"和因果关系，不能互相混滥，所以称作十法界。再次，这十法界每一层次的众生又都是真如法界的体现，故称作十法界。

世界的存在形式——三种世间

原典

十法界通称阴入界①，其实不同：三途是有漏恶阴界入，三善是有漏善阴界入，二乘是无漏阴界入，菩萨是亦有漏亦无漏阴界入，佛是非有漏非无漏阴界入。

《释论》云："法无上者涅槃是，即非有漏非无漏法也。"《无量义经》②云："佛无诸大阴界入者，无前九阴界入也。"今言有者，有涅槃常住阴界入也。《大经》云："因灭无常色获得常色，受想行识亦复如是。"常乐重沓即积聚义，慈悲覆盖即阴义。

以十种阴界不同故，故名五阴世间也。

揽五阴通称众生，众生不同：揽三途阴，罪苦众生；揽人天阴，爱乐众生；揽无漏阴，真圣众生；揽慈悲阴，大士众生；揽③常住阴，尊极众生。

《大论》云："众生无上者佛是，岂与凡下同？"《大经》云："歌罗逻时名字异，乃至老时名字异；芽时名字异，乃至果时名字亦异。"

直约一期十时差别④，况十界众生宁得不异？故名众生世间也。

十种所居通称国土世间者：地狱依赤铁住；畜生依地水空住；修罗依海畔海底住；人依地住；天依宫殿住；六度菩萨同人依地住⑤；通教菩萨惑未尽者同人天依住，断惑尽者依方便土⑥住；别圆菩萨惑未尽者同人天方便等住，断惑尽者依实报土⑦住；如来依常寂光土⑧住。

《仁王经》云："三贤十圣⑨住果报，唯佛一人居净土。"土土不同，故名国土世间也。

此三十种世间悉从心造。

注释

①**阴入界**：又作阴界入境、阴入境、阴妄境，即以五阴、十二入、十八界为对象作观。正修止观时，将阴、入、界三科范围缩小至五阴，又以五阴中的识阴作为观境。

②**《无量义经》**：一卷，南朝齐·昙摩伽陀耶舍译，收于《大正藏》第九册。阐述佛为众生无量烦恼而说的无量法义，皆来自无相之实相。古来以此经与《法华经》《观普贤经》同称为法华三部经，为《法华经》之开经。

③**搅**：疑作"揽"。

④**一期十时差别**：指人生由生至死的十个阶段，即：（一）歌罗逻时（亦称膜时，受胎后七日间的胚胎

状态）；（二）安浮陀时（亦称泡时，受胎后第二个七日间的疱结状态）；（三）闭手时（亦称疱时，受胎后第三个七日间的肉段状态）；（四）伽那时（亦称肉团时，受胎后第四个七日间的凝厚硬肉状态）；（五）诸疱时（亦称肢时，受胎后第五个七日至出生时肢节形成之间）；（六）婴孩时；（七）童子时；（八）少年时；（九）盛壮时；（十）衰老时。（据北凉·昙无谶译：《大般涅槃经》，卷十四及卷三十八，《大正藏》第十二册，第四四六——五八八页）

⑤**同人依地住**：在天台宗的佛土论中，四圣与六凡杂居的生存环境称为"凡圣同居土"。此国土有净秽之别：一为凡圣同居秽土，是尚未获得解脱果位的圣贤和凡夫同居的娑婆世界，已获得解脱的佛菩萨为度有缘众生亦权化生于此境域；二是凡圣同居净土，是八德满盈、七宝丰足的净界，如阿弥陀佛的安养界。此处系指前者。

⑥**方便土**：全称是"方便有余土"，指阿罗汉、辟支佛及地前三贤位菩萨所居环境，因修方便道，已断除见思惑，离三界内分段生死，故称方便；但尚未断除尘沙惑、无明惑，在三界外，变易生死尚存，故称有余。

⑦**实报土**：全称是"实报无障碍土"，指为行真实法，进一步断除尘沙、无明二惑，证悟中道实相理，感得色心无障碍之胜报的菩萨（圆教初住，别教初地以上）

所住的国土。

⑧**常寂光土**：为断尽无明惑，远离分断、变易二种生死，妙觉果满的法身佛所住处，为常住（法身）、寂灭（解脱）、光明（般若）三德圆满具足的佛土。

⑨**三贤十圣**：大乘将菩萨的阶位，分作三贤与十圣。十住、十行、十回向，称作初地前三贤位。初地入见道以后的十地菩萨称为十圣位。各宗根据所依经典不同，对阶位的开合有所不同。天台宗所根据的是《菩萨璎珞本业经》，从初住开出十信，共有五十二位。

译文

五阴世间

十法界通称由五阴、十二入、十八界三科组成的"阴入界"，其实这十个层次的众生各不相同：地狱、饿鬼、畜生三恶道中的众生是有烦恼的恶"阴界入"；天、人、阿修罗三善道中的众生是有烦恼的善"阴界入"；声闻、缘觉二乘是无烦恼的"阴界入"；菩萨则是既有烦恼又无烦恼的"阴界入"；而佛，则是既没有烦恼又不是没有烦恼的"阴界入"。

现根据经论，说明佛法界为何也在"阴入界"中。《大智度论》指出:"至高无上的法就是涅槃,即既没有烦恼又不是没有烦恼的法。"这可进一步引证《无量义经》:"所谓佛不在各种阴界入的说法,指的是佛不在前面九种阴界入中。"现在说佛有"阴界入",即指处于永恒涅槃中的"阴界入"。《大般涅槃经》明明白白地指出:"因为灭除了无常迁灭的色身,所以获得常住清净的色身;受、想、行、识,也是如此。""阴"有积聚和覆盖二层含义,佛所证得的涅槃具有常、乐、我、净四德,这就是五阴的积聚含义;佛以慈悲心遍覆众生,这就是五阴的覆盖含义。

说明了佛也在"阴界入"中,其余九种可以依此类推。由于凡圣十个不同层次的众生各不相同,所以把由此构成的世界称为五阴世间。

众生世间

由五阴所概括的种种物质和精神要素,构成了有情识的众生,如果从受业的正报主体这一方面来讲,十种不同层次的众生也可以通称为众生世间。因众生的善恶因果不同,而有如下区别:聚集三恶道阴界入的,是受极大罪苦的众生世间;聚集人、天等三善道阴界入的,是具备爱欲和享乐的众生世间;聚集没有烦恼的声闻、缘觉之阴界入，是小乘解脱成圣的众生世间；聚集慈悲度生的阴界入，是菩萨的众生世间；聚集涅槃常住之德的阴界入，是至尊极乐的众生世间。

说佛也是众生，这可引经论为证。《大智度论》说："众生中处于至高无上地位的，就是佛，岂能与凡夫下根者相同？"关于众生的差异，还可节引一段《大般涅槃经》的经文："世上一切事物生灭无常，以人来说，初入胞胎时，叫作歌罗逻，在人生十个阶段中，名字各不相同，由出胎乃至到老死时，都在各各变易；以外部事物来说，植物从发芽开始，历经茎、枝、叶、花，乃至结果时，名字亦各各变易。"

这只是就人的一生而言，就有十段时间上的差别，更何况在十法界众生之间，怎么能没有差异呢？所以称作众生世间。

国土世间

凡圣十个不同层次的众生，如果从居住的依报环境来讲，也可以通称为国土世间。例如：地狱的环境是熊熊的烈火和烧熔的铁水；畜生的环境是大地、水域和天空；阿修罗的环境是海边和海底；人的环境是大地；天道的环境是欲界和色界各层天上的宫殿；六度菩萨与我们人类同住人间；通教菩萨中，根本烦恼未断尽者同人道和天道众生的环境一样，根本烦恼断尽者则住于方便有余净土中；在别教和圆教的菩萨中，根本烦恼未断尽者住于人道、天道的环境或方便有余净土中，根本烦恼断尽者则住于实报无障碍净土中；至于如来，则安住于常寂光净土中。

《仁王护国般若经》指出："在修菩萨道的三贤十圣中，根据断惑的程度而有不同的果位，此中唯佛一人居于净土。"十法界中众生每一种所居的环境都不同，所以称作国土世间。

以上十法界，各有三种世间，合起来则有三十种世间。这三十种世间都从心而造。

存在的本然状态——十如是

原典

又十种五阴，一一各具十法，谓如是相、性、体、力、作、因、缘、果、报、本末究竟等①。先总释，后随类释。

总释者，夫相以据外，览而可别。《释论》云："易知故名为相。"如水火相异，则易可知；如人面色具诸休否，览外相即知其内。昔孙、刘相显，曹公相隐，相者举声大哭，四海三分，百姓荼毒。若言有相，暗者不知；若言无相，占者洞解；当随善相者，信人面外具一切相也。心亦如是，具一切相。众生相隐，弥勒相显，如来善知，故远近皆记。不善观者，不信心具一切相。当随如实观者，信心具一切相也。

如是性者，性以据内，总有三义：一不改名性，《无行经》称不动性，性即不改义也；又性名性分，种类之义分分不同，各各不可改；又性是实性，实性即理性，极实无过，即佛性异名耳。不动性扶空，种性扶假，实性扶中。今明内性不可改，如竹中火性，虽不可见，不得言无，燧、人、干草，遍烧一切。心亦如是，具一切五阴性，虽不可见，不得言无。以智眼观，具一切性。

世间人可笑，以其偏闻判圆经。《涅槃》明佛知众生有佛性，判为极常；《法华》明佛知一切法如是性，判为无常[②]。岂可以少知为常，多知为无常？又《法华》云："佛知一切法，皆是一种一性。"此语亦少，何故判为无常？又有师判《法华》十如[③]，前五如属凡，是权；后五属圣，为实。依汝所判，则凡无实，永不得成圣；圣无权，非正遍知。此乃专辄之说，诬佛慢凡耳。又《涅槃》明一切众生悉有佛性，而言是常；《净名》云"一切众生即菩提相"，判是无常。若佛性菩提相异者，可一常一无常；若不异者，此判大谬。如占者，见王相王性俱得登极，佛性菩提相何故不同？

如是体者，主质故名体。此十法界阴，俱用色心为体质也。

如是力者，堪任力用也。如王力士，千万技能，病故谓无，病差有用。心亦如是，具有诸力，烦恼病故，不能运动。如实观之，具一切力。

如是作者，运为建立名作。若离心者，更无所作，故知心具一切作也。

如是因者，招果为因，亦名为业，十法界业起自于心，但使有心，诸业具足，故名如是因也。

如是缘者，缘名缘由，助业皆是缘义。无明爱等，能润于业，即心为缘也。

如是果者，克获为果，习因习续④于前，习果克获于后，故言如是果也。

如是报者，酬因曰报。习因习果，通名为因，牵后世报，此报酬于因也。

如是本末究竟等者，相为本，报为末，本末悉从缘生，缘生故空，本末皆空，此就空为等也。又相但有字，报亦但有字，悉假施设，此就假名为等。又本末互相表帜，览初相，表后报，睹后报，知本相，如见施知富，见富知施，初后相在，此就假论等也。又相无相，无相

而相，非相非无相；报无报，无报而报，非报非无报；——皆入如实之际，此就中论等也。……⑤

注释

①十如是的思想，依据鸠摩罗什译《法华经·方便品》的一段经文："所谓如是相、如是性、如是体、如是力、如是作、如是因、如是缘、如是果、如是报、如是本末究竟等。"（《大正藏》第九册，第五页）现存的梵文《法华经》原文，或鸠摩罗什以前的译本《正法华经》，都无此十如是之文，只提出五个范畴，或将此反复而已。日本学者本田义英根据《大智度论》卷三十二中有"体、法（作）、力、因、缘、果（果报）、性、限碍（相）、开便方便（本末究竟）"等九种范畴，认为或许为鸠摩罗什据此而加于《法华经》。（参见田村芳朗、梅原猛著：《天台思想》，第三〇四—三〇五页；收于蓝吉富主编：《世界佛学名著译丛》第六十册，台湾华宇出版社，一九八八年）

②极常与无常，据《法华玄义》卷十上，南朝的判教学说有岌师、宗爱、僧柔等三家：岌师主张三时说（判顿、渐、不定三种教相，又于渐教中别立有相、无相、常住三教），宗爱主张四时说（于无相教之末、常住之

前，另立《法华经》为同归教），僧柔、慧次主张五时说（先明三种教相，又从渐教中别立有相教、无相教、褒贬抑扬教、同归教、常住教五时），都把《涅槃经》判为"常住教"，而将《法华经》判为次于"常住教"的"无相教"或"万善同归教"。（参见《大正藏》第三十三册，第八〇一页）

③**有师判《法华》十如**：光宅寺法云（公元四六七—五二九年）在《法华义记》卷二中认为，在十如是中，相、性、体、力、作等前五句为权智所照之诸法；因、缘、果、报等后四句为实智所照之实相；在最后"本末究竟等"一句中，"本末"依相为本，依作为末，结示权智之境；而"究竟等"结示为一因一果的实智境。（参见《大正藏》第三十三册，第五九六页—五九七页）

④**习续**：即"习因"（同类因）与"习果"（等流果）之间因果关系的前后相续。"习因""习果"，详见第二章注释。

⑤删略部分，是"总释"之后的"类解"，将十法界概括为三恶道、三善道、二乘、佛菩萨等四类，分别以十如是加以说明。

译文

此外，这十种层次的众生，分别都具备着真实世界的十个方面，即如实体现世界本然状态的相状、本性、体质、功能、作为、直接原因、辅助条件、结果、果报、自初相至末报毕竟平等。对这十个方面，先做总体上的解释，然后再分类说明。

如果从总体上解释，相状是外在的表现，人们通过外部形相而对万物加以区别。《大智度论》指出："容易识别的就称为相状。"譬如水火的相状不同，很容易区分开来；又比如人的面相中包含着吉凶、寿夭等信息，观察其人外表就可以推知其内蕴。过去三国时代，孙、刘、曹三人都曾请相面者看相，观孙权、刘备的面相，明显有社稷之相；而观曹操的面相，则隐晦莫测。相面者观后放声大哭，说从此天下鼎立、四海三分，百姓就要遭受荼毒了。如果说真有相面术，外行者蒙昧无知；如果说没有相面术，相面者却洞然知晓；应当听从善相者之言，相信人的外表具备一切反映内蕴的相状。心也是如此，具备一切相状。众生虽具佛性，但距成佛为时甚遥，故佛的相状隐没不显，而弥勒菩萨的佛相已彰显于外。如来洞察一切，所以不管是远至百千万劫以后方才成佛的众生，还是近如将在贤劫释迦牟尼佛之后成佛的弥勒菩萨，如来都给予预示成佛的印可。对于那些不善于观察，不相信心具有一切相状的人，应当跟随有智慧的人，如实观察诸法都是实相的体现，相信心具备一切相状。

关于"如是性","性"即内在的本性,共有三重含义:一、不会改变,故名本性,《诸法无行经》称之为"不动性",就是指不会改变的本性;二、"性分",即种类的意思,各类事物的属性不会改变;三、"实性",就是真实的理性,真实而无过谬,亦即是佛性的异名。按照圆融三谛的说法,用空谛说"不动性",用假谛说"种性",用中谛说"实性"。为说明内在本性不可改变,不妨以竹中火性作譬喻,竹中虽然看不见火性,但不能说火性不存在。击火的燧石、执燧石的人手、引火的干草,加上待燃的竹子,四法和合,引发竹中火性,遍烧一切。心也是如此,具备一切善、恶、圣、凡的性质,虽然看不见,但不能说没有。用超越常人的智眼观照,就可知心中具有一切众生的本性。

谈到佛性,世上有些人甚为可笑,以其孤陋寡闻和偏见去评判圆满的佛经。《涅槃经》阐明佛知一切众生皆有佛性,被判为佛果常住,具有终极永恒的真理;《法华经》也阐明佛知一切诸法都有如是佛性,却被判为不具有终极永恒的真理。众生与一切诸法相比,众生为少,岂能把只知一切众生皆有佛性而不知一切诸法都有佛性的经典判为具有终极永恒的真理,反而把知一切诸法都有佛性的《法华经》判属为不具有终极永恒的真理?还有,《法华经》指出:"佛知道一切法都是真如本性的体现。"这话也很直截明了,却何故把它判属为不具有终极永恒的真理?又有一些法师,把《法华经》"十如是"的前五个,判属为凡夫的属性,是一种反映事物现象的权宜智慧;而把后五个判属为圣者的属性,是洞察真理的真实智慧。根据他们的判教方法,则凡夫不具备真实智慧,永远不得成佛;圣者没有随机施设的权宜智慧,则不是如来十号中的"正遍知",不能圆满普遍地体悟真理。这是一种专横偏执的见解,既是对佛的诬蔑,也是对凡夫的轻慢。此外,《涅槃经》因阐明"一切众生悉有佛性",就被判为具有终极永恒的真理;而《维摩经》指出"一切众生都是可以觉悟(菩提)者",却被判为不具有终极永恒的真理。如果佛性与菩提二者有区别,当然可以像上面说的一具有终极性,一不具有终极性;倘若这二者没有什么区别,这种判教就是十分荒谬的了。如上面所说的相面者,不论是外观王者之相状,还是内察王者之本性,都是要登极做皇帝一样,那么,一切众生悉有佛性,和一切众生都是可以觉悟(菩提)者,这两种提法又有什么不同呢?

关于"如是体",指的是构成众生主体的体质。十法界众生,都是由色(物质因素)和心(精神因素)构成自身存在的体质。

关于"如是力",指的是众生潜在的能力。比如大力士,本来具备千万种技能,生病时表现不出来,一旦病愈就运用如初。心也是如此,本来就具有一切能力,因有烦恼、病患等障碍,使心力不能自在运用。若如实观察,心具备一切功能。

关于"如是作",指的是众生本具的能力发之于行为而有所成就。离开心,则谈不上有任何作为,所以说心具备一切作为。

关于"如是因",指的是能引起后果的直接原因,也叫作业,十法界众生所造的业,都起源于自心有意识的造作,只要心意发动,就具足身、口、意各种性质的业,故称作如是因。

关于"如是缘","缘"又称作"缘由",指的是助成业力产生的辅助条件。在十二因缘说中,"行"决定了造业的行为,而依靠"无明""渴爱"等缘起支的辅助,使造业行为得以产生,故说心就是缘。

关于"如是果",指的是直接获得的后果,造业的"同类因"在前,所造之业的"等流果"如影随形,紧跟于后,所以称作为如是果。

关于"如是报",因造业所酬感的决定生命状态的果报。报应有迟速,对后世来说,今世所造之业的因果相续,都是牵动后世报应的原因,这果报对应于过去的业因。

　　关于"如是本末究竟等"，初"相"是本，第九"报"是末，从本相到末报都是待缘而生，因缘而生故自性空，故从第一本相到第九末报自性皆空，这是就空谛来说"等"字的含义。其次，从初相到末报都是各具确定含义的名相概念，是在假名意义上的权宜施设，这是就假谛来说"等"字的含义。此外，本与末之间互相显示，看到初相，可表示后报，看到后报，可推知初相，如同见到布施者可推知其富有，见到富有者可推知其乐善好施，初与后相互蕴含，这也是就假谛来说"等"字的含义。第三，相状本来无相，于无相中又蕴含着相状，既非有相亦非无相；果报本来无报，于无报中又蕴含着果报，既非有报亦非无报；如此观察十如是，以不落空、假两边的中道，体会到不论是初相还是末报，都是真如实相的体现，这是就中谛来说"等"字的含义。

一念心起即具足三千世间

原典

　　夫一心具十法界，一法界又具十法界、百法界。一界具三十种世间，百法界即具三千种世间。此三千在一

念心,若无心而已,介尔^①有心,即具三千。(选自卷五上)

注释

①**介尔**:指时间上的一刹那间,亦指心念的细弱微小。

译文

众生现前一念心起,即具备六凡、四圣、十法界的可能性,故每一界众生与其他九界互相蕴含、互相转化。如此,十法界中的每一界都具备十种可能性,则构成百法界。每一界各各具备三种世间和十如是,如此相乘则成三十种世间,那么百法界即具备三千种世间。这三千世间都存在于一念心中,众生若没有起心动念则已,只要心念于一刹那间稍动,即具足三千世间。

9 对真理的如实把握
——一心三观与圆融三谛

一念与三千世间的关系

原典①

亦不言一心在前，一切法在后；亦不言一切法在前，一心在后。例如八相迁物②，物在相前，物不被迁；相在物前，亦不被迁。前亦不可，后亦不可，只物论相迁，只相迁论物。

今心亦如是。若从一心生一切法者，此则是纵；若心一时含一切法者，此即是横。纵亦不可，横亦不可，只心是一切法，一切法是心故。非纵非横，非一非异，玄妙深绝；非识所识，非言所言，所以称为不可思议境界，意在于此云云。

问：心起必托缘，为心具三千法？为缘具？为共具？为离具？若心具者，心起不用缘。若缘具者，缘具不关心。若共具者，未共各无，共时安有？若离具者，既离心离缘，那忽心具？四句③尚不可得，云何具三千法耶？

答：地人④云：一切解惑真妄，依持法性；法性持真妄，真妄依法性也。《摄大乘》云⑤："法性不为惑所染，不为真所净。"故法性非依持，言依持者，阿黎耶是也；无没无明，盛持一切种子。若从地师，则心具一切法；若从摄师，则缘具一切法。此两师各据一边。

若法性生一切法者，法性非心非缘，非心故而心生一切法者，非缘故亦应缘生一切法，何得独言法性是真妄依持耶？若言法性非依持，黎耶是依持，离法性外别有黎耶依持，则不关法性。若法性不离黎耶，黎耶依持，即是法性依持，何得独言黎耶是依持？又违经，经言："非内非外，亦非中间，亦不常自有。"又违龙树，龙树云："诸法不自生，亦不从他生，不共不无因。"

更就譬检，为当依心故有梦？依眠故有梦？眠法合心故有梦？离心离眠故有梦？若依心有梦者，不眠应有梦。若依眠有梦者，死人如眠应有梦。若眠心两合而有梦者，眠人那有不梦时。又眠心各有梦⑥，合可有梦，各既无梦，合不应有。若离心离眠而有梦者，虚空离二，应常有梦。四句求梦尚不可得，云何于眠梦见一切事？心喻法性，梦喻黎耶⑦，云何偏据法性、黎耶生一切法？当知四句求心不可得，求三千法亦不可得。

既横从四句生三千法不可得者，应从一念心灭生三千法耶？

心灭尚不能生一法，云何能生三千法耶？若从心亦灭亦不灭生三千法者，亦灭亦不灭其性相违，犹如水火二俱不立，云何能生三千法耶？若谓心非灭非不灭生三千法者，非灭非不灭，非能非所，云何能所生三千法耶？亦纵亦横求三千法不可得，非纵非横求三千法亦不可得。言语道断，心行处灭，故名不可思议境。《大经》云⑧："生生不可说，生不生不可说，不生生不可说，不生不生不可说。"即此义也。

当知第一义中，一法不可得，况三千法；世谛中，一心尚具无量法，况三千耶？如佛告德女⑨："无明内有不？""不也。""外有不？""不也。""内外有不？""不也。""非内非外有不？""不也。"佛言："如是有。"龙树云："不自不他，不共不无因生。"《大经》："生生不可说，乃至不生不生不可说。"

有因缘故，亦可得说，谓四悉檀⑩因缘也。虽四句冥寂，慈悲怜愍，于无名相中，假名相说。

注释

①本单元所选原典，紧接上章《成圣堕凡皆在己心一念——一念三千的性具实相说》，仍属"十广"第七《正修止观章》的部分内容。即用"十乘观法"之第一"观不思议境"的方法，观照"十境"之第一"阴入界境"。

②**八相迁物**：指显示诸法生灭变迁的四本相和四随相。四本相，也称大相，即一切有为法皆具有生、住、异、灭四相，从而使事物永远处于运动变迁之中；四随相，因四本相自身也是有为法，故须有另使其生、住、异、灭之法，即生生、住住、异异、灭灭，也称小相。一切有为法的生成，必须有法的自体与八相（共九法）同时俱起，交互相续、缺一不可。其中四本相之作用涉及除本身外之八法，而四随相则仅作用于各个本相之一法，称作八一有能、八一功能。

③**四句**：即以是、非、俱是、俱非等四句来分类诸法的思维形式，佛教认为真理不可能仅用此四句形式而得到把握，因为空不可能为言辞所描述。故在下文，智颢用龙树《中论》中的四句推检法，如推论诸法是否有"生"，即以自因、他因、共因、无因等四句推论，以证诸法生不可得、不生不可得之理。"诸法不自生，亦不从他生，不共不无因，是故知无生。"（《大正藏》第三十册，

第二页）

④**地人**：即弘扬世亲所著《十地经论》的地论学派，因见解不同，主要译者菩提流支和勒那摩提的弟子间，以相州（今河南安阳）为界分为北道派和南道派。此指南道派论师的观点，以第八阿梨耶识（即阿赖耶识）视同《楞伽经》所谓的"如来藏心"及《涅槃经》所谓的"佛性"，而称为真常净识，第七阿陀那识以下皆为妄识，而以第八识为其本体。第八阿梨耶识能开展出一切真妄万法，故称"真如（法性）依持说"。

⑤**《摄大乘》云**：此指弘扬无著所著《摄大乘论》的摄论学派的观点，认为第八阿梨耶识为真妄和合之识，具有解性、果报、染污三义，由此产生一切世间现象。在第八阿梨耶识之上另立第九阿摩罗识，远离迷惑而本性清净。

⑥**眠心各有梦**：此句疑为"眠心各无梦"之误，故在译文中顺文意径改。

⑦**梦喻黎耶**：湛然在《止观辅行传弘决》卷五之三中疑此句恐为传写之误，指出：前文中既分别以心、梦譬喻法性与阿赖耶识，梦应喻生一切法。译文据湛然意改。（见《大正藏》第四十六册，第二九七页）

⑧**《大经》云**：此经文出自《大般涅槃经·光明遍照高贵德王菩萨品》，"生生"，指一切因烦恼相续而生生

不断的凡夫;"生不生",从世谛讲,指凡夫的死亡,从真谛讲,也指生自在的四住菩萨;"不生生",指凡夫的出生;"不生不生",指大涅槃无有生相。(见《大正藏》第十二册,第四九〇页)生生等四不可说,及下面所引《中论·四谛品》之因缘所生法等四句偈,共为建立天台宗四教说之依据。

⑨**德女**:即有德女,为波罗奈城有德婆罗门之女。佛为有德女讲说十二因缘,并解说无明本无自性,凡愚迷倒,造业受苦。但是,佛为随顺世间,乃假借世间名字宣说第一义谛,欲令众生悟解。有德女闻后,了知佛所转法轮实为虚空法轮、出离法轮、无相法轮,而如实了悟诸法实相空无自性,遂得佛授记,未来成佛。具见《有德女所问经》,收在《大正藏》第十四册。

⑩**四悉檀**:佛化导众生的四种教学方法。悉檀(梵语 Siddhanta),意译为成就、宗、理等。智𫖮以悉檀为梵汉兼称之语,以悉指普遍,檀为檀那(布施),意为佛以此四法遍施一切众生,故称四悉檀。并按照天台宗的判教,将四悉檀分别配于藏、通、别、圆四教,即:世界悉檀配于藏教之生灭四谛,为人悉檀配于通教之无生四谛,对治悉檀配于别教之无量四谛,第一义悉檀配于圆教之无作四谛。

译文

心物不二的绝对世界

此一念心与三千世间,并不存在时间上的前后派生关系。不能理解成一心在一切法之前,也不能理解成一切法在一心之前。例如,事物以生、住、异、灭及生生、住住、异异、灭灭八种运动相状而迁动不息。事物若分离于这动相之前,则不会迁动;动相若分离于事物之前,运动亦不复存在。运动与事物不能前后分离,只能就事物而论运动的相状,也只能就动相而论事物的存在。

心与万法的关系也是如此,双方互相依存、互相融摄,不能离开对方而独自存在。如果说从一念心中产生一切法,心与万法就是从时间中流出的纵向关系;如果一念心中同时含摄一切法,就构成空间中整体与部分的横向关系。从圆融三谛的立场看,说心与万法是纵向的关系不对,说是横向的关系也不对,只能说极微的一心包含尽三千世间,三千世间融摄于极微的一念之心。一念与三千的关系,既非时间上的纵向次第,也非空间上的横向展开;既非无差别的同一,也非相异而各自独立。这道理非常玄妙高深,非常识所能认识,也不是用语言所能描述,所以称它为不可思议境界,意义就在于此。

语言无法描述的不可思议境界

问：心念的产生必须依赖一定的条件（即缘），那么，是一心具足三千法，还是此缘具足三千法？是心与缘二者结合时具足，还是心与缘二者分离时具足？如果说是一心具足三千法，那么心念的产生不依赖于缘。如果说是此缘具足三千法，那就与心无关。如果说是心与缘二者结合时才具足，既然心与缘各自分离时都不能具足，结合时又岂能具足？如果说离开心、缘而具足，既然已经离开心与缘，岂能说心具足三千法？以上用四句推检都不能成立，又岂能说心具足三千法？

答：地论师认为：一切清净与迷惑、真实与虚妄的现象，都依赖于作为世界万法本源的法性；法性含摄心识所藏的真实与虚妄的种子，产生一切真实与虚妄的现象。《摄大乘论》则说："法性作为真如，本不为迷惑法所污染，也不为真实法所清净。"既然法性超越了染与净的对立，就不是产生染净万法的本源，只有阿梨耶识才是本源，它作为无始以来就存在而又真妄和合之识，盛藏着一切善恶种子，遇缘而现行为一切善恶现象。如果从地论师的立场，则心具足一切法；如果从摄论师的立场，则缘才具足一切法。这两派论师各执一边，都认为只有自己的观点正确。

如果说法性能生起一切法，法性既不是心也不是缘，既然法性不是心，而说心生一切法，那么法性不是缘，也应如摄论师所说的缘生起一切法，怎么能仅仅说法性是一切真实与虚妄现象的本源呢？如果说法性不是本源，阿梨耶识才是本源，那么在法性之外而成为万法本源的阿梨耶识，就与法性无关。如果说法性不能离开阿梨耶识，那么说阿梨耶识是本源，也应如地论师所说的法性是万法的本源，怎么能只说阿梨耶识是万法的本源呢？这两种说法自相矛盾，显然都与佛经的说法相违背，因为《大品般若经》指出："万法的本源不在万法内，不在万法外，也不在内外中间，也不是自身本有。"这两种说法显然也与龙树的观点相违背，因为龙树说过："万法既不是自己产生自己，也不是从他物产生；既不是自身与他物共同和合产生，也不是无因无缘的产生。"

现再举梦为譬喻进一步质问：是因为依赖心才有梦，还是因为睡眠才有梦？是心与睡眠结合才有梦，还是离开心与睡眠才有梦？假如说依赖心才有梦，那么在不睡眠时也应有梦。假如说因为睡眠才有梦，那么死人如长眠，也应能做梦。如果说心与睡眠结合才有梦，那么睡眠中人也有不做梦的时候。如果说单有睡眠或单有心都不能各自成梦，二者结合才能有梦，那么二者分离时既然做不成梦，结合时同样做不成梦。如果说既不要心也不要睡眠就能做梦，虚空也没有心、眠二者，岂非说虚空也能做梦？用上述四句推检的方法，可证求梦尚不可得，又何谈在睡眠中梦见一切事情？在上面例子中，心譬喻法性，睡眠譬喻阿梨耶识，梦譬喻三千法。由此可见，怎么能各自偏执一边，说法性、阿梨耶识能生起一切法呢？要知道上面用甲、乙、甲乙合、甲乙离等四句方法都推论不出心，又怎么能求三千法呢？

既然以上从法性与阿梨耶识的横向关系，用四句方法都推论不出心产生三千法，能否从心生心灭的竖向关系，说一念心消灭后产生三千法呢？

心念消灭后尚且不能产生一法，又岂能产生三千法？那么，能否假定在心既消灭，同时又不消灭时，产生三千法？然而，这两种状态的性质正好相反，如同水火一样不能并存，又怎么能产生三千法？那么，再假定在心既非消灭又非不消灭时，能否产生三千法？但这种状态，既非主体又非客体，又怎么能产生三千法？故从心念的亦纵亦横状态，求三千法的产生为不可能；从非纵非横的状态，求三千法的产生也不可能。到达此一切言语分别统统泯绝，心念的流行完全归于寂灭的境界，就称作不可思议境。《大般涅槃经》说"生生不可说，生不生不可说，不生生不可说，不生不生不可说"，就是这个道理。

为化度众生于世俗谛中说一念三千

所以，从真俗二谛论的角度应当知道：在第一义谛所指的终极真理中，没有一法可得，何况是三千法？但在为他人方便说法的世俗谛中，一念心中尚且具备无量法，更何况是三千法？比如在《大品般若经》中，佛问有德女："无明是不是在心内？"有德女说："不是。""那么无明是不是在心外？"有德女说："不是。""那么是不是在心的内外之间？"有德女说："也不是。""那么无明是不是在非心内亦非心外？"有德女说："也不是。"佛说："无明就是如此存在。"龙树在《中论》中也指出："万法既不是自己产生自己，也不是从他物产生；既不是自身与他物共同和合产生，也不是无因无缘的产生。"《大般涅槃经》亦阐明了生生不可说，乃至不生不生不可说的道理。以上都表明：在第一义谛中，没有一法可得，也没有一法可说。

但在世俗谛中，因度化众生的缘故，亦可以方便说法，这就是所谓"四悉檀"的因缘。所以，虽然用四句推检的方法，荡遣一切名相而归于无所得，但佛菩萨以大慈悲心，怜悯愚迷中的众生，故对于无名相概念可指陈的实相，假借名相概念而权且说明之。

四悉檀的解经方法

原典

　　或作世界。说心具一切法，闻者欢喜。如言三界无别法，唯是一心造，即其文也。

　　或说缘生一切法，闻者欢喜。如言五欲令人堕恶道，善知识者是大因缘，所谓化导令得见佛，即其文也。

　　或言因缘共生一切法，闻者欢喜。如言水银和真金能涂诸色像，即其文也。

　　或言离生一切法，闻者欢喜。如言十二因缘非佛作，非天、人、修罗作，其性自尔，即其文也。

　　此四句即世界悉檀，说心生三千一切法也。

　　云何为人悉檀？如言佛法如海，唯信能入，信则道源功德母，一切善法由之生。汝但发三菩提心，是则出家禁戒具足，闻者生信，即其文也。

　　或说缘生一切法。如言若不值佛，当于无量劫堕地狱苦。以见佛故，得无根信①，如从伊兰出生栴檀②，闻者生信，即其文也。

或说合生一切法。如言心水澄清，珠相自现；慈善根力，见如此事，闻者生信，即其文也。

或说离生一切法。如言非内观得是智慧，乃至非内非外观得是智慧。若有住着，先尼梵志③小信尚不可得，况舍邪入正，闻者生信？即其文也。

是为为人悉檀，四句说心生三千一切法也。

云何对治悉檀？说心治一切恶。如言得一心者，万邪灭矣，即其文也。

或说缘治一切恶。如说得闻无上大慧明，心定如地不可动，即其文也。

或说因缘和合治一切恶。如言一分从思生，一分从师得，即其文也。

或说离治一切恶。我坐道场时，不得一切法，空拳诳小儿④，诱度于一切，即其文也。

是为对治悉檀，心破一切恶。

云何第一义悉檀⑤？心得见理。如言心开意解，豁然得道。

或说缘能见理。如言须臾闻之，即得究竟三菩提。

或说因缘和合得道。如快马见鞭影，即得正路。

或说离能见理。如言无所得即是得已，是得无所得。

是名第一义四句见理，何况心生三千法耶？

佛旨尽净，不在因缘共离，即世谛是第一义也。又四句俱皆可说：说因亦是，缘亦是，共亦是，离亦是。若为盲人说乳，若贝、若粖、若雪、若鹤，盲闻诸说即得解乳。即世谛是第一义谛。

注释

①**无根信**：指无善根（不知恭敬佛、法、僧三宝）的人，因蒙佛力而生起信心。

②**如从伊兰出生栴檀**：伊兰，又作伊那拔罗树，意为极臭木；栴檀，极香之木，常用于雕刻佛像。佛经中多以伊兰比喻烦恼，而以栴檀之妙香比喻菩提。此句意谓即烦恼而成菩提。

③**先尼梵志**：先尼（Senika），意译有军、胜军，又作西尼外道、霰尼外道等；梵志，即婆罗门（Brahmanism）之意译，指净行者。指笃信神我，崇奉"心常相灭"，认为身乃无常而有生灭，唯心常住不变。此论于身而起断见，于心而起常见。后从佛闻一切法空之法，愿出家求道，得阿罗汉果。（参见《大智度论》卷四十二《释集散品》，《大正藏》第二十五册，第三六八页）

④**空拳诳小儿**：婴儿啼哭时，父母空拳捏杨树黄叶为金，予婴儿以止其哭。北本《大般涅槃经》卷二十，佛以此为譬，说如来见众生欲造种种恶时，即为彼等说

三十三天之常乐我净而劝作善业，使闻者心生喜乐而勤作善业，但这并非究竟，只是为度众生而作的方便说。

⑤**第一义悉檀**：智顗将第一义悉檀分作可说与不可说两种，不可说者，则为诸佛所证得之理；可说者，乃为"一切实、一切非实、一切实亦非实、一切非实非不实"四句。此处所用，即为可说第一义悉檀。

译文

世界悉檀

现在试用"世界悉檀"的方法，用甲、乙、甲乙合、甲乙离等四句方法来解说心与三千法的关系。第一，说自心具备一切法，从而使听闻佛法者产生欢喜心。如《华严经》说"三界中一切现象，无一例外地都是一心所造"，即是证明。

第二，说外部因缘产生一切法，从而使听闻佛法者产生欢喜心。如众生贪着欲界粗弊的色、声、香、味、触五欲，能使人堕于三恶道，而弘扬佛法的善知识是使众生免于堕落三恶道的殊胜条件，即佛经常讲的靠善知识教化开导众生，使早日发心修行、见佛成就。

第三，说自心与外部因缘结合，能产生一切法，从而使听闻佛法者产生欢喜心。譬如用水银调和真金,就能为佛菩萨塑像涂上庄严的金色,水银好比他缘,真金好比自心。

第四,说自心与外部因缘分离,能够产生一切法,从而使听闻佛法者产生欢喜心。比如佛经上也说十二因缘并非佛所作,也不是天、人、阿修罗所作,它是自然存在的。

以上四种说法,就是用世界悉檀的方法,随顺世间,而说心能产生三千世间一切法。

为人悉檀

用"为人悉檀"的方法又是如何解说这四种情况呢?第一,说自心能产生一切法。譬如佛经中常说:佛法深广如大海,唯有自心树立坚定不移的信仰才能进入佛法大海,信仰是修道的源泉,为一切功德之母,世间、出世间所有的善法都因信仰才能产生。你们只要发起直心、深心、大悲心三种菩提心,那么出家修道者能持律谨严、戒德具足,在家学佛者则能闻法而生信心。

第二,说外部因缘能产生一切法。譬如佛经中说,在这个五浊恶世中,如果没有佛出世化度众生,我们依然沉沦于迷暗长夜,生生死死永远堕落在地狱受苦。幸而此生见到佛法，使无善根者蒙佛力产生信心，犹如从极臭的伊兰树丛中生出极香的栴檀木，使听闻佛法者都产生信心。

第三，说自心与外部因缘结合能产生一切法。譬如说修止能使心寂定，如浑水澄清，修观能使佛性在定境中显现，如宝珠在清水中自然显现；依靠其他善知识的慈悲愿力，也能令我们自见佛性，从而闻法生信。

第四，说自心与外部因缘分离能产生一切法。譬如《大智度论》提到实相无相、离一切相，既不是从身内观而得智慧，也不是从身外观而得智慧，乃至不是从非身内非身外观而得智慧。假如对内外、身心之相有所执着，先尼梵志就不可能对佛所说之法产生小信，更何况舍去外道邪见，而归佛门悟入正见呢？

以上四种说法，就是用为人悉檀的方法，根据众生不同的根机与能力，而说心能产生三千世间一切法。

对治悉檀

用"对治悉檀"的方法又是如何解说这四种情况呢？第一，说自心能治一切恶法。譬如佛经中常说：只要到得一心清净，万千邪恶就会消灭。

第二，说外部因缘能治一切恶。譬如佛经中常说：

从师得闻无上大智慧，发起光明，内心寂定，如大地不可动摇。

第三，说自心与外部因缘结合能治一切恶。譬如佛经中常说：智慧一部分从内心思维而产生，一部分从师长的教诲而获得。

第四，说自心与外部因缘分离能治一切恶。譬如佛在经中常说：我坐道场弘法时，见众生愚钝，不能学得一切善法，故学父母哄孩子的方法，以空拳捏住黄叶充作黄金，以止其哭。用此循循善诱的方便法门，济度一切众生。

以上四种说法，就是用对治悉檀的方法，说心能破除一切恶法。

第一义悉檀

用"第一义悉檀"的方法又是如何解说这四种情况呢？第一，说自心能证见实相之理。譬如佛经中常说：心开意解，即豁然大悟而得道。

第二，说外部因缘能证见实相之理。譬如佛经中常说：于须臾间得闻佛之说法，即证得究竟三菩提。

第三，说自心与外部因缘结合能得道。譬如佛经中常说：如快马瞥见鞭影挥舞，就能疾走奔驰在正路上。

第四，说自心与外部因缘分离能证见实相之理。譬如佛经中常说：实相非世俗的言语思维所能获得，故领悟到实相无所得，即是已经获得实相。换言之，实相之获得，就是无所得。

以上是用第一义悉檀的方法，解说这四种情况证见实相之理，更何况是心生三千法？

佛所说的实相体性，即明示自行与化他相即不离，并不在于分别自心与他缘，也不在于二者的结合与分离，而是说在度化他人的世俗谛中，就体现了第一义谛。正是在这个意义上，上述四种句式都可以说得通：说自因对，说外缘亦对，说自因外缘结合亦对，说自因外缘分离亦对。比如为盲人说牛乳的颜色，说它像白贝、像米屑、像白雪、像白鹤，盲人听到上述各种比方，就能大体了解牛乳的颜色。所以说，对第一义谛的证得，离不开对世俗谛的阐述。

圆融三谛

原典

当知：终日说终日不说，终日不说终日说，终日双遮，终日双照，即破即立，即立即破。经论皆尔。天亲[①]、龙树，内鉴冷然，外适时宜，各权所据。而人师偏解，学者苟执，遂与矢石，各保一边，大乖圣道也。

若得此意，俱不可说俱可说。若随便宜者，应言无明法法性②，生一切法。如眠法法心，则有一切梦事。心与缘合，则三种世间、三千相性，皆从心起。一性虽少而不无，无明虽多而不有。何者？指一为多，多非多；指多为一，一非少。故名此心为不思议境也。

若解一心一切心，一切心一心，非一非一切；一阴一切阴，一切阴一阴，非一非一切；一入一切入，一切入一入，非一非一切；一界一切界，一切界一界，非一非一切；一众生一切众生，一切众生一众生，非一非一切；一国土一切国土，一切国土一国土，非一非一切；一相一切相，一切相一相，非一非一切；乃至一究竟一切究竟，一切究竟一究竟，非一非一切。遍历一切，皆是不可思议境。

若法性、无明合有一切法，阴界入等，即是俗谛。一切界入是一法界，即是真谛。非一非一切，即是中道第一义谛。如是遍历一切法，无非不思议三谛。云云。

若一法一切法，即是因缘所生法，是为假名，假观也。若一切法即一法，我说即是空，空观也。若非一非一切者，即是中道观。一空一切空，无假中而不空，总空观也。一假一切假，无空中而不假，总假观也。一中一切中，无空假而不中，总中观也。即《中论》所说不可思议一心三观，历一切法亦如是。

若因缘所生一切法者，即方便随情道种权智③。若一切法一法，我说即是空，即随智一切智。若非一非一切亦名中道义者，即非权非实一切种智。例上一权一切权，一实一切实，一切非权非实。遍历一切，是不思议三智也。

若随情即随他意语④，若随智即随自意语⑤，若非权非实即非自非他意语，遍历一切法，无非渐、顿、不定不思议教门也。

若解顿即解心，心尚不可得，云何当有趣非趣？若解渐即解一切法趣心，若解不定即解是趣不过。

此等名异义同：轨则行人呼为三法，所照为三谛，所发为三观，观成为三智，教他呼为三语，归宗呼为三趣⑥。得斯意类，一切皆成法门。（选自卷五上）

注释

①**天亲**：即世亲（Vasubandhu），为公元四五世纪顷印度大乘佛教瑜伽行派的创始人之一。

②**无明法法性**：从自、他、合、离四句推论的方式说，此句以下是从自因、他缘的和合进行论说。无明为

缘，法性为因，因缘相合，而产生染净一切诸法。同时将此放在三谛圆融的观照之下。

③**道种权智**：即道种智，遍知世间、出世间一切道门差别之智慧，此指菩萨为济度众生而开示一切方便的智慧。

④**随他意语**：即随情说。详见第六章注释。

⑤**随自意语**：即随智说。详见第六章注释。

⑥**三趣**：趣，按佛法修行而趣向解脱的归宿。此三趣对应三种止观，以随自意语对应圆顿止观，而称顿；以随他意语对应渐次止观，而称渐；以随自他意语对应不定止观，而称不定。三者于妙境中皆趣入圆顿止观。

译文

不思议三谛

所以应当知道：终日说法等于终日不说，而终日不说等于终日说法，终日双重否定言说与沉默，而又终日双重运用言说与沉默，在破斥言说的当下即立起言说，而在立起言说的当下即破斥言说。这层道理，经论上本来都说得非常清楚。世亲、龙树等大菩萨，内心洞鉴照彻无言的实相，对外则适应不同的时节机宜，而演说各自的法门，其实各有其经证理据在。后来一班论师却片面理解这些法门，学徒们又执着于本门师说，掀起无谓的争辩矢石，各保本派偏执的学说，实在是大大违背佛菩萨的圣道。

如果领悟上述佛菩萨本意和四悉檀的意义，以上对四悉檀各用四句推检的论述，在实相之理上，都不可说；但在化他度生的世俗谛上，一切都可说。若就众生根机而方便说法，应说是以无明为缘，法性为因，二者相合，而生起一切染净诸法。譬如睡眠与心相合，则产生一切梦境。自心与外缘相合，则三种世间、三千相性，皆从心而生起。法性为本体，此法性为一虽少，与无明相合而产生万法，故不可说无；无明产生一切现象，此万法虽多，归结到法性则为空寂，故不可说有。这不少不多的妙理应如何解释？指法性之一与无明之多相即，虽有众多如虚如幻的现象，但此多并非真实的多；指无明之多与法性之一相即，虽将众多现象归结为空寂的法性，但法性内蕴一切杂多，故此一不能称它为少。正因为如此，所以称此心为不可思议之境。

如果理解到一心即具足一切心造三千法，一切心造三千法即归结于一心，而又既非一心又非一切心造三千法；一五阴即遍历一切五阴，一切五阴即归结于一五阴，而又既非一五阴又非一切五阴；一十二入即遍历一切十二入，一切十二入即归结于一十二入，而又既非一十二入又非一切十二入；一十八界即遍历一切十八界，一切十八界即归结于一十八界，而又既非一十八界又非一切十八界；一众生世间即遍历一切众生世间，一切众生世间即归结于一众生世间，而又既非一众生世间又非一切众生世间；一国土世间即遍历一切国土世间，一切国土世间即归结于一国土世间，而又既非一国土世间又非一切国土世间；一相即具足一切相，一切相即归结于一相，而又既非一相又非一切相；乃至一究竟本末等即具足一切究竟本末等，一切究竟本末等即归结于一究竟本末等，而既又非一究竟本末等又非一切究竟本末等。普遍观察以上三科、三世间、十如是等一切三千诸法，都是不可思议之境。

如果体会到法性与无明相合而产生阴界入等一切现象，即是俗谛。一切阴界入等一切现象都归于一空寂的真如法界，即是真谛。既非一真如法界，亦非阴界入等一切现象，即是中道第一义谛。如此普遍观察一切现象及其法则，无非是不可思议的圆融三谛。

不可思议一心三观

如果从真如法性随相关条件而形成一切现象，观察到这些因条件而暂时形成的现象都不过是"假名"状态的存在，这就是"假观"的认识。如果透视现象世界的本质，一切待缘而起的事物都不存在永恒不灭的实体，故呈现同一个空的状态，这就是"空观"的认识。如果看到任何事物既在现象上呈现纷殊的差异性而又都自性皆空，同时又不偏执"空""假"两边，这就是"中道观"的认识。站在"空"的角度观察事物，一切皆空，"假观""中观"也都是空的体现，这就是对空观的总体认识。站在"假"的角度观察事物，一切皆假，"空观""中观"也无非是假名施设，这就是对假观的总体认识。站在"中"的角度观察事物，一切皆中，无论是"空观"还是"假观"都体现着中，这就是对中观的总体认识。以上所说，就是《中论》所说的不可思议的一心三观，即一念心中圆融无碍地观察事物的空、假、中三个方面，这种认识方法适用于一切事物及其法则。

成就不可思议的三智、三语、三趣

因认识上的三观，而成就认识主体的三种智慧。如果领悟到因相关条件而产生一切现象，即成就菩萨顺应对象根机性情而方便说法的道种权智。如果领悟到一切现象归结到统一的本质，我说即为空性，即成就自内证而得之一切智。如果领悟到事物具有统一的空性和纷殊的差异性而又不偏执"空""假"两边的中道实相者,即成就佛非权智、非实智而又尽皆包含之的一切种智。如同以上三谛、三观所例示:一权智即具足一切权智,一实智即具足一切实智,一一切种智即具足一切超越权、实二边的一切种智。能如此观察一切现象及其法则的,无非是不可思议的三智。

因三智而形成说法的三种语言方式。顺应对象之根机性情而说,即为随他意语;依自内证而说,即为随自意语;如果超越此权智、实智二边,即为非随自意语非随他意语,如此普遍地用一切法门施教,无非是渐次止观、圆顿止观、不定止观之不可思议的三种教门。

如果悟解到圆顿止观即悟解心,心尚不可得,又有什么可称为趣入或非趣入?如果悟解到渐次止观,即理解一切法皆趣向于心;如果悟解到不定止观,即理解到此趣入或同于圆顿止观,或同于渐次止观。

以上所述,名称相异而含义相同:根据修行人的根机,则规定为顿、渐、不定三种法门;根据所照察的真理,则称为空、假、中三谛;根据主体所发的认识,则称为空、假、中三观;根据修观的结果,则成就为主体的空、假、中三智;根据教化他人的语言方式,则称作随自意、随他意、随自他意三语;归结于解脱宗极,则有顿、渐、不定三种趣入途径。能领悟到此中意义，采取任何一种方式都能成为圆满解脱的法门。

源流

天台止观，通指天台教学之理论与实践。用于个人修行，是定慧相资；用于弘扬教义，则是教观互具。教的根据在释迦牟尼佛金口所说的《法华经》，故叫作金口相承，依《法华经》的"一乘"思想，把全部佛教整合为藏、通、别、圆四种教相，而以天台圆教为最圆满。观的根据是龙树所撰的《大智度论》和《中论》，慧文曾依《大智度论》而悟一心三观，经慧思、智𫖮次第相承，叫作今师相承，传递的是渐次、不定、圆顿三种观心法门，而以圆顿止观为最究竟。另外，因慧思对智𫖮说过曾在灵山会上同听佛说《法华经》，故有"直授相承"；因天台宗所依经典多为鸠摩罗什所译，故有"译主相承"之说。以上二说都为日本传教大师最澄所说，在中土并不流行。

《大智度论》是天台宗的重要理论依据，它明确提出了宗教目的（涅槃）、宗教哲学（智慧）、宗教自修实践（禅定）与宗教社会实践（度化一切众生）之间的关系："常乐涅槃，从实智慧生；实智慧，从一心禅定生。""菩萨身虽远离众生，心常不舍。静处求定，获得实智慧，以度一切。"①

　　进行禅定修行→开悟实相智慧→获得常乐涅槃→度化一切众生。从个人的修证实践开始，而永不停止于度化众生的社会实践，这是大乘佛教徒理想的精神过程，也是天台宗止观学说形成和发展的过程。正如宋代元照在《小止观·序》中所指出的："若夫穷万法之源底，考诸佛之修证，莫若止观。天台大师灵山亲承，承止观也；大苏妙悟，悟止观也；三昧所修，修止观也；纵辩而说，说止观也。故曰说己心中所行法门，则知台教宗部虽繁，要归不出止观，舍止观不足以明天台道，不足以议天台教。"②这段论述符合全部天台教学的实际。"承""悟""修""说"，概括了智𫖮远绍释迦牟尼佛、龙树，近承慧文、慧思的法脉道统，在大苏山慧思门下证悟法华三昧，进而入天台山头陀苦行，最后出山纵辩而说心中所行之圆顿止观法门这样四个环节。

　　"止观"原是佛教徒的一种禅定修行的实践方法，属于禅学范畴。早期传入中国的《安般守意经》，将止观作为数息观的组成部分,谓"止与观同""佛有六洁意,谓数息相随止观还净"。③止观基本上又相当于戒、定、慧三学中的定慧范畴。止（Śamatha,奢摩他）,停止或抑制为外境的生起、转变所引发的心之散乱、动摇,形成明镜寂水般的意识状态；观（Vipaśyanā,毗婆舍那）,在寂静的心境中对现象作如实的观察和自在的对应,获得佛教特定的智慧。定慧必须相资,修习"止"（禅定）只能暂时压服烦恼,只有修习"观"（智慧）才能彻底去除烦恼,使之不再萌发。而智慧又必须靠定水来滋润。止与观,定与慧,应该同时修习,处理这二者关系的程度不同,则产生了三乘与佛的差异,如《大般涅槃经·师子吼菩萨品》指出："十住菩萨智慧力多,三昧力少,是故不得明见佛性。声闻、缘觉三昧力多,智慧力少,以是因缘不见佛性。诸佛世尊定慧等故,明见佛性了了无碍,如观掌中庵摩勒果。"④

佛教的义学理论与禅定实践本为一个统一的整体,因为佛教作为解脱之道,其目的在于修行证果,鲜有不修戒定而侈谈义理者。但在印度佛教的演变过程中,大小乘各家派别各有其理论解释体系和修行方法。而佛教作为一种外来宗教,并非一下子完整系统地传入中国,为当时中国佛教学者所原原本本地接受。在佛法传播过程中,为了适应中国的文化环境,契合不同阶层人们的需求，佛法的理论与实践统一体发生了分化和重新组合。

最早由安世高传入中国的小乘禅数系统，以《安般守意经》和《阴持入经》为其代表。前者侧重定学，介绍控制自我意识的方法，这种禅定实践以获得智慧（"黠智""黠慧"）为目的并受其指导；后者侧重于慧学，阐发小乘的阿毗昙理论体系。这一系统在华主要发展了禅学体系，以其出息入息的数息观及其神通变化，与道教的养生成神接近，从而被当时的中国人当作一种道术接受，属于理论部分的毗昙学则没有受到应有的重视。与安世高同一时期，支娄迦谶传入了大乘般若学及与其相适应的大乘禅法，介绍了大乘禅法中最具代表性的《般舟三昧经》和《首楞严三昧经》。支谶系统的般若义学以其探讨本末体用等关系的抽象思辨，而与当时的魏晋玄学同流，本来与般若理论互为表里的大乘禅法则流为附庸。在天台宗之前，大乘禅法虽不断传入，但未占主导地位，可证诸刘宋时求那跋陀罗开禅训时的一段话："此土地居东边，修道无法。以无法故，或坠小乘、二乘法，或坠九十五种外道法，或坠鬼神禅。"⑤佛教在中国初期发展中，小乘的禅定实践和大乘的般若理论分别成为两股并行的潮流。

东晋道安法师试图整合这两大潮流，他早年师事佛图澄，修习禅观，以后虽倡导大乘般若思想，同时又大力弘扬安世高系统的小乘禅法,为安译禅经作序作注,使小乘禅法得到更为广泛地传播。道安也谈止观,认为"千行万定"不出止观二行,但这里的止观指的是安般禅法,用"止"以"绝爱原、灭荣冀、息驰骋";用"观"以"了痴惑、达九道、见身幻"。⑥道安不仅仅用《庄》《老》《易》三玄融会般若思想,更用小乘的禅学去理解般若思想,从而得出既不同于王弼"以无为本",又有别于"诸法本无自性"的般若原意的"本无宗"学说。

鸠摩罗什译出的般若诸经论,为正确理解般若思想奠定了基础。他译出的《坐禅三昧经》《思维略要法》等四部禅经,杂糅小乘毗昙学和大乘空观,号称"菩萨禅",成为中国禅学史上的重大转折点。尽管在鸠摩罗什编译的禅经中,五门禅法应为尔后独擅北方禅坛的僧稠一系的张本,但鸠摩罗什的禅法以悟诸法实相为究竟,《思维略要法》更列举了"法身观法""十方诸佛观法""观无量寿佛法""诸法实相观法""法华三昧观法"等大乘禅法,预示了大乘般若理论必须有大乘实相禅法与之相适应。鸠摩罗什译出的禅经连同《般若经》《法华经》《维摩经》《大智度论》等经论,为天台宗创立止观学说做了资料和思想理论上的准备。

从佛教本身的发展过程来看,理论与实践脱节的现象,在南北朝末期已呈分久必合的趋势。慧文、慧思、智𫖮，以三代人的努力，终于以北方禅学统合南方义学，完成大乘实相禅法的"法门改转"，然后根据"心中所行法门"的修证体验，构筑义学体系，统一南北学风，创立一代教门。天台宗的产生，顺应了南北佛学统一的潮流，也反映了中国人追求和谐、反对对立的特点以及对现实生活的关注。

在慧文所生活的北齐时代，禅学兴盛，禅师辈出。照太虚大师的说法，中国禅学的发展可分成安般禅、五门禅、念佛禅、实相禅四个阶段，而当时北方盛行的大都是以僧稠为首的五门禅。⑦这种禅法独盛于高齐河北，史称"自葱岭东，禅学之最"⑧。僧稠虽标榜依《涅槃经·圣行品》的四念处，恐仍未脱声闻乘的禅数。⑨他效佛图澄故事，以神异、预言等神通事迹增当权者之信，被北齐文宣帝奉为上宾，开窟造寺，使禅法在北齐达于极盛。尽管僧稠本人并不同意齐帝除禅定之外废除一切讲经活动的主张，但在当时北方重禅诵、讲果报社会风气下，这一系禅学流风所向，形成"顷世定士，多削义门，随闻道听，即而依学，未曾思择，扈背了经"的局面。⑩菩提达摩携四卷本《楞伽经》来华，"阐道河洛"，传"二入四行"禅法，标榜"借教悟宗"，以与僧稠重家法传承的禅法相抗衡。后世佛徒即以"教外别传，不立文字"，作为达摩禅法的标志。道宣曾指出二者间的区别："观彼两宗，即乘之二轨也。稠怀念处，清范可崇；摩法虚宗，玄旨幽赜。可崇则情事易显，幽赜则理性难通。"⑪此处所指的"乘之二轨"，即菩萨乘与声闻乘，意谓达摩所传大乘禅法超言象之表，曲高和寡，不像僧稠禅法那样重家法传承且有明确的修学次第。这种教外别传的禅法，直到慧能以后才在中国得到广泛流行。

当时崛起于北方，并与僧稠、达摩二系鼎足而三的，是慧文创建的大乘实相禅，它结束了小乘禅法与大乘理论杂糅的局面，使大乘的禅与智真正结为一体。道宣在《续高僧传·习禅篇论》中，对天台宗的实相禅，给予高度的评价："如斯习定，非智不禅，则衡岭（慧思）台崖（智𫖮）扇其风矣。"⑫慧文的身世不得而知，大致活动在北魏、北齐之际（公元五三五—五五七年），领众几百人习禅，秉承北方躬行实践的学风，以风格严肃著名。⑬同时，参合鸠摩罗什所传译的般若诸论思想，独自悟出实相禅法，使禅学法门得以改转，故灌顶在《摩诃止观》绪论中，说他的法门在盛行小乘禅法的北方，高峻直指云天，非世间一般人能测高深。志磐则进一步强调："北齐尊者（慧文），宿禀自然，不俟亲承，冥悟龙树即空即假即中之旨，立为心观。"⑭这段话在仰赞祖师的同时，也隐含着对法门传承的合法性的论证。因为禅法与戒律一样，最重家法师承。佛驮跋陀罗自诩得佛陀斯那所传北印度说一切有部禅法之正宗，列禅师之师资传[15]，表明其禅门之灼然可信。慧远在《庐山出修行方便禅经统序》中，"每慨大教东流，禅数尤寡"，肯定了鸠摩罗什所译禅经起到了"为山于一篑"的草创作用，但亦认为师承源流不明的鸠摩罗什禅法"其道未融"。[16]僧稠得佛陀扇多真传。（通过佛陀的神足道房传授，与地论师南道派开创者慧光同一师承，亦通过大乘瑜伽一系而上接有部的禅法系统。）

在禅法上，慧文缺少明晰的家法传承。在天台宗的章疏中，曾提出与北方禅法密切相关的"九师相承"说，即慧文、慧思、智顗，以及与慧文、慧思差不多同一时期的六位禅师，彼此有着互相参证的交往。[17]这六位禅师在禅法上皆重视观心法门，其中，明师多用小乘七方便，最师用心性相融、诸法无碍的融心，嵩师多用三世本无去来、真性不动的本心，就师多用寂心，鉴师多用能观一如的了心，慧师多用内外中间心皆不可得的踏心。[18]上述诸师因称呼简略，身世多不可考，亦非前后相承的关系。其中，多用小乘七方便的明师，"明者当即道明，僧稠从之受十六特胜法"[19]，学派归属比较清楚。其他五师中，最师似为昙谟最，曾行化河北，为朝野钦敬，与天竺沙门菩提流支相友好。菩提流支是汉地传大乘瑜伽派学说的第一人，是地论师北道派的创始者，读昙谟最所撰《大乘义章》,每弹指唱善,翻成梵文,寄传大夏,彼方读者皆东向礼之为圣人。"[20]昙谟最既与之亲近,可知二人的思想接近和相互影响。[21]从慧文、慧思与上述诸师交往的情况来看,天台宗的创始人前期受地论师的影响比较大。[22]

但智𫖮以后的天台宗学者,对地论师多持批评态度。智𫖮在《正修止观章》一开始,就对将大乘禅法生搬硬套而未通达的北方禅师进行了批评:"又一种禅人,不达他根性,纯教乳药,体心踏心,和融觉觅,若泯若了,斯一辙之意,障难万途,纷然不识,才见异相,即判是道。"这些"体心""踏心"等禅法,与上述六位禅师类似,或就是同一批人。从湛然对此段话的解释,可看出他们是使禅法发生显著改变的过渡性人物。"虽体达如空,非体法实智;虽推踏不受,非无作舍觉;虽调和融通,非混同法界;虽觉察求觅,非反照心源;虽泯然亡离,非契理寂灭;虽了本无生,非智鉴妙境。"[23]由此可见,当时的佛学思潮已经显示了从小乘禅法转到般若实相禅,从一般游心于缘生法的广泛境界转向返观心源的思想流变。[24]

缺乏明晰的家法传承的慧文,能在这"九师"的群体中脱颖而出,完成禅法转变的契机,在于鸠摩罗什传播的龙树系大乘实相思想。《佛祖统纪》卷六记载,慧文

源流 265

在读《大品般若经》关于三种智慧的文字时[25]，联系《大智度论》的有关解释，认为三种智慧可以由一心中得。这些经论悟出一种禅法，在一心中可以圆满观察多方面的道理，依此而修一心三观，观成得一心三智。又联系《中论·观四谛品》的"三是偈"，以"三谛"配合"三智"，悟得一境三谛之旨。以"因缘所生法"作为观境，"我说即是空"的"空"是真谛，"亦为是假名"的"假"是俗谛，"亦是中道义"的"中"是中道谛。但是，《中论》原文以及中观学派都是讲二谛，在《中论·观四谛品》之初，首先说明"诸佛依二谛，为众生说法：一以世俗谛，二第一义谛"[26]，并无三谛的说法。而在地论师南道学者慧远所撰《大乘义章》卷十《止观舍义章》中，相当清楚地指出："三谛者：一是世谛，谓法有相；二、第一义谛，谓法无相；三、一实谛，谓法非有非无之相。此三门中起修不定：从事入理，依世修止，如世八禅。依真修观，观诸法空。从寂起用，依真修止，离分别故；依世修观，观诸法故；依一实谛修习舍行，舍有无故。"[27]又于《三慧义章》《三种般若义章》《三智义章》等处阐述了三谛、三智、三慧的关系。故周叔迦先生认为慧文是继承地论师的思想却引用来解释中观宗的典籍，至少是采取地论师的学说来发展了中观思想。[28]

从能观方面是一心三观，从所观对象则是一境三谛。依境立观，以观照境；智既一心而得，观亦一心而成。实相之理与实相之禅得到了高度统一。因此，后世天台宗人在论证法统合法性时，提出慧文是"依论立观"，因为这二部论都是龙树所造，故追溯传承，并不说出于鸠摩罗什，而认为是上承龙树。对此缘由，湛然说得很清楚，"金口相承"是"今师相承"的前提，主要在于突出表明龙树为天台教学的高祖："若不先指如来大圣，无由列于二十三祖；若不列于二十三祖，无由指于第十三师；若不指于第十三师，无由信于衡岳（慧思）台崖（智顗）。……由是而知台、衡、慧文宗于龙树。"[29]

若从更广泛的范围来看，南北佛学的相互交流渗透，为最后统一南北佛学准备了必要的前提。所谓北禅南义，只是大致的分野。北方虽由于统治者的提倡，一般沙门暗证禅诵，不以讲经为意，但大乘义学不绝如缕。在北方的彭城（徐州）、寿春等地，鸠摩罗什的学风尚未泯尽。北方的帝王亦有倡导义学者，"元魏自孝文帝后，佛教义学始渐兴盛。当时徐州名僧聚居，前有僧渊、僧嵩，后有道登、慧纪、昙度，均传《成实》《涅槃》之学"，"昙度受渊之《成实》，兼善《涅槃》《法华》《维摩》《大品》，亦为孝文帝所重"。[30]南方虽宏重义门而蔑视禅法，但在慧文之前，已有宝志、傅翕等人唱实相禅之先声。湛然在《止观义例》卷上举东阳傅大士《独自诗》

二首，运用龙树四运推检之法，唱出一心三观、一心具万行的诗偈："独自精，其实离声名。三观一心融万品，荆棘丛林何处生？独自作，问我心中何所著，推检四运并无生，千端万绪何能缚？"[31]与慧思同时，亦有慧命调和教观，深修禅定，玄理亦不在慧思之下。[32]尤其到南朝末年，摄山三论师亦主定慧兼运，其禅法旨依性空。三论宗诸师慧布、智辨、智锴与天台宗慧思、智𫖮均有学术上的交往。这种南北学风的互相渗透、结合，说明止观学说是水到渠成、瓜熟蒂落的必然产物。

　　慧思继承并发展了慧文的事业。一方面，他把慧文创立的实相禅法从北方传播到南方，"自陈世心学莫不归宗，大乘经论镇长讲悟"[33]，使定慧双修的教法因之大行。另一方面，慧思把《般若经》与《法华经》结合起来，对于智𫖮最终建立以《法华经》为主体，既与般若三论一派有联系又有区别的天台宗，起到了承上启下的作用。

　　慧思（公元五一五—五七七年），俗姓李，武津（今河南上蔡县境）人。他于十五岁（公元五二九年）出家修道，在二十岁时，因读《妙胜定经》而有所感，遂常经行于林野，遍访禅德，值慧文禅师而禀受禅法，即一心三观的观心之法。自此，听讲、参禅，昼夜研磨，不敢懈怠。他的宗教经验，得之于在嵩山皈依慧文后，用九十天时间连续坐禅，于身体倚壁的刹那间彻证法华三昧，顿悟大小乘法门，开发圆满智慧。[34]慧思在慧文处证悟"法华三昧"后，往鉴、最等禅师处，述己所证，得到他们的赞许。尔后长期依此研习修持，使以前所证观境更加增胜。于是声名远闻，学徒日盛[35]，也因此招来是非乃至陷害。慧思因论议、讲说大乘经典，尤其是讲说大乘般若之学，一再受北方恶论师毒害，经历了九死一生的危难。这与同时代的禅宗二祖慧可之受残害，几乎如出一辙。可见在盛行声闻禅数，一般俗僧以建寺、造像、度僧为第一功德的北方，初创的大乘实相禅法，无法在这大环境下立足。[36]由于个人的痛苦遭际，加以东魏、北齐战乱不已，使慧思不断南下避祸，并最终归老于南岳衡山。在这地域上向南方转移的过程中，逐渐完成他的思想体系和止观实践。

在天台宗的学说中，具有强烈的末法意识背景。南北朝后期，表面上已取得蓬勃发展的佛教，在佛教史观上，却迎来了悲凉的末法思潮，从而在理论与实践上做出种种对应的施设。在中国佛教史上，最早提出末法思想，并见诸文字的，就是慧思，提出释迦牟尼佛灭度之后，正法五百年、像法一千年、末法一万年的末法史观，并说自己出生时当末法第八十二年。末法时代，不仅教外有毁佛灭法的运动，而且教内也有败法破戒的勾当。[37]按当时佛教徒的佛历纪年方法，末法降临十余年后的公元四四六年，果然发生了北魏太武帝的灭佛事件，从而成为末法时期到来的显著标志。因应统治者毁佛灭法的暴行，从昙曜开始，凿窟造像，抄刻经典，成为一代代佛教徒为让"正法久住"而前赴后继的悲壮事业。在光州期间，受北魏太武帝灭佛事件之刺激，慧思曾造金字《大品般若经》和《法华经》各一部。《立誓愿文》当作于造金字《大品般若经》之年，"愿此金字《摩诃般若波罗蜜经》及七宝函，以大愿故，一切众魔诸恶灾难不能沮坏。愿于当来弥勒世尊出兴于世，普为一切无量众生，说是《般若波罗蜜经》"[38]。从造金经时慧思年四十四岁推断，时当公元五五八年，造金经有着防范统治者灭佛事件再度发生的意图。果然，过了十六年，北周武帝宇文邕（公元五四三—五七八年），受道士张宾及还俗僧卫元嵩之蛊惑，于建德三年（公元五七四年）下诏并废佛、道二教；建德六年灭北齐，复下诏悉毁齐境佛寺经像，僧、尼三百万悉令还俗，北方佛教，一时声迹俱绝，为中国佛教史上继北魏太武帝灭佛以来的第二次法难。在一个多世纪中，连续有两个帝王发动大规模的灭佛事件，这不能不对天台宗的思想学说带上浓烈的阴影。末法时代去圣日遥，世道日浊，众生业障深重，故在依靠自力的同时，另须依靠他力接引，几乎成为慧思、智𫖮同时代人的共识。慧思从早年起，就诉诸悲壮的苦行实践，提出首先在修证上完善自己，然后入世度人，以积累佛道功德见弥勒。㊴在北方，昙鸾将观想念佛和称名念佛结合运用，并经道绰、善导等人发展，终于形成群众基础最为广泛的净土宗。

慧思在光州大苏山前后达十四年（公元五五四—五六八年），成为慧思一生佛教事业和天台宗思想的重要转折点。陈天嘉元年（公元五六〇年），二十三岁的智顗，慕名投于其门下。慧思一见到他，就连声赞叹："昔日灵山，同听《法华》，宿缘所追，今日来矣！"随即为他"示普贤道场"，"说四安乐行"。㊵这就是"灵山亲承"的来源。光州位于陈与北齐两国的界境，为兵火不断的险地，然学佛者"皆轻其生重其法，忽夕死庆朝闻，相从跨险而到者，填聚山林"㊶。智顗是南方人，北上从慧思处学得刚毅笃实的实践风范。慧思的南下与智顗的北上，实开启了中国佛学南北学风统一之先河。

湛然称天台宗"以《法华》为宗骨""以《大品》为观法"㊷，慧思传给智顗的学说，主要就是《般若经》的"一心三观"和《法华经》的"法华三昧"。据《续高僧传》记载，智顗持诵《法华经》至《药王品》之诸佛同赞言"是真精进，是名真法供养如来"句，豁然大悟，心境明朗，有如长风云游于太虚的微妙境界。慧思赞叹道："非汝勿证，非我莫识。所证者，法华三昧前方便也；所发持者，初旋陀罗尼也。"所谓陀罗尼，即能总摄忆持无量佛法而不忘失之念慧力，能于大众中自由自在地说法。此即智顗的"大苏妙悟"，自证得法华三昧后，口若悬河，遂得无碍辩才。从慧思与智顗师徒间的讨论来看，亦可见慧思将《般若经》的遮诠妙智与《法华经》开权显实结合起来的学说轨迹。慧思造金字《大品般若经》和《法华经》各一部，自开玄义，后令智顗代讲。智顗"智方日月，辩类悬河，卷舒称会，有理存焉。唯有三三昧及三观智，用以咨审，余悉自裁"[43]。《慧思传》的一段记载点出了智顗隔历、圆融之说的思想来源："(慧思)命学士江陵智顗代讲金经，至一心具万行处，顗有疑焉。思为释曰：汝向所疑，此乃《大品》次第意，未是《法华》圆顿旨也。"[44]在此，慧思认为《般若经》的三观尚是次第意，唯有与法华行法（即法华三昧）结合，才能赋予"一心具万行"的圆顿旨。

慧思的早期学风总的说来仍侧重于禅学，强调由定发慧，"三乘一切智慧皆从禅生"，"如来一切智慧及大光明、大神通力，皆在禅定中得"。[45]他批评原习《成实论》的惠成不习禅定是"虚丧功夫"，本人更是身体力行，昼谈义理，夜间坐禅，坐诵相寻，用为恒业。最后到湖南衡山弘定慧双修法门。"慨斯南服，定慧双开。昼谈义理，夜便思择。"[46]慧思尤重法华三昧，称其为圆顿一乘法门，为一切修大乘者所必修。他根据《法华经·安乐行品》，撰《法华经安乐行义》，将法华三昧分为"无相行"和"有相行"两门。认为末法时代的众生，只有于行、住、坐、卧的一切行事中，时常深入一切微妙禅定，使心意坚定一无沾着，才能印证实相，恢复本来清净无垢的法身。慧思的著作尚有《诸法无诤三昧法门》《释玄论》《随自意》《次第禅要》《三智观门》等，天台止观学说已经在这些书中具雏形。《次第禅要》今已佚，现存的《诸法无诤三昧法门》一书，以四念处观为主，着重敷演次第禅门，智𫖮的《释禅波罗蜜次第法门》与其一脉相承。《随自意》《法华经安乐行义》阐明一乘顿悟之义，强调法华三昧，其中"一心具万行""众生与如来，同共一法身"的论述，已孕育着"一念三千"之旨。慧思的法华三昧、随自意三昧，在智𫖮的《摩诃止观》《法华三昧忏仪》《释摩诃般若波罗蜜经觉意三昧》等止观著作中得到进一步发挥。《三智观门》《释玄论》现不存，这当是慧思造金字《大品般若经》后所开的玄义，这些后来都由智𫖮系统发展为三智、三观、三谛等学说。

智𫖮在慧思处修学佛法，前后共七年之久。陈废帝光大元年（公元五六七年），慧思正式付法于智𫖮，并命他传灯化物，延续佛种。次年，慧思独自去南岳隐居，与在陈都金陵弘法的智𫖮少有来往。慧思的思想可以到南岳为前后分界，前期属于龙树系统的般若学派，后期转入马鸣的缘起论。晚年在南岳期间所著《大乘止观法门》一书，在宋之前，韬晦海外，于宋真宗咸平三年（公元一〇〇〇年），由日本僧人寂照携来此书，交与遵式，于二十年后，方由遵式刻板印行。本书主要引述《楞伽经》《华严经》《大乘起信论》，与前期宗龙树系统是一大转变。对于慧思在南岳的活动，智𫖮一系天台宗著作中，几乎没有记载，这说明智𫖮继承的主要是慧思的前期思想。[47]

慧文、慧思二师基本上都是禅师，走的是由定发慧的"证悟"之路。到智𫖮，学风为之一变，虽仍依一定的禅观行持，但基本上走的是"解悟"之路，依浅定而发深解，多在哲学思辨上下功夫，表现出以高度的玄学思辨组织佛学传统思想的能力。智𫖮的主要贡献是将慧文、慧思开创的止观学说体系化，使禅师自身修证实践的"行止观"，变为在更广阔范围中向大众"说止观"的社会实践。

"行止观"为"自行"，"说止观"为"化他"，以此作为尺度，智𫖮一生可大略分为两个"自行化他"的时期。自十八岁出家，尤其是二十三岁入大苏山拜慧思为师，刻苦修禅，是为第一个"自行"时期；三十岁辞别慧思，入金陵弘法八年，是为第一个"化他"时期。自三十八岁离开金陵入天台山隐居修禅九年，是为第二个"自行"时期；四十七岁离开天台山四出弘法，一直至六十岁圆寂，是为第二个"化他"时期。⁴⁸"自行"，是佛教徒必须具有的自我修证实践，"化他"，是将修证所得，上升为系统的理论，然后向大众宣说。二者是相互依存、相互促进的关系，而在智𫖮创立止观学说的承——修——证——说四个环节中，则表现为"解行相资""教观傍正"的动态过程。智𫖮集中论述止观法门的著作有四部：《释禅波罗蜜次第法门》《修习止观坐禅法要》《六妙法门》《摩诃止观》。这四部著作反映了智𫖮止观学说从形成到成熟的三个发展阶段。

第一个阶段是金陵弘法的八年，以"止"为主，代表作是阐述渐次止观的《释禅波罗蜜次第法门》。这是大苏山七年禅修生活的延伸，走的是传统的由定发慧的道路。慧思曾赞智𫖮"说法中最为第一"，即长处在讲说佛理方面，故让智𫖮到比较侧重义理的南方弘扬佛教。慧思对智𫖮的临别赠言："汝于陈国有缘，往必利益"⁴⁹，足见一代宗师知人善任的风范和对整个佛教走向的高度洞察力。智𫖮在金陵，以他在义学和禅修上的双重优势，迅速折服朝野僧俗大众。⁵⁰太建元年（公元五六九年）他被陈宣帝迎请住进瓦官寺。在瓦官寺期间，智𫖮应邀宣讲《法华经》和《大智度论》，继承和发扬了南朝佛教的义学特色。同时，针对南方佛教偏重义理而忽略实修的特点，有意"创弘禅法"，讲述了《释禅波罗蜜次第法门》。这部著作的宣讲，显然得自于智𫖮在大苏山开悟的宗教体验，也是长期研究《大智度论》的成果。《大智度论》不仅提出了般若学说的系统理论，而且还指出了禅定实践的基本方法。

《释禅波罗蜜次第法门》十卷（每卷各有上下二卷），由大庄严寺法慎私记，后由灌顶删定。此书又称作《禅门修证》，其特点是以"禅"之一字统摄全部佛教，"若欲具足一切诸佛法藏，唯禅为最。如得珠玉，众宝皆获"㊾。所谓渐次止观，乃将各种禅法，分作世间禅、亦世间亦出世间禅、出世间禅、非世间非出世间禅四个阶段，按照由低而高、由浅而深的次序，以至成就最高的证悟，为印度传入中国之禅法的集大成著作。以上所有禅法，又可以归结为息、色、心三种禅门：一、息门，为凡夫所修的"世间禅门"，其特点是疾得禅定和易悟无常；二、色门，是声闻、缘觉二乘所修的"出世间禅门"，其特点是能断贪欲和易了虚假；三、心门，是菩萨所修的"出世间上上禅门"，其特点是能降一切烦恼和易悟空理。世间禅是四禅、四无量心和四无色定。亦世间亦出世间禅是六妙门、十六特胜、通明等。出世间禅分对治无漏和缘理无漏二类，在对治无漏中分观、炼、熏、修四个阶段,观禅包括了九想、八念、十想、八背舍、八胜处、十一切处等禅法;炼禅为九次第定;熏禅为师子奋迅三昧;修禅为超越三昧。至于缘理无漏,同非世间非出世间禅,以及此书的果报、起教、归趣最后三章,均省略未讲。㊷

第二个阶段倡导止观并重,酝酿于《六妙法门》,形成于《小止观》。在时间上,当在金陵弘法与天台山隐修之间。㊙智顗在南陈帝都金陵后期,亦在北周灭佛之翌年(公元五七五年),力辞宣帝百僚之留请,以金陵喧闹,不宜修禅为由,率徒隐栖天台。智顗与慧思一样,亲身经历了末法的体验,目睹了北方灭佛事件的惨酷和南方佛教界流品复杂的衰相㊴,慧思曾说智顗在禅定功夫上只达到法华三昧的前方便,认为他还存在着"定力少"的弱点。㊵慧思这一评语,也是推动智顗通过隐栖天台进修止观而充实自己的一个动力。

《六妙法门》一卷,阐述不定止观,是智顗受陈朝尚书令毛喜之请而作。此书将早期传入中国的安那般那(即数息观)禅法的数、随、止、观、还、净六种法门,按四悉檀和空、假、中三观的方法,分作历别对诸禅六妙门、次第相生六妙门、随便宜六妙门、随对治六妙门、相摄六妙门、通别六妙门、旋转六妙门、观心六妙门、圆观六妙门、证相六妙门等十章论述。不定止观的旨趣，在于对修习禅定的次序不予固定，而是因应时空环境及修行者机宜的不同，随机而修任一法门。智𫖮在该书之初即指出六妙门在佛法修习中的重要地位："六妙门者，盖是内行之根本，三乘得道之要径。故释迦初诣道树，跏趺坐草，内思安般，一数、二随、三止、四观、五还、六净。因此万行开发，降魔成道。"⑯此法门从最基本的安般守意禅法入手，以帮助南方佛教学者加强习禅的基础训练。同时，受《法华经》开权显实思想的启发，以"不定"而达"实相"，把顿渐诸法门前后更互，或以浅定发深慧，或以高深法门为低之自由活用。"若不以实相心修，皆名为粗；若开粗显妙者，阿那波那即是摩诃衍。"⑰就是说，在实相智慧的指导下，法界圆通，条条禅门皆可达圣门。

　　介乎于《释禅波罗蜜次第法门》与智𫖮晚年成熟作品的《摩诃止观》之间的，还有智𫖮为其俗兄陈针所讲的《童蒙止观》（即《小止观》）一卷。此书在形式上类似《释禅波罗蜜次第法门》，但在内容上已有《摩诃止观》的一些思想雏形。据元照序文所说，该书乃是"大部之梗概，入道之枢机"，即属于《摩诃止观》的节本。该书正式提出止观学说，不仅书以"止观"命名，而且强调止观双修、定慧并重，以为成佛的道路虽有多途，但最终都"不出止观二法"，即以止观并重的学说取代了早期以禅定为中心的思想。在具体修习止观方面,分为"坐禅止观"和"历缘对境止观"两大类,其内容已包含了《摩诃止观》所说"四种三昧"的外在形式和"正观十境""十乘观法"的具体内容。在全书最后"证果第十"章中,已系统地提出三止三观,并对应于三眼、三智,初步阐述了一心三观的思想,但尚未言及三谛之说。从《小止观》可以看出智𫖮思想推进之契机,它是从《次第禅门》以"禅"为主,转入《摩诃止观》以"止观"为主这一过程中的过渡环节。㊼

第三阶段是在止观并重的基础上进一步强调以观为主,智目行足,以解导行,禅定修习受理论的指导。这形成于天台山隐居修禅时期,而集中反映在出山之后的《摩诃止观》中。智𫖮在天台山华顶峰行头陀行,昼夜禅观,刻苦研修,经历了一场重大的宗教经验,定中所发颇类似《摩诃止观》"十境"中之魔事、病患、业相等境界,"而能安心,湛然空寂""深念实相,体达本无",从而使"逼迫之境""忧苦之相"一一消灭,终于领悟到贯通世、出世间的绝对真理"一实谛",这一最终完成的真理体系即哲学慧解与度世实践的双运:"学之以般若,宣之以大悲。"㊽这使智𫖮在禅观上产生质的深化飞跃,确立了圆顿止观体系。然后于四十七岁离开天台山,自行兼人,四出弘法,开始第二个"化他"时期,系统讲述天台三大部。

圆顿止观，意为圆融顿极，始终不二，从最初实践观心之时起，即从最高至深的心境出发，对实相作全体性、综合性的直接把握。与早期将"禅"统摄全部佛教不同，《摩诃止观》将"止观"统摄佛法全体，包容佛学中的解脱论、般若学和法身观。在止与观的关系上，把重心放在观上。以观不思议境为中心，把散见于诸经论中含珠不吐的思想，皆在观心的体验中给予解明，整合为独特的体系。在这一哲学建构中，一心三观已超出一般禅学范畴，而上升为"三谛圆融"，成为把握真理、建立学说体系的思维方法，进而达到"一念三千"，完成在现实世界实现佛教理想的哲学建构。"三观"一语出自《菩萨璎珞本业经·圣贤学观品》，"三智"语出《大智度论》第二十七卷，"三谛"之语则出自《中论·四谛品》。空、假、中三个概念虽然都与龙树的《中论》和《大智度论》有着密切关系，但智𫖮用《法华经》开权显实、发迹显本的方法，来补充《中论》通过无限的否定而透显实相的遮诠法。而作为天台宗最高学术成就的一念三千之说，亦与《华严经》有着极大的关联。一念三千说是天台宗的"终穷究竟之说"。后来天台宗主流思想的演变，也皆以一念三千说所指涉的色心关系和性具善恶等本体论和心性论等哲学基本问题展开。

自智顗建立止观学说体系后，百余年间，止观并重、定慧双修之说为学佛之士普遍尊崇。智顗平时说法"不畜章疏"，其"天台三大部"与"天台五小部"等重要著作，均由灌顶（公元五六一——六三二年）集录成书，而得以广泛传播，并于《摩诃止观》绪论中上溯智顗、慧思、慧文、龙树的学说传承，使天台法统至此明确。

融汇南北两地佛教思想和修持实践于一炉的天台宗，开辟了宗派佛教的新时代，意味着真正意义上的"中国佛教"的出现。智顗以后的各派领袖和佛教学者，在建立自己宗派及其理论体系的时候，都必须正视智顗的教观统一理论和止观学说体系。面对日益崛起的唯识、华严、禅宗，天台宗在灌顶——智威——慧威——玄朗这四代却绵绵如缕，显得渐趋式微。遂有湛然（公元七一一——七八二年），以孟子辟杨墨而光大孔学的气概，破斥华严、唯识、禅宗等他宗对天台圆教的混滥，使止观教义重行，天台一宗"焕然中兴"。

对《摩诃止观》一书，古今注释论述最多的当推湛然，其中专门注疏、概述《摩诃止观》的有如下四部：

《止观辅行传弘决》四十卷，为湛然对《摩诃止观》的逐字诠释。书名"止观辅行传弘决"，即已揭出全书旨趣，谓以佛一代之诸教"辅"翼止观之"行"，复依止观之妙行以"传弘"一代教旨；故于全书四十卷中，试图以咨禀口诀、审理要诀等诸"决"来彰显此教行相资之旨。古来凡讲《摩诃止观》者，皆以此书为凭。

因《止观辅行传弘决》一书内容过于广泛，故湛然晚年撷取其要点，又撰《摩诃止观辅行搜要记》十卷，订正误字，对其文义不明处加以阐释。

《止观大意》一卷，为湛然应李华之请而作，是对《摩诃止观》的纲要性著作，以极简练的文字，阐明法义的始终，将《摩诃止观》的结构和内容排列为一个严密的体系，为研究天台宗止观学说的入门书。

《止观义例》二卷，对《摩诃止观》行文立意之通例的总释。用所传部别例、所依正教例、文义消释例、大章总别例、心境释疑例、解行相资例、喻疑显正例等七例概括《摩诃止观》中的要旨。

天台宗本为实相论的学统，虽然智𫖮本人在《小止观·正修第六》中，引用了《大乘起信论》的文字⑩，但他本人并不重视《大乘起信论》的思想体系。到湛然时，为了与华严宗对抗，将《大乘起信论义记》的真如不变随缘说，引进了天台学的范围，由此带来唯心论的倾向。⑪华严宗四祖澄观曾受学于湛然，后撰《华严经疏钞》，引入天台宗"性具善恶"之说，但认为无情的事物不具有佛性。华严宗还认为佛界与九界隔历，须断九界修恶，唯真心能成佛，湛然认为这是不究竟的佛性论。

成佛是对绝对真理的把握，而真理必须彻底。一念三千说的理论基础是"一色一香无非中道"，湛然阐发了智𫖮原先不太明朗的色心不二思想。他在解释这一段话时，"于佛性中，教分权实，故有即、离。今从即义，故云：色香无非中道。此色香等，世人咸以为无情，然亦共许色香中道、无情佛性"㊷。在《止观大意》中指出："心色一体，无前无后，皆是法界。修观次第，必先内心。"㊸正是在色心不二、超越色心对立的绝对中，心具三千同时也就是性具三千、理具三千。

唐末会昌二年至五年（公元八四二—八四五年）和五代周显德二年（公元九五五年）的二次灭佛事件，使佛教典籍散失殆尽，天台宗也一蹶不振。在天台宗十五祖义寂（公元九一九—九八七年）努力下，吴越王钱俶遣使向朝鲜、日本购求佛典，奠定第十七祖知礼（公元九六〇—一〇二八年）复兴天台宗的基础。宋代天台宗人对智𫖮佛教思想的继承，主要集中在"性具善恶"论上。湛然指出众生当下的一念心，圆满具足法界、法性、真如，超越了色心、主客、真妄、凡圣等一切差别，将智𫖮的圆顿思想发挥到极致，由此也带来了宋代山家与山外长达七年的诤论。在观心修道的理论上，受华严宗思想影响的天台宗山外派，将天台思想的特色——性恶说抛弃，视为外道的一种。在山外派的源清以及洪敏等看来，妄心作为妄法，岂能具足三千世间？所以用功观照的一念心，定是真心的第九识。以四明知礼为代表的山家以为应从观照妄心入手，如果是直接观照不动无相的真心，根本无着手处。知礼将智𫖮的"性恶论"在哲学上做了相当深入的阐发，提出善恶二者相即有"二物相合""背面相翻""当体全是"三种思考法，而以第三种"当体全是"为"相即"的真正旨趣。⑧所谓"二物相合"，是善与恶具体各别而最终离开恶而合于善，此为通教的看法；所谓"背面相翻"，善与恶是表面与背面的关系，即同一理体，随缘而成为善或成为恶，此为别教的看法；所谓"当体全是"，乃善与恶虽为二，但其当体即为矛盾的对立统一，由此引出性恶不断的看法，这是天台圆教的看法。

宋代以后，天台宗顺应着诸宗融合的趋势，在实践方面发展了智𫖮的念佛三昧，为当时弥陀净土信仰的主要倡导者。同时又完善了智𫖮初制的仪轨制度，尤其是水陆法会和各种忏法。明代有传灯（公元一五五四——一六二八年）著《天台传佛心印记注》《性善恶论》等，对智𫖮的性具善恶说有所阐发。蕅益智旭（公元一五九九——一六五五年）是宋朝以后唯一把全部《大藏经》通读两遍以上的僧众，不以任何一宗派为满足，自称既不及古之儒、禅、教、律，又不屑于今之儒、禅、教、律，所以自号"八不道人"。他学天台教观，所著《教观纲宗》为天台宗入门之书，开宗明义指出："佛祖之要，教观而已矣。观非教不正，教非观不传。有教无观则罔，有观无教则殆。"㉙自称"私淑台宗"，既以习禅参究归于天台教观，又以天台教观应用于念佛法门，最后以融宗归净总摄释迦一代时教。"禅观行演出台贤教，台贤教行归净土门"㉚，智旭是这一中国佛教精神历程的杰出代表。

注释：

①《大智度论》卷十七，《大正藏》第二十五册，第一八〇页。

②《大正藏》第四十六册，第四六二页。

③《大正藏》第十五册，第一六四页。

④《大般涅槃经》卷三十一，《大正藏》第十二册，第五四七页。

⑤《楞伽师资记》，《大正藏》第八十五册，第一二八四页。

⑥《道地经序》，《出三藏记集》卷七，《大正藏》第五十五册，第六十九页。

⑦《中国佛学》，《海潮音》第二十五卷第四期。

⑧《续高僧传》卷十六，《大正藏》第五十册，第五

五三页。

⑨慧风:《天台宗一心三观法门的起源》,《现代佛学》一九五六年第七期。

⑩《续高僧传》卷二十,《大正藏》第五十册,第五九七页。

⑪《续高僧传》卷二十,《大正藏》第五十册,第五九六页。

⑫《续高僧传》卷二十,《大正藏》第五十册,第五九七页。

⑬《续高僧传》卷十七,《大正藏》第五十册,第五六一页。

⑭《佛祖统纪》卷六,《大正藏》第四十九册,第一七七页。

⑮《出三藏记集》卷十二,《大正藏》第五十五册,第八十九页。

⑯《出三藏记集》卷九,《大正藏》第五十五册,第六十六页。

⑰慧思在慧文处悟"法华三昧",又往鉴师、最师等处述己所证,皆蒙随喜。(《续高僧传》卷十六《慧思传》,《大正藏》第五十册,第五六三页)道宣于《智𫖮传》又说,智𫖮受学于慧思,慧思从道于就师,就师受法于最师。(《续高僧传》卷十七,《大正藏》第五十册,第

五六四页）

⑱湛然：《止观辅行传弘决》卷一之一，《大正藏》第四十六册，第一四九页。

⑲汤用彤：《隋唐佛教史稿》，第一二七页，北京中华书局，一九八二年。

⑳《续高僧传》卷二十三，《大正藏》第五十册，第六二四页。

㉑周叔迦：《周叔迦佛学论著集》上册，第三三七页，北京中华书局，一九九一年。

㉒参见吕澂：《中国佛学源流略讲》，第三二七页，北京中华书局，一九七九年。

㉓湛然：《止观辅行传弘决》卷五之一，《大正藏》第四十六册，第二八〇页。

㉔参见慧风：《天台宗一心三观法门的起源》，《现代佛学》一九五六年第七期。

㉕原文是："菩萨摩诃萨欲具足道慧，当习行般若波罗蜜；菩萨摩诃萨欲以道慧具足道种慧，当习行般若波罗蜜；欲以道种慧具足一切智，当习行般若波罗蜜；欲以一切智具足一切种智，当习行般若波罗蜜；欲以一切种智断烦恼习，当习行般若波罗蜜。"（《摩诃般若波罗蜜经》卷一，《大正藏》第八册，第二一九页）

㉖《大正藏》第三十册，第三十二页。

㉗《大正藏》第四十四册,第六六七页。

㉘《周叔迦佛学论著集》上册,第三三六页,北京中华书局,一九九一年。

㉙《大正藏》第四十六册,第一四三页。

㉚汤用彤:《汉魏两晋南北朝佛教史》,中华书局,一九八三年,第三七七、三六二页。

㉛《大正藏》第四十六册,第四五二页。

㉜"命与慧思,定业是同,赞激衡楚,词采高挹,命实过之。"(《续高僧传》卷十七,《大正藏》第五十册,第五六一页。)

㉝《续高僧传》卷十七,《大正藏》第五十册,第五六三页。

㉞《佛祖统纪》卷六,《大正藏》第四十九册,第一七九页。

㉟《续高僧传》卷十七《慧思传》,《大正藏》第五十册,第五六三页。

㊱参见慧风:《天台宗一心三观法门的起源》,《现代佛学》一九五六年第七期。

㊲值得注意的是,在北周武帝灭佛事件过后二十年,智𫖮在《摩诃止观》中还提到"淮河之北,有行大乘空人,无禁捉蛇者"。说在淮河以北地区,有一种行邪空之见而滥称大乘的人,放弃戒律禁例,无恶不作。如此

破戒之徒，使百姓对僧团产生轻慢之心，视之如草芥；使国王、大臣找到镇压的借口，造成毁灭佛法的惨祸。而且，这种邪空破戒的言行，如毒气深入僧团中，于今未能改变。请参见本书第五章《末法时代的权宜之法——即贪欲而修佛道》。

㊳《南岳思大禅师立誓愿文》，《大正藏》第四十六册，第七八七页。

㊴《南岳思大禅师立誓愿文》，《大正藏》第四十六册，第七八六页。

㊵《续高僧传》卷十七《智𫖮传》，《大正藏》第五十册，第五六四页。

㊶《南岳思大禅师立誓愿文》，《大正藏》第四十六册，第七八七页。

㊷《止观义例》卷上，《大正藏》第四十六册，第四五二页。

㊸《智者大师别传》，《大正藏》第五十册，第一九二页。

㊹《续高僧传》卷十七，《大正藏》第五十册，第五六三页。

㊺《诸法无诤三昧法门》卷上，《大正藏》第四十六册，第六二九页。

㊻惠成，即慧成。后来惠成刻苦习禅，成就亦不

在智顗之下，慧思赞曰：“智顗先发三昧，后证总持，惠（慧）成反之。”(《续高僧传》卷十六《惠成传》,《大正藏》第五十册，第五五七页）

㊼方兴：《慧思及其大乘止观法门》,《法音》(学术版）第一辑，一九八七年创刊号。

㊽星宫智光：《天台教观的实践性格》,《东南文化》一九九〇年第六期（天台山文化专号)。

㊾《续高僧传》卷十七《智顗传》,《大正藏》第五十册，第五六四页。

㊿从《智者大师别传》的记载来看，智顗首先折服当时著名的禅匠法济和义学论者大忍，旋即朝野请益成蹊，颂声溢道，“皆欲舍讲习禅”。朝廷命官如仆射徐陵、仪同沈君理、光禄王固、侍中孔焕、尚书毛善、仆射周弘正等纷纷求教，俱服戒香，同餐法味。白马惊韶、定林法岁、禅众智令、奉诚法安等金陵佛界上匠，皆舍指南之位，遵北面之礼。“其四方衿袖，万里来者，不惜无赀之躯，以希一句之益。伏膺至教，餐和妙道，唯禅唯慧，忘寝忘餐。”(《大正藏》第五十册，第一九二页）

(51)《释禅波罗蜜次第法门》卷一上,《大正藏》第四十六册，第四七六页。

(52)《释禅波罗蜜次第法门》与《摩诃止观》一样，全书亦分作十章，其名称几乎与《摩诃止观》相同。而最后三章省略未讲，也与《摩诃止观》几乎同出一辙。请参看《解说》第二节。

㉝《六妙法门序》中虽有应陈朝尚书令毛喜之请所作之语，但讲说时间不甚明了，因此很难判定究竟是居金陵瓦官寺时所作，还是在天台山时所作。参见佐藤哲英《天台大师的研究》第二章第七节。（转引自星宫智光：《天台教观的实践性格》，《东南文化》一九九〇年第六期）

㉞《别传》所述，颇可见他当时的心境："昔南岳轮下，及始济江东，法镜屡明，心弦数应。初，瓦官四十人共坐，二十人得法。次年，百余人共坐，二十人得法。次年，二百人共坐，减十人得法。其后徒众转多，得法转少。妨我自行，化道可知。群贤各随所安，吾欲从吾志。蒋山过近，非避喧之处。闻《天台地记》称有仙宫，白道猷所见者信矣；《山赋》用比蓬莱，孙兴公之言得矣。若息缘兹岭，啄峰饮涧，展平生之愿也。"（《大正藏》第五十册，第一九三页）

㉟慧思常让智𫖮代自己讲经，曾在听座中对学徒说："此吾之义儿，恨其定力少耳。"（《续高僧传》卷十七《智𫖮传》，《大正藏》第五十册，第五六四页）

㊱《大正藏》第四十六册，五四九页。

㊲《法华玄义》卷四上，《大正藏》第三十三册，第七二〇页。

㊳关口真大：《大正藏第四十六卷解题》，《大藏经索引》第二十六册，第九页，新文丰出版公司影印本。

㊴灌顶的《智者大师别传》详载了这次开悟体验："寺北别峰，呼为华顶。登眺不见群山，暄凉永异余处。先师舍众，独往头陀。忽于后夜，大风拔木，雷震动山，魑魅千群，一形百状，或头戴龙虺，或口出星火，形如黑云，声如霹雳，倏忽转变，不可称计。图画所写'降魔变'等，盖少小耳！可畏之相，复过于是。而能安心，湛然空寂，逼迫之境，自然散失。又作父母、师僧之形，乍枕乍抱，悲咽流涕。但深念实相，体达本无，忧苦之相，寻复消灭。强、软二缘，所不能动。明星出时，神僧现曰：'制敌胜怨，乃可为勇。能过斯难，无如汝者。'既安慰已，复为说法。说法之辞，可以意得，不可以文载。当于语下随句明了，披云饮泉，水日非喻。即便问曰：'大圣是何法门？当云何学？云何弘宣？'答：'此名一实谛，学之以般若，宣之以大悲。从今已后，若自兼人，吾皆影响。'头陀既竟，旋归佛陇。风烟山水，外足忘忧；妙慧深禅，内充愉乐。"（《大正藏》第五十册，第一九三页）

㊵《大正藏》第四十六册，第四六七页。

㊶圣严：《天台思想的一念三千》，收入张曼涛主编《现代佛教学术丛刊》第五十七册，第二〇七—二二一

页，台北大乘文化出版社，一九七九年。

㉒《止观辅行传弘决》卷一之二,《大正藏》第四十六册，第一五一页。

㉓《大正藏》第四十六册，第四五二页。

㉔《十不二门指要钞》卷上,《大正藏》第四十六册，第七〇七页。

㉕《大正藏》第四十六册，第九三六页。

㉖太虚:《中国佛学》,《海潮音》第二十五卷第四期。

解说

天台止观学说的创发性与合法性

灌顶作为智者大师的传人，在绪论中阐述了智𫖮创建独具中国特色的天台教学的意义。绪论主要说明两层含义：第一，佛法须独自体悟而朗然洞发，智𫖮所述的这部著作，即"说己心中所行法门"，是修证之后的过来人语，绝非依文解义的浮泛之谈；第二，这种心地流出的法门，存在明确的师承次第，有如青色出于蓝靛，从而确定了本宗学说的合法性。

关于天台宗学说的源流传承，绪论介绍了"金口相承"与"今师相承"两种系统。"金口相承"，是释迦世尊把内证境界传授给摩诃迦叶，一直到师子比丘的历代师资相承，即二十四祖系统。通过"金口相承"，解释了教统、法统和学统上的普遍性和合法性一面。至于释迦世尊一味的佛法从印度传入中国，历经演变，发展到独特的天台教学，则尤须强调"今师相承"的系统，即自智𫖮起往上逆推，形成智𫖮、慧思、慧文、龙树的传承系统，如是解释了教统、法统和学统上的特殊性和独创性一面。

中国祖师的独创性主要体现在智𫖮所传的三种止观，尤其是在这部阐述圆顿止观的《摩诃止观》中。天台的"止观法门"，即是三种止观与四种三昧，以纵横表里的方式，将印度传入中国的禅法组织成一个秩序井然的有机体系。

三种止观，即渐次止观、不定止观、圆顿止观，系由内在的证悟历程而予以分类；四种三昧，即常坐三昧、常行三昧、半行半坐三昧、非行非坐三昧，系由外在的修行仪轨予以分类。依四种三昧的某一种行法而修证三种止观；亦可依三种止观的某一种而实修四种三昧。列入上述分类的各种修证方式及理论解释，都可在"金口相承"的印度经论中找到依据；但这种分类体系，却是来自"今师相承"，特别是出自智𫖮大师的独创。

对这三种止观，灌顶认为本质上没有区别，"皆是大乘，俱缘实相，同名止观"。只是根据三种不同根性的人，而分别宣说三种法门。实际上，这三种分类，不仅表明佛法修证由浅入深、由渐至顿的发展，也表明天台大师本人创宗立说的心路历程。智𫖮集中论述止观法门的著作有四部：《释禅波罗蜜次第法门》《修习止观坐禅法要》《六妙法门》《摩诃止观》。这四部著作反映了智𫖮止观学说从形成到成熟的三个发展阶段，即把止观从一种禅定的修证方法，上升到独具中国特色的系统学说。对这一过程的分析，请参见《源流》的相关论述。

  值得注意的是，灌顶在《摩诃止观》绪论中，引证了《法华经》的两段经文，对智𫖮修证所得的"五品弟子位"，给予高度评价。这一果位，仅属于内凡位外品，尚未入圣流。对以超凡入圣为修行目标的佛教徒来说，尤其对一个创宗立派的祖师来说，证悟的果位直接关系到所说法义的合法性和合理性问题。①第一段是《随喜功德品》，佛对弥勒菩萨说，如果布施四百万亿阿僧祇劫世界六趣众生，布施七宝所成宫殿，又度化他们都获得六种神通，如此功德，不如闻《法华经》一偈而获得五品位之初品随喜位者百千万倍，更何况已经获得圆满具足的五品位。第二段是《法师品》，说获得此果位者，"即如来使，如来所使，行如来事"。虽然还未脱凡夫位，但已足为世人所依怙，成为颁行如来佛旨的使者，为如来所派遣，宣扬佛的因果。《法华经》提出了为其他经典所不见的"如来使"这一概念,指在现实的苦难中实践真理的精进者,是在世风日下的危机时代高扬理想主义大旗的殉道者。

因此,在修证的途径及目标上,以知之为知之、不知为不知的现实主义态度,正视人性之恶与现实之苦难,给以对症下药的救治,正是智𫖮毕生奋斗的目标。灌顶在绪论中的如下一段话,可视为智者大师建构圆顿止观体系的核心所在:"圆顿者,初缘实相,造境即中,无不真实。系缘法界,一念法界,一色一香,无非中道。己界及佛界、众生界亦然。"全部《摩诃止观》,就沿着在现实世间成就佛道这一思路而展开。

五略十广没有讲完的原因

"五略十广"是组织《摩诃止观》这部哲学巨著的体系架构。全书十卷,前二卷为"五略",以"略释纲纪";后八卷为"十广",以"广明行相"。②因此,"五略"已经包括了"十广"的大要,但广、略之间的篇幅是极其悬殊的,这取决于智𫖮对佛法信、解、行、证之修学次第的通盘考虑。

在"十广"实际所讲的七章中,前六章"依修多罗以开妙解",而重心则体现在第七《正观章》中,此章"依妙解以立正行"。这部书是智𫖮"秉法逗缘,传灯化物"③的佛法概论和习禅教科书,系统阐述了修习止观应具备的知识、具体修习止观的方法和各种可能出现的心理变化及对治方法。对此"五略十广"的结构,唐翰林学士梁肃在《天台止观统例》中给予高度评价:"十章者,恢演始末,通道之关也。五略者,举其宏纲,截流之津也。十境者,发动之机,立观之谛也。十乘者,妙用所修,发行之门也。止于正观,而终于见境者,义备故也;阙其余者,非所修之要故也。"④

十卷《摩诃止观》中所讲述的内容,若按学佛的闻、思、修、证次序来讲,基本上属于前三个阶段,至于讲"证"这一学佛最后阶段的第八《果报章》、第九《起教章》、第十《旨归章》,连同第七《正修止观章》中所述"十境"的"观上慢境""观二乘境""观菩萨境",皆省略未讲。"五略十广"的组织,充其量只讲了"二略七广"。对此,古来中外学者有许多种解释。上引梁肃之语中,所谓"阙其余者,非所修之要",亦可说是一种解释,毕竟过分简单。下面略举灌顶、谈壮飞、关口真大三家的研究而做说明。

第一种,是记录整理者灌顶在绪论中所说,因为夏安居期满,法轮停转,以后部分没有来得及讲完。如果仅是为了时间关系没有讲完,那么从荆州玉泉寺开讲此书至开皇十七年十一月二十四日示寂,智𫖮尚有三年时间,足有补讲的机会。而且,在差不多三十年前讲的《释禅波罗蜜次第法门》,结构与《摩诃止观》大体上相同,也分修禅波罗蜜大意、释禅波罗蜜名、明禅波罗蜜门、辨禅波罗蜜诠次、简禅波罗蜜法心、分别禅波罗蜜前方便、释禅波罗蜜修证、显示禅波罗蜜果报、从禅波罗蜜起教、结会禅波罗蜜归趣等十章。同样缺最后果报、起教、归趣三章。显然,时间上的原因,理由是不够充分的。

第二种说法认为,从章目上可以知道,智𫖮原计划是要完整、圆满地讲述止观学说的,时间不足而中断这一理由说服力不大。至于说智𫖮在荆州讲述《摩诃止观》时,一再受地方官和晋王杨广的干扰⑤,邀请他去扬州,致使他中断讲述,也缺乏依据,因为在这之后,智𫖮还著述了其他几部著作,按理不会丢下这部最重要的著作不补而作其他作品。联系到智𫖮本人所说修证果位只到"五品位",尚未入圣流,无法讲述更深的果位境界,意味着"他的止观学说尚未成熟,最后部分终于无法定稿"⑥。

第三种,取智𫖮本人的说法,即此书为初发心人所说,故无须妄说为凡夫不测的贤圣境界。作为《摩诃止观》正修止观纲领的二十五方便和十境、十乘观法,皆为五品、观行位前的假名位而说，也就是说，都是以初发心学佛者为本而构成。智𫖮在第六《方便章》之初说：

"圆教以假名五品观行等位，去真犹遥，名远方便；六根清净，相似邻真，名近方便。今就五品之前假名位中，复论远近二十五法，为远方便；十种境界为近方便，横竖该罗十观具足，成观行位，能发真似，名近方便。"⑦

智𫖮在玉泉寺讲《摩诃止观》后，应晋王杨广之命而至扬州，后回天台山亲撰《维摩经疏》，书未终而示寂。其手稿被编为《四教义》十二卷、《三观义》三卷和《四悉檀》二卷另外刊行。在《四教义》中，智𫖮指出：

"一家说法正在初心，观门教门须分明也，诸佛菩萨三乘圣位，此非凡测，岂可妄说而须明位？"⑧

既然诸佛菩萨三乘圣位，非凡人所能妄测，那么《摩诃止观》第七《正修止观章》中的第九二乘境、第十菩萨境，对尚未达到此境界的凡夫而言，岂能强不知以为知？在同书解释七贤位时又说：

"所以一家讲经说法，必须委释初心，若贤圣深位，但点章而已。其坐禅者，略知佛法大意，即须觉悟无常，忏悔行道，岂可驰逐不急之言？"⑨

因此，"十广"中的《果报》《起教》《旨归》三章，尤其是《正修止观章》"十境"的最后三境，即此处所说

解 说 303

的"贤圣深位",只能点其章名而已。智𫖮在长达三十多年的讲学生涯中,一直不详说证悟之境,此语可视为他本人在晚年的一个总的说明。以下一语,更可视作训诫门人后学的遗嘱:"深属一家学道说法之者,自非得证分明,慎勿偏执诸经论诸佛菩萨方便赴缘之言,空诤不思议、不可测量之行位也。普愿法界众生,归僧息诤论,入大和合海也。"⑩

理须圆顿,故初后不二,真正发心即具足圆满果报、起教、旨归。而事须次第而行,故有修行中的种种远近方便。关口真大的结论,比较令人信服地解决了智𫖮不讲后三章的问题:"不敢驰逐不急之言,全为初心初学者之学问坐禅而讲说为要务亦即天台止观的特色之一。"⑪

六即说与五品弟子位

隋开皇十七年(公元五九七年)十一月二十四日,中国佛教第一个宗派的实际创始人智𫖮,在禅定中安然入寂。临终前,弟子智朗问他的修行果位达到何种层次,智𫖮说了一番令人感慨不已的话:"汝等懒种善根,问他功德,如盲问乳、蹶者访路云云。吾不领众,必净六根;为他损己,只是五品内位耳。吾诸师友,从观音、势至皆来迎我。波罗提木叉是汝宗仰,四种三昧是汝明导。"⑫

这段话表达了四层意思:第一,斥责弟子不精勤修道而好高骛远,由此亦可理解他的《摩诃止观》为什么不讲涉及修证果位的最后三章和观心"十境"中的最后三境;第二,表明为了创宗说法的菩萨利他行而牺牲了自己的修证实践;第三,明确了自己的归宿是阿弥陀佛净土;第四,嘱咐弟子以戒为师、以四种三昧的止观实践为修道的根本方式。这段话可视为智者大师留给后人的遗嘱。

"五品内位",即五品弟子位,出自《法华经·分别功德品》。所谓五品,即:(一)随喜品,由听闻佛法而生起信解佛法的随喜心,从而发起修习佛法的意愿;(二)读诵品,由随喜之念深而努力受持实践,并为进入更深之信解而向上发起读诵研究妙法之经的志愿;(三)说法品,将自己体验的佛法世界说与他人,引导他人与自己同享法悦;(四)兼行六度品,在观心自修中兼行布施、持戒、忍辱、精进、禅定、智慧等六度行;(五)正行六度品,自行化他,事理具足。对上述五品位,智颛判为"六即"位之第三"观行即",属于内凡位外品。在第一章的《解说》中,已经引述了《法华经》提出的"如来使"概念,与此五品位有着密切的关系,即在现实的苦难中为实践真理的精进者,是在世风日下的危机时代高扬理想主义大旗而不惜"为他损己"的殉道者。智者大师将此内蕴忧患意识和殉道精神的五品弟子位，配置于《华严经》之十住、十行、十回向、十地、佛地之四十一位，以及《璎珞经》之十信、十住、十行、十回向、十地、等觉、妙觉之五十二位之前，并谦虚地把自己定位在菩萨行位的预备级这一层次。对自己因领众而未进臻六根清净位这一事实无怨无悔，对徒众中习禅者众而成就者少的现实感叹不已。

六即说，是以《菩萨璎珞本业经》的五十二位说为骨干[13]，将初位上的圣位，随所断的无明，分为四十二品，亦以别教的妙觉为十行中的第二行，特以圆教的极果，远置于第四十二位。（见附图）即指众生与佛一体不二之义，如《华严经》所说"初发心时，便成正觉"[14]，由此在理上确立发心学佛的必要性与可能性。但为防止人们循名违实，以凡滥圣，故在修证的进程上，于事上而见差异，故方便分为六段，明确了发心学佛修行的阶梯与果位。

"六即"的起点为"理即"，指众生一念心中即内蕴着成佛根据的如来藏理，故在理体上，众生本具的真理与佛丝毫没有差别，都具备成佛的可能性。

"名字即"，众生在理体上虽与佛性不离，但在日常生活中却蒙昧无知，故在事上与佛菩萨等圣贤呈现出差别。因此，必须通过听闻经教，因善知识开导而引入中道实相之理。

"观行即"，将理论运用于观心的修行实践，所行是依理起观，所言是依行而说。

"相似即"，由观行而使迷惑消退、悟境接近，圆顿的中道实相之理，不能离开次第展开的修行。

"分真即"，进一步除去根本迷惑而体悟部分真理，断去一分无明，即证见一分佛性。

其终点是"究竟即"，最后完全体悟真理而圆满成佛，获得究竟果位。

上述六即说，阐明了从最开始的凡夫到终极成佛的体用不二关系。在哲学上，这就是真理从抽象到具体的展开过程。在根本理体的性德上，一切众生与佛本来一体，故六而常即，排除疑惧自卑的心理，使凡夫众生不致于自暴自弃而退失修道之心。在具体实践的修德上，则明确虽然众生与佛平等，然即而常六，确定修行的阶段性。绝对真理在每一众生心中有一个具体展开的过程，并不能因为在理上圆融相即的思想而在事上放弃修行。终极的圆满佛果是历劫修行的结果，众生因为业障有轻重、福慧有厚薄，故在凡圣之间有着情智功能上的差别，从凡入圣的位次不容混滥笼统，如此以免增上慢者的愚妄憍狂，未得谓得，未证谓证。

"六即"说不仅说明了众生为成佛而展开修习的必要性，而且提出了修习的具体途径，落实了由凡到圣、由众生到佛的具体阶位。一切众生不仅在理上有成佛的可能性（"即"），更有在事上为成佛而进行修行的必要性（"六"）。这种可能性与必要性是统一的，它表明佛教的理想境界与众生的现实状态有着密切的内在联系。众生即是佛（"理即佛"），但是否真正成佛（"究竟即佛"），则完全取决于主体的修行努力和悟道程度。把握这"六"与"即"的辩证关系，始能进行健全的修道。因此，对大乘佛教中"烦恼即菩提""生死即涅槃"一类话，必须放在"六即说"下理解，才能做到"使始终理同，而初后无滥"⑮。

　　六即说的提出，具有非常强烈的时代特征。这一学说是智顗为对治"诵文法师"和"暗证禅师"的两种偏差，为定慧双修、教观并重的天台教学指明修行归宿的独创性思想。在这之前，几百年来南北佛教学风一直处于理论与实践分离的状态。南朝佛学，因蹈袭清谈的好辩余习，往往失掉自己信仰的实践基础，唯重纸上和口头上的谈论。故智顗在《摩诃止观》卷十上说："夫听学人，诵得名相，齐文作解，心眼不开，全无理观。"⑯北朝以坐禅和诵经为旨趣，轻视义解。北地佛学家，虽精通典籍，但内心却以修禅实践为本务，影响到后来的徒众废弃义学，专以倡导不立文字为旨趣的学风。末流所致，唯依信仰"福寿生天"的卑浅因果报应，而忽略对真实教义的探究。对于不明教理而盲目修行者，智𫖮斥之为"暗证禅师"，因没有正确理论的指导，在禅定中极易产生"邪慧"。

面对无明烦恼而不悲观失望，因为佛本来就在我们的心中，由此超克了自卑；面对无尽期的修行道路不好高骛远，在现实生活中一步一个脚印前进，由此超克了我慢。智𫖮本人就是"六即"的忠实践行者。他的"承止观""修止观""证止观""说止观"，都与"六即"行位有着密切的关联。一部《摩诃止观》，正如灌顶在《摩诃止观》绪论中所说，是"天台智者说己心中所行法门"。关于慧文、慧思、智𫖮修证止观的史实，请参看《源流》的有关论述。

念佛、读诵、忏悔与四种三昧

发菩提心学佛，必须落实在修行实践中，如是则有第二"修大行"，于行、坐、住、卧一切时中修习止观。四种三昧，即为佛弟子发心学佛之后必须身体力行的修行仪轨。

三昧，是梵文Samādhi的音译，意译为"定""等持"。

乃指制止心的散乱，专注一境，精神高度集中，从而在此定境中开发智慧。早期的《释禅波罗蜜次第法门》，将禅定分作"世间禅""亦世间亦出世间禅""出世间禅""非世间非出世间禅"等四类禅法，《摩诃止观》与此不同，依据印度传来的诸经论，整合为"常坐三昧""常行三昧""半行半坐三昧""非行非坐三昧"等四种实践方式。这四种三昧与渐次、不定、圆顿三种止观，以一种纵横表里的组合方式，将印度传入中国的禅法组织成一个秩序井然的有机体系。三种止观，系由内在的证悟历程而分类；四种三昧，则按外在的修行仪轨而区分。修行者根据不同的根机，可依某一种三昧行法而修证三种止观；而三种止观，也必落实在某一种三昧形式。

　　常坐三昧，所依经典是《文殊说般若经》和《文殊问般若经》两部经。其行法是"应处空闲，舍诸乱意，不取相貌，系心一佛，专称名字"。在"意止观"部分，则进一步强调在坐禅和念佛基础上，达到与佛一如的境界，证得法界实相之理。这种三昧又名"一行三昧"，以一行（即"一相"，指法界一相，无有差别）为三昧的境界，即以法界为心所观照的对象。"系缘是止，一念是观。"端坐相当于"止"，正念相当于"观"，观是以绝对为对象的真如观，以领悟法界无碍无相之理，法界无所不包，平等不二，无差别相，不退不坏，故知众生与一切诸佛平等无二。常坐三昧将坐禅与般若学说、实相原理紧密结合,这使它既区别于以往的单纯坐禅,尤其是北方佛教徒的"暗证禅",又不同于后来禅宗末流的彻底否定坐禅。另外,在"意止观"中,智𫖮所说"五逆即是菩提"等,已含有"贪欲即道"的"性恶论"思想,参见"随自意三昧"中所述。

常行三昧,出自《般舟三昧经》。所谓"般舟三昧",也就是"现在佛悉在前立三昧"。常行三昧以观想念佛和称名念佛的结合为特点,即以阿弥陀佛为本尊,心系念佛。这一行法,显然与当时社会环境下兴起的末法观念有关,从而以称名念佛的简便修行补充智慧解脱,以他力往生配合自力觉悟,这为天台宗的后继者们提倡台、净合一开了先河,对后世的净土信仰有很大影响。同时也须注意,智𫖮在常行三昧所说法中,一方面以有相的佛配置净土,另一方面又强调"佛不用心得,不用身得。……心者佛无心,色者佛无色,故不用色心得三菩提","设有念亦了无所有空耳"。[17]在述及常坐三昧时亦说:"见如来而不取如来相。"由此可知,智𫖮毕竟还是以绝对一元的实相为修行的根本观境,一切有相,皆属相对,最后必归结于此绝对之空。

半行半坐三昧,乃依《大方等陀罗尼经》的"方等三昧"和《法华经》的"法华三昧"而分别设立。前面所述常坐、常行两种三昧，均以坐禅念佛为重点内容，唯此方等三昧依密教经典而立密教念咒之法，以念陀罗尼（咒语）为旨要，颇具浓厚的密教的色彩。其重点在"受二十四戒及陀罗尼咒"，反复旋咒思维、行坐交替。旋咒内容即陀罗尼，思维对象即为"摩诃袒特陀罗尼"，意为"大秘要遮恶持恶"，而"秘要，只是实相中道正空"。对此法门，智𫖮还著有《方等三昧行法》一卷，从具六缘、识遮障、禁法、内律要诀、修行、受戒等六个方面，详细阐述该三昧的修行方法。

"法华三昧"，出于《法华经·妙音菩萨品》和《妙庄严王本事品》，但仅有名词，尚未曾解说其修持法。正式阐述法华三昧行法，始自慧思。慧思曾用九十天时间连续坐禅，于身体倚壁的刹那间彻证法华三昧，顿悟大小乘法门，开发圆满智慧。[18]智𫖮亦在慧思座下，苦练参究，精修普贤道场（即法华三昧行），据《续高僧传·智𫖮传》记载，一日，持诵《法华经》至《药王品》之诸佛同赞言"是真精进，是名真法供养如来"句，解悟开发，为慧思印证，为获得法华三昧前方便。[19]关于慧思、智𫖮师徒的宗教经验，请参看《源流》的有关论述。

智𫖮对于法华三昧，特别强调对读诵和忏悔的重视，其依据是《法华经》的结经《观普贤菩萨行法经》，此经《普贤劝发品》说，行者如果能成就此三昧，普贤菩萨即乘六牙白象显现于前。智𫖮将此二部经典所说，配合慧思的"无相行"和"有相行"两门，整理出系统的礼拜、忏悔、行道、诵经、坐禅等行仪，著成《法华三昧忏仪》一卷。智𫖮之后的天台教团，特别注重修持四种三昧，尤其是法华三昧。唐代湛然曾作《法华三昧行事运想补助仪》一卷。宋代知礼一生以修持法华三昧为常课，认为法华三昧是证悟实相的止观修习，为此而著《修忏要旨》，将大乘经典中所说的修忏法，尽收纳于书中。

非行非坐三昧，意为于一切时中、一切事上，念起即觉，意起即修三昧。是在上述三种三昧之外而得名，乃不受行住坐卧、语默动静所束缚而随意进修，因此也称作随自意三昧、觉意三昧，慧思并特意为此撰《随自意三昧》一卷。这种三昧原则上比较自由，其特点是以随起的心为观心内容，即随自意而观察思维一切起心动念。它依据《请观音经》而修的"约诸经观"，与前三种一样，都是根据各种经典而修禅，观察终极真理的实相，故同称作理观。实指除以上三种三昧外的一切三昧，既不限于行、住、坐、卧，也不限于时间长短。

非行非坐三昧中就伦理性规范的善、恶、无记三种行为而修的方法，则称作事观，这是一种对人性的观察。"约三性观"，是从随心所向的善、恶而修习止观。

以六根对六尘的念念生起，用四运推检的方法，契入一心三观。恶也能作为止观的对象，但并非是对恶或欲望的肯定，而是对恶的活用，观察恶或欲望是如何产生的，而将它引导至善。但这种方法有堕落偏邪的危险，故智𫖮一再告诫行者要谨慎从事。这部分内容，详见本书第五章《末法时代的权宜之法——即贪欲而修佛道》。

南北朝后期，在佛教史观上，迎来了悲凉的末法思潮，从而做出种种对应的施设。在末法时代，因为去圣日遥，世道日浊，众生业障深重，故在依靠自力的同时，另须依靠他力接引，几乎成为慧思、智𫖮同时代人的共识。在北方，昙鸾将观想念佛和称名念佛结合运用，并经道绰、善导等人发展，终于形成群众基础最为广泛的净土宗。因应统治者毁佛灭法的暴行，从昙曜开始，凿窟造像，抄刻经典，成为一代代佛教徒为让"正法久住"而前赴后继的悲壮事业。

推崇智慧解脱的智𫖮，在理上强调圆顿，建构了中国有史以来第一个规模宏伟的哲学体系。同时，受北魏太武帝和北周武帝两次毁佛事件的刺激，值此人根愚钝的末法浊世，在事相上则不遗余力地推行念佛、持咒、读诵、忏悔等实践行仪。这是他对佛教现状做出严肃反思后的重要举措，深知在末法时代，对治众生的深重业障，尤其观恶忏罪的礼仪来调伏散动之心，从而获得佛菩萨的加持。智𫖮根据《大智度论》的"四悉檀"方法，指出种种修持方法皆是适应不同众生而称机说法的方便法门。这些法门能为利钝各种根机者所遵行，故广泛地被后世佛教各宗派所应用。

从史传的记载来看，当时能认真修行这种方便法门者，也为数甚少。慧思临终前对弟子"苦切呵责"，劝修各种三昧："若有十人，不惜身命，常修法华、般舟、念佛三昧，方等忏悔，常坐苦行者，随有所须，吾自供给，必相利益。如无此人，吾当远去。"[20]无独有偶，智𫖮临终前，也有一段与慧思相似的嘱咐："吾常说四种三昧是汝明导，教汝舍重担，教汝降三毒，教汝治六大，教汝解业缚，教汝破魔军，教汝调禅味，教汝折幔幢，教汝远邪济，教汝出无为坑，教汝离大悲难。"[21]在一千四百年后的今天，我们仍可以感受到慧思、智𫖮为让正法久住而寻求传人的苦切心情，感受到那种"念天地之悠悠，独怆然而涕下"的孤寂。

智𫖮毕竟是大思想家，他将彻底的辩证法贯彻到现实与理想、现象与本质、烦恼与菩提、众生与佛、娑婆世界与净土之间。按三谛圆融、绝对不二的理论，本质表现于现象，理想成就在现实，一切众生皆是理即佛。故在理想归宿上，即于"空"的基础上形成娑婆即净土的思想，只有在现实的娑婆世界当中才能感得永恒、极乐的净土。这种绝对一元的净土，就是智𫖮所说的"常寂光净土"，也可称作"存在意义上的净土"。

然而，生死无常，人命危脆。以智者大师这样伟大的思想家和精进修道的头陀行者，生时即被人们称誉为"东方小释迦"，他在行将走完六十年的一期生命时，说自己的修行果位仅到六即佛的第三个层次"观行即"。那么，他是如何处理自己的人生归宿的？太虚大师在《中国佛学特质在禅》[20]一文中，精辟地概括了中国佛教的精神历程，即："禅观行演出台贤教，台贤教行归净土门。"智𫖮的一生，典型地体现了这一精神历程。

即空、即假、即中的圆融三谛，不仅适用于世间的事物，也同样适用于出世间。空谛消融一切对立，假谛建立一切差别，中谛则是包摄一切多样性和差别相的统一。承认众生与佛在事上的差别相，就必须承认众生所处环境与佛土的差别相。故从即而常六的角度看，依然存在着我们应该为之向往的净土。智𫖮临终时，念阿弥陀佛，说"观音、势至皆来迎我"。由此可见，娑婆世界与阿弥陀佛净土的关系，是不二之上的而二。这种建立在绝对不二基础之上的相对净土，亦可称作"往生的净土"。

同时，按照众生与佛、娑婆与净土绝对不二的观点，死后要往生的净土，实际上就是在现世中存在的净土。但正如"理即佛"要通过"名字即""观行即"等漫长的个人修证才能成就"究竟即佛"的圆满果位，人间净土亦必须通过"净佛国土"的社会实践来实现。因此，只要修道者一息尚存，就要将净土的理想实现于现实社会中，这就是社会的净土化，亦可称为"形成中的净土"[23]。

生而为人的我们，信仰佛法并依之体悟得实相，于有限、相对的人间，欣求无限、绝对的境地（存在意义上的净土）；各自在自己的岗位上显现佛法的生活，努力于佛国净土的建设（形成中的净土）；至于一期寿尽则穿过死亡之门而归于理想世界（往生的净土）。宋代的张载在《西铭》中说："生，吾幸事；死，吾宁也。"这是中国士大夫的精神写照，而大乘菩萨行者，则把儒者的生死观引入更为广阔的动态过程。众生的娑婆世界是众苦煎迫的五浊恶世，本不值得留恋，但此世间能得以听闻佛法并作为修行佛道的场所，则应对生而为人感到庆幸。死并不意味着彻底的休息，纵然往生到阿弥陀佛的极乐世界，亦时刻想到娑婆世界上的苦难众生，而发愿再到此世上度化广大众生。

关于即贪欲而修止观

在"非行非坐三昧"中,有一段"历诸恶法观心"内容,涉及天台宗重要的"性恶"思想。将其与第九章论述"一念三千"的思想比观,可以比较完整地理解智顗从"观恶",到"性具""性恶"的思想发展脉络。智顗面临末法时代,五浊恶世,从理论上对人性做了深刻的分析,为天台宗独特的修行法门奠定了哲学基础。在中国佛教史乃至中国思想史上,像智顗这样洞察人性之"恶",以及论证善恶辩证不二之关系的思想家,实属罕见!

"历诸恶法观心"的修行实践,其哲学基础奠定在智顗提出的"敌对种"相即相入上,即基于善恶、色心、圣凡相即不二的对立统一立场。善与恶虽在现象上表现为二,但其当体即为矛盾的对立统一。真正的善,是对真如实相的如实体悟。而恶的根源无明,就是不知实相的"能观"和"所观"本为一体,而执着于事相的差别。故智顗在一开始即指出:善恶在不同根机的众生中只具有相对的意义,从五浊恶世中的凡夫,到努力超凡入圣的藏、通、别教中的圣者,都具有不同程度的恶。因此,"贪欲即佛道"这一命题,不是简单地把贪欲等同于佛道，而是在绝对真理"实相"的高度上，消除了相对意义上的善恶对立。实相本无善恶，或者说实相超越了善恶。换言之，在实相观之前，无有一物可舍，是以恶也是止观的对象。故智颉接着指出：善于随顺事物的实相就是佛道，违背事物的实相就不是佛道。如果领悟到一切善、恶与不善不恶的事物，其实都是真如实相的体现，就能从日常的邪恶现象入手，而通达于真实的佛道。

这种思想，是对其师慧思"性染说"的进一步发挥，《大乘止观法门》指出："所言如来藏具染净者，有其二种：一者性染性净，二者事染事净，如上已明也。若据性染性净，即无始已来，俱时具有；若据事染事净，即有二种差别：一者，一一时中，俱具染净二事；二者，始终方具染净二事。此义云何？谓如来藏体，具足一切众生之性，各各差别不同，即是无差别之差别也。"[24]

在佛教经论中亦有类似表述，世亲的《佛性论·显体分第三》，举出如来藏分为"所摄藏"和"隐覆藏"。所谓"所摄藏"，是指众生悉被摄于如来的"如来智"及"如如境"之中；"隐覆藏"，是指"道前真如"隐没在众生烦恼性中。[25]故如来藏思想中的"所摄藏"和"性具说"，是相互关联的。换言之，"自性清净心"与"烦恼染污心"，在本质上即不可分离，同是如来藏的流露。因此，断了善根的一阐提人，仍可以依熏修的潜意力，而再度生起善念。在北本《大般涅槃经》中:"如来善知,一阐提辈。能于现在,得善根者,则为说法;后世得者,亦为说法。今虽无益,作后世因,是故如来为一阐提,演说法要。"[25]

　　观察实相即是观空,而悟知善与恶、无明与法性、烦恼与菩提、众生与佛等差别相之当体即是空。"空"消灭了一切差别,故可以说"烦恼即菩提""贪欲即佛道"。但如果认识仅仅停留在这一点,就极可能沦为道德虚无主义,智𫖮用很大的篇幅痛斥了"淮河之北,有行大乘空人,无禁捉蛇者"这一类"邪空恶行者"。说如此放任欲望而行恶事的破戒之徒,是会毁灭佛法的。由于这些人的存在,使百姓对僧团产生轻慢之心,视之如草芥;使国王、大臣找到镇压的借口,造成毁灭佛法的惨祸。而更严重的是,这种邪空破戒的言行,如毒气深入僧团中,于今未能改变。智𫖮大声疾呼:这些人是戒律大海中不能容忍的死尸,应当根据戒律的规定处治,摈出教门。

　　"空"消灭了一切差别,同时,"空"也包括了一切差别。在空观基础上分别一切差别,应病与药,就是由体起用的"假观"。"空"说明了世界的真实,但佛教哲学不仅仅在于解释世界,更重要的是改造这个世界。天台哲学就是立足于我们这个五浊恶世,从我们人类的立场从事改造主客观世界的实践哲学。因此,大乘菩萨应深入无量的世俗世界,接触种种众生,随机进行教化。智𫖮讲佛菩萨心性中本具恶性,就是为菩萨行者到这个充满恶的世俗世界,用世俗的言教和方法教化众生,提供了内在的心性基础。

一切众生都是"理即佛",这是佛道实践的根本前提。但从"理即佛"发展到"究竟佛",有一段极其漫长的道路要走。大乘菩萨的悲愿于焉开展。智𫖮以深切的悲愿和历史忧患感向现世众生敲响了警钟:"故修一切世间不可乐想时,则不见好人,无好国土,纯诸蔽恶,而自缠裹。"因此,以"恶"为对象而修三昧,就是在我们这个五浊恶世、末法时代,以《法华经》开权显实的方法,彻底实现大乘佛教的兼济悲愿。尤其是对于那些不知修善的人,如果听其自然的话,即只能让其堕落恶道。故不得不以恶为对象而实践佛道,以菩萨不舍众生的悲愿拯救这类众生。天台宗以外的各家,不许"法性"具有"恶"的存在。但根据天台宗的理论,既然一法具一切法,当然具备"一切善恶之法"。至于这里强调"观恶",就是让人们知道即使是十恶不赦之徒,只要发心向上,以止观之钩饵,钓恶法之鱼,随之不舍,那么这种恶法之蔽,不久就会被降伏而转为智慧,从而趣入涅槃之道。

与此同时，为避免对"贪欲即道"的误解，智𫖮反复强调"即贪欲而行佛道"具有极大的风险，把它比喻为"恶济多难，百不全一"。行此法门有两个前提：一、针对根机猛利而不思善行者，说此法门，如同服"黄龙汤"，使其如"快马见鞭影，即到正路"；二、这是针对末法时代众生的一种权宜法门，文中所说"时节难起，王事所拘，不得修善"等语，亦可一窥在动荡时局和黑暗政治下的一种悲凉之感。

三止三观的发展演进过程

　　天台止观，用于个体修持，是定慧并重；用于弘传教义，则是教观互具。"教"，是藏、通、别、圆四教的教相发展；"观"，则是空、假、中三观的认识深化。故说"教依观而起，观依教而起"。第六章内容选自"十广"第三《体相章》，论述了三止三观的发展演进过程，在对概念的灵活运用上更反映了智𫖮的独创性，且能与第九章所述遥相呼应。

　　在智𫖮的止观学说中，三观显然比三止具有更高的地位。所谓三止：一、体真止，乃对应于空观而立。以其体达因缘和合之诸法空无自性，故能止息一切攀缘妄想而证空理；空即是真，故称体真止。如达此境地，则发定，开慧眼，能见等一义，成就真谛三昧。二、方便随缘止，又作方便止、系缘守境止，乃对应于假观而立。以菩萨知空非空，故能善巧方便，随缘分别药病，以教化众生，并安于现实的俗谛，心不为外境所动。此法能开法眼，成就俗谛三昧。三、息二边分别止，又作制心止，乃对应于中观而立。以知真非真，故不偏于空边；以知俗非俗，故不偏于有边；亦即息真、俗二边而安住于中谛。如达此境地，则发中道定，开佛眼，成就中道三昧。此三止概念，由《释名章》所述的相待三止，即止息止、停止止、非止止发展而来，但现在三止中的任何一止，都已内在地具有前面三止的含义。三止的名称，并未见诸佛教任何经论，但既然经验中都是止、观并称，故智𫖮在此根据经论中三观的名义，给予三止相应的名称，事实上把三止置于陪衬的地位。在圆顿止观阶段，智𫖮"三止三观在一念心"，突出观心的意义，以解导行，重视思想对修行的指导地位，从而使他的止观学说沿着哲学思辨的路径发展，达到一个新的高度。

智𫖮将"三观"区分为"次第三观"和"一心三观"。只有理解了属于可思议的"次第三观"，方能明白属于不可思议的"一心三观"。次第三观又称"别相三观""隔历三观"，属于别教，为可思议的法门，与圆教不可思议的"一心三观"相对应。

1. 空观，即从假入空观，又称作二谛观。这里的"假"，与"从假入空"中之"假"不同，乃指世俗人未经空观澄明的虚妄认识㉗，故须观假之虚妄，才能进入佛教立场之真理，是为空观。空与假、破与立相对应而存在，故又称作二谛观。修此观法，可断三惑中之见思惑，得三智中之一切智，其所修位相当于别教之十住位。

2. 假观，即从空入假观，又称作平等观，即不停留于真谛之空理，而是为了济度众生，应病授药，故在空观的基础上而以假观建立俗谛之一切差别法。从空入假是大乘区别于二乘的重要标志。从大乘菩萨行来说，认识到"空"，不过是自利而已；认识到"假"，才是为了益他。"当知此观为化众生，知真非真，方便出假，故言从空；分别药病，而无差谬，故言入假。"所谓"从空"，指修行者证得空理后，不能滞留在空的境界里。就像盲人一旦恢复视觉，尚不能辨别事物一样，这种空只是不包括特殊的普遍，脱离具体的抽象。因此，必须在空观的基础上"入假"，认识到万事万物的特殊性，并在化导众生方面，应机说法，施以不同的药疗。因为前观是用空破假，而此观是用假破空，破用均等，各否定对空、假的偏执，故又称作"平等观"。修此观法，可断三惑中之尘沙惑，得三智中之道种智，其所修位相当于别教之十行位。

3. 中观，即中道第一义谛观。中观是在扬弃（双遮）前二观的片面性的基础上，达到对空、假二观的综合（双照）。中观又称"二空观"，即最初用空观破除对生死的迷执，是谓"假空"；其次用假观破除对涅槃的执着，是谓"空空"。见思、尘沙二惑既尽，心无偏着，是故得为双遮之方便；又因次第用于二观，观其二谛，是故得为双照之方便，谛观不二，境智一如。修此观法，可断三惑中之无明惑，得三智中之一切种智，其所修位相当于别教之初地。

三观思想反映了人类思想逐步深化的精神历程，主体在三观的意识活动中得到层层向上的升华。一般凡夫，由于执着于现实的假法，不知事物本性是空，形成"假病"。因此佛教才强调空，通过空观，成就一切智，但这仅是笼统地知道一切法之空如性，还只是对真理的一种抽象的普遍性认识。天台宗称此为二乘人所见，就是说这种认识造就的只是具有一切智的声闻、缘觉这一层次的主体。由于小乘停滞于空的虚无，失去变革现实的积极意欲，同样会形成"空病"。由此有大乘菩萨运动的兴起，纠正这一偏差，故强调假观。在空观的基础上，方便随缘，为教化世人而了解诸法的特殊性。取得这种认识即为菩萨所见，就是说假观造就了具有道种智的菩萨这一更高层次的主体。大乘强调在现实中对真理的实践及方便，即从空入假。但若过分强调顺应现实，亦有没入世俗的危险，故必须在假而不忘空。对空、假的双重扬弃和双重应用，就是中道。中观成一切种智，超越空观和假观而又将空、假包含于自身之中，所以既洞彻一切事物的普遍性真理（空），又明了一切事物的差异性（假），不坏假名而说诸法实相，获得对世界的最圆满认识。取得这种认识是佛所见，就是说中观造就了具有一切种智的佛这一最高主体。

智𫖮在此确立三组基本概念：三智、三观、三谛，分别对应认识主体、认识活动、认识到的真理等三种层次。但这不过是方便权说，从实相作为认识的出发点和终极来说，三智应于一心中得，三观应于一心中发，三谛应于一心中照。三谛三观俱在一心，主体认识活动与观照对象的圆融统一，一心三观进一步发展为圆融三谛。"如此等义，但在一念心中，不动真际，而有种种差别"，这一思想，贯穿于全书，而在第七《正修止观章》中达到高潮。关于一心三观及圆融三谛，详见第九章所述。

三观思想不仅反映了认识从虚妄到真实、从抽象到具体的逐步深化的发展过程，也对应着佛教史由低向高的发展过程。把次第三观的认识水平衡量佛教各种派别，遂产生藏、通、别、圆四教判释，从而确立圆教的最高地位。智颢从定慧双修的角度，考察了四教与三观的关系。空观成一切智，属于藏教和通教这一层次；他们"定多慧少"，只是以定力获得世界本质为空的认识，偏于"空"的一面。假观成道种智，属于别教这一层次；他们"慧多定少"，虽以道种智重新认识世界万物，与空观相比，有了"平等"的意义，但未免偏于"有"的一面。中观成一切种智，为圆教这一最高层次的佛教所属；中观建立于空观和假观的基础上，所以既洞彻一切事物的普遍原理、抽象本质（空），又见到一切事物的各自差别、具体形象（假），获得对世界的最圆满认识。

在《四教义》中，智颢则明确指出"四教"由"次第三观"而起：

"今明四教，还从前所明三观而起。为成三观，初从假入空观，具有析体、拙巧二种入空不同。从析假入空，故有藏教起；从体假入空，故有通教起。若约第二从空入假之中，即有别教起。约第三一心中道正观，即有圆教起。"[23]

智颢以此三观对应四教，是因为从空观中又可分出析空观和体空观两种，实际是以四观对应四教。其中，析空观又名拙度观，指小乘的"析色成空"，故对应于藏教；体空观又名巧度观，指大乘的"当体成空"，故对应于通教；假观对应于别教；中观对应于圆教。由于中观已经包含和体现了一心三观的基本精神，成为观法的最高原则，所以也可名之为一心三观，它与教相中的圆教配合而成教观的至极圆融状态。

上述对应关系可表列如下：

	止		观		
认识的水平	假有	析空观	体空观	从空入假观	中道第一义
相应的禅定		体真止		方便随缘止	息二边分别
证得的智慧		一切智		道种智	一切种智
把握的真理		空谛		假谛	中谛
成就的主体	六凡	二乘	通教菩萨	别教菩萨	佛
弘扬的教相		藏教	通教	别教	圆教

止观的实践，用于个人修行，是定慧相资，解行并重；用于弘扬教义、组织学说，则是教观二门的相资互具。故判释教相、究明教理可指导修行者止观观心，而观心则可将有关教理体验于自心，并对机说法，实现使佛法向一切人传播的宏愿。智旭在《教观纲宗》中，概括了这一教观互具的思想：

"佛祖之要，教观而已矣。观非教不正，教非观不传；有教无观则罔，有观无教则殆。"[29]

观心的方法与观心的境界

　　本章开始进入全书的中心，即圆顿止观的观心实践，由此体证三谛圆融的妙理。智𫖮指出，如果说"十广"中的前六章，是根据经典以开发圆教的妙解，那么现在则是根据圆教的妙解以确立真正的观行。理论上的慧解与实践中的观行，是智目与行足相互促进的关系，智慧引导禅定，定水滋润智慧。智𫖮在此指出"诵文法师"和"暗证禅师"的偏颇，无慧解如盲，无修行如跛，慧解与观行的分离，则如盲人跛子，结伴夜游，其危险可想而知。所以，应驰止、观二轮而致远，展定、慧两翅以高飞。

　　十境为观心实践中所现起的十种境界，自造业受报的凡夫开始，到尚未证得究竟解脱的大小乘圣人为止，视不同条件而呈现。这些境界既是观心实践的产物，同时又是指导修行的方法。智𫖮指出：观心到一定程度，内心中报障、烦恼障、业障等三障和阴魔、烦恼魔、死魔、天子魔等四魔会纷纷出现；昏沉与散乱，将会严重扰乱定境和智慧。这既是众生共业和别业所感的必然产物，也是历境观心，趣向解脱之路的一个必经的过程。魔障一类，对不修止观者，是陷于生死之流的原因；但对修习圆顿止观者，则转为进道的资粮，它为观行之火增添了不尽的薪柴。故基于不二相即的哲学原理，魔障浊流入法性大海，却不妨碍海洋之寂静清纯。

在此十境中，观阴入界一境，恒常呈现于凡夫、圣人面前，不管此境界呈现还是不呈现，应恒常将其作为观心之境。以下的九境则视修行者的根机和条件而相应兴起，不一定依此顺序而显现。智𫖮用相当大的篇幅阐述了修行的必要性和艰巨性。一切众生都有如来藏佛性，但百姓日用而不知，如果不用止观照察，并不觉得内心纷乱奔驰，也感受不到无始以来身心交病。世人如同坐在封闭的舟中，随所造业力，顺生死之流水而下。而修行是逆流而上的艰巨事业，只有在观心时才会觉得心念奔驰流动不息，并出现种种病、魔等境，使修行者明了生死迷惑的原因所在。尤其是在初尝禅定的法味，对佛法有了相似正确的体会时，更容易产生种种错误的认识，有多少修行者就失落在这些境界之中。故智𫖮引经文感叹：恒河沙数的菩萨发大心，但真正入菩萨果位的不过百人中之一二，其余多堕入声闻、缘觉二乘。要对治这些错误，必须依靠智慧，通过能观的"十乘观法"加以分别对治。

十乘观法，指在观想每一境时，视机宜不同，应按十种层次一一观上述十境，故名"十重观法"。十种观法由因至果，达到圆满解脱，故又名"十法成乘观"。十乘观法并非平铺并列，而是以"观不思议境"为主体，此观依"观阴界入境"而得名，指众生日常生活中现前刹那刹那的妄念，既是众生生死之根本，也是解脱之起点。凡心一念即具足世出世间三千法数，这不可能按通常的思维方法去想象，必须以圆融三谛的真理观观照。然后由体起用，把握住一念三千的精髓仍在于破无明、明法性，因为"三种世间、三千相性，皆从心起。一性虽少而不无，无明虽多而不有"。因此，止观观心的目的，是要达到对宇宙原理及其众生本质的认识，从而在日常生活中实现佛陀的高尚人格，以获得圆满的证悟。

第二以下九重观法，是以"四悉檀"的方法，对于不能迅速由观不可思议境而悟入的钝根者，所做的种种方便对治。递次展开分析解释观不思议境之观法，故比较具体，具有渐次深入的意义。这种安排，与前述"四种三昧"介绍了大量念佛、读诵、忏仪等行法一样，都是鉴于末法时代的众生利根少而钝根多，必须因病施药，采取不同的对治法门。圆顿止观的"一心三观""一念三千"等哲学原理，主要是对利根者而说，而利根者悟得止观原理，尚须止观实践修证。对于末法时代的广大钝根者，很难接受这部分高深的玄论，故必须以四种三昧、十乘观法、二十五方便等法门予以对治。

为存在及修道确立坐标的根本世界观

"一念三千"是天台宗为人的存在及修道确立坐标的根本世界观,也是中国佛教哲学中最具思辨力的思想,与圆融三谛和一心三观,同为天台教学中教观二门的中心教义,最能显示天台教义的特色所在。按湛然的说法,"一念三千"是智𫖮阐述自己心中所行法门的"终穷究竟之说"[30],代表着天台哲学的最高成就。在《法华玄义》已经提到观一念心时,必属一界,即具百界千如以及三种世间,并着重指出"行人自选择,可从于何道"[31]。但作为一种系统的理论,则集中体现在《摩诃止观》。本章内容选自第七《正修止观章》介绍十乘观法的第一种"观不可思议境"。

"一念三千说"为解决人的生存困境提供了一个佛教的宇宙图景。一切善与恶的事物,一切美与丑的现象,统统取决于我们的当下一念。因此,我们对这三千世间负有不可推卸的责任。人的生存,首先应给自己定位。明白自己处在宇宙中的位置,以及事物在不同时空条件下的运动变化,才能根据自己的主观条件和客观境遇,选择成己成物、自行化他的修道实践。三千,就是天台宗为宇宙全体的具象描述,作为观心实践的对象。它的每一步构成皆有经典的依据，然而经过圆融三谛和一心三观的哲学建构，则成为智𫖮的天才性独创。三千诸法由十法界、十如是、三世间构成：

十法界。诸法各有自体而分界不同，故名法界。十法界的说法，来自《华严经》所说的六凡（地狱、饿鬼、畜生、阿修罗、人、天），四圣（声闻、缘觉、菩萨、佛），众生共成十法界，因各自有漏、无漏业力所感不同，故四圣六凡各有其质的规定性。

三界六道的存在，在原始佛教时期就已具备。六道众生，由于迷惑的缘故，时刻不断地在六道中流转。此中，从地狱至天界下层六欲天为止，是被欲望攫取的世界，故称为欲界；至天界中层，虽已去除对于欲望的执着，但还没有摆脱肉体上的制约，故称为色界；至于到天界的上层，虽已去除肉体的欲望和制约，从而称为无色界，但仍然还有心的制约。从地狱到天界迷的六道，又别称为三界，《法华经》等称之为"三界火宅"（《譬喻品》第三）。大乘佛教兴起以后，遂加上声闻至佛之悟的四界，成为六凡四圣十界。

在这十界中，人正处于极善与极恶、极乐与极苦的中间位置，这就是人存在的实相。天台十法界的学说，就是以如是人的实相为依据，认为人所存在的恶的趋向伸展至极限，即展开为从阿修罗至地狱的系列；另一方面，由善的趋向伸展至极限，即展开为天界至佛的系列。为了消除极善与极恶、极乐与极苦的二极对立，智𫖮提出了"十界互具"说，因为业力有共业和别业之分，对自界而言是别业，对他界而言则为共业。十法界的每一界众生，都不可能离开其他九界而独自存在。更重要的是，基于善与恶、精神与肉体二者相即相入的对立统一的立场，善与恶、精神与肉体不是截然对立而互相隔绝，而是即善有恶、即恶有善，即精神有肉体、即肉体有精神。因此，每一界众生根据主体意识中无明与法性两种力量的盛衰消长，使业力的染净因果对比发生变化，则在十法界内又可以互相转化、互相包含。如此十界彼此互具，则成百法界。

十如是。十如是源出鸠摩罗什所译《法华经·方便品》的一段经文："所谓如是相、如是性、如是体、如是力、如是作、如是因、如是缘、如是果、如是报、如是本末究竟等。"[32]现存的梵文《法华经》原文以及鸠摩罗什以前的译本《正法华经》，都无此十如是之文，只提出五个范畴，或将此反复而已。日本学者本田义英根据《大智度论》卷三十二中有"体、法（作）、力、因、缘、果（果报）、性、限碍（相）、开便方便（本末究竟）"等九种范畴，认为或许为鸠摩罗什据此而加于《法华经》。[33]智𫖮从突出修行主体的立场又做了改造。《法华经》原意是指"唯佛与佛乃能穷尽诸法实相",智颉重新解释为"如是本末究竟等",认为佛与凡夫同样具足十法,这就为从凡到圣的宗教实践指出了根本依据。

"十如是"是对主客统一的诸法实相的立体描述,而每一法界的生命主体都具备实相的十种属性,从而把穷尽实相纳入主体止观实践的轨道。十如中,前九项描述事物的表象(相)、性质(性)、实体(体)、功能(力)、作为(作)、直接原因(因)、辅助条件(缘)、直接结果(果)、果报(报),这是从差异性上来描述诸法;最后一项自初相至末报毕竟平等(本末究竟等),不仅涵盖了从初相至末报的九"如是",而且指出了一切事物在实相原理下的绝对平等,无有高下,是从普遍性上来描述诸法。总括十如,则表明诸法实相乃是包含多样性的统一,不仅仅是从十个不同角度(别相)说明实相,而且每一"如是"皆相互融合统一。

生命主体有十个层次,每一层次互相包含,则成百法界;此中每一互相包含的法界,都具有上述实相的十种规定性,如是则成千如,也称作百界千如。

三种世间。生命主体具有百界千如这样丰富的内涵,它所依存的环境同样如此。世,指时间中的迁流变化;间,指空间中的阻隔。智颉依据《大智度论》所说的五阴世间、众生世间、国土世间,对十法界众生所依存的生存环境做了如下三种规定：五阴世间，是指一切法都不出色、受、想、行、识五类，阴有聚集和覆盖二义，根据善恶、染净的不同情况，构成相应的主客体世界的总和；众生世间，与五阴世间相为表里，进一步描述了十法界，盖五阴具有善与恶、有漏与无漏的不同比例，不同性质的五阴组合，各各构成十法界中的生命群体；国土世间，与每一法界的生命个体与群体相对应的客观环境。

十法界和三世间描述了主体因善恶因果而归属于何种阶次，及其相对应的客观环境；十如是则从十个方面对主客体统一的实相做了立体的描述。所谓三千世间，即百界千如各有三世间，便成三千世间。"三千"只是一个具象性的约数，是对纵横交错、重重互叠的处于普遍联系之中的宇宙万物的描述。它为人的存在提供了一个无限广阔的背景。

所谓一念三千，即在日常生活的一念心中，即具足从凡到圣的所有依正统一的三千世间，此即作为天台宗解脱论基础的"性具实相说"。"性具说"的逻辑起点在于"一念无明法性心"，原本对立的无明、法性，在智𫖮的性具学说中统一无碍。三千诸法因无明而呈差别，三千诸法又因法性而得圆融。换言之，从众生到佛的等级系列及其各自对应的客观环境，皆归结于己心中无明与法性两种趋向的盛衰消长。无明，指意识处于昏昧状态，使主体丧失自由，沦入受外部条件制约的锁链之中；法性，指主体意识从昏昧中醒悟，转化为自觉意识，使主体脱离外部条件的制约而趋向解脱。无明与法性皆是主体意识活动的状态，"无明法性心，一心一切心，如彼昏睡；达无明即法性，一切心一心，如彼醒悟"㉞。当无明占优势时，主体就处于迷中众生；当法性占优势时，主体就趣向悟中之佛。无明即法性，表明主体蕴有转迷成悟、转染成净的可能性；法性即无明，表明主体若不努力就会丧失自由。天台宗通过对"一念无明法性心"两种既相互对立又相互依存的趋向的分析，表明世间的苦难与出世的解脱皆取决于主体的自由选择。

在极小的"一念"中，即"具"有无明与法性两种趋向。因此，一念心"具"的前提，是无明与法性具有既相互对立又相互依存的相"即"不二的关系。由此展开到心性论的伦理范畴，亦可表述为"性具善恶"，即善与恶相即相入的对立统一。善与恶不是截然对立而互相隔绝，而是即善有恶、即恶有善。"即"之对立统一关系，智顗称为"相对种开会"或"敌对种开会"。智顗将开会（统一）分为两种：开小善会大善之同种类的开会，此为（同种）种类开会；开恶会善之异类的开会，此为相对种（敌对种）开会。关于后者，他在《法华文句》中引用《维摩经》

来解释:"一切众生即涅槃相,不可复灭;此即生死为法身也,此就相对论种";"若论差别,即十法界相。若论无差别,即一佛界相。差别、无差别,如来能知。差即无差、无差即差,如来亦能知"。㉟

凡夫一念"具"无明与法性。同理,作为事物之理体、成佛之根据的法性,也同样"具"善恶染净。这就是成为天台宗根本特色的"性具"思想。"性",指法界性、法性、真如,或称本、理、体。所谓性具,就是真如理性本来具足世界一切迷悟因果之法,这称作理具三千;此理具三千对每一个别众生随缘现起,则称作事造三千。对理具与事造之间的体用关系,知礼指出:"理具三千俱名为体,变造三千俱名为用,故云俱体俱用……夫体用之名,本相即之义故。"㊱

"敌对种"相即的辩证法贯通于世间与出世间一切事物,将其运用于成佛根据的佛性论,结合十界互具说,智颛提出印度佛教所没有的"性恶论"。既然十界互具,由此成立佛界与地狱界的相即说;再由此扩展至善恶问题,遂强调"佛不断性恶"和地狱界"不断性善"。从现实来看,佛界被认为是极善的世界,而地狱界被认为是极恶的世界;但从善恶、色心、圣凡相即不二的对立统一立场看,它们之间又是互相融即、互以对方为自己存在的条件。只有在善与恶之相克、精神与肉体相关的当处，才能把握住生命的脉动，看到拯救的曙光。智颉明确提出善恶各有性善与修善、性恶与修恶的区别。"性"是理体，故它超越了善恶的区别而又内在地包含了善恶。因此，犹如一阐提人也具有佛性（此即性善），就必然地得出不离性恶的命题。"修"，是事相，是后天的习得，众生在十法界上的分野，就在于行善作恶的区别。在这个意义上，"阐提断修善尽，但性善在；佛断修恶尽，但性恶在。佛虽不断性恶而能达于恶。以达于恶，故于恶自在，故不为恶所染，修恶不得起，故佛永无复恶，广用诸恶法门化度众生，终日用之，终日不染"㊲。一阐提人是坏事做绝的恶人，理应陷入地狱界受恶报；同时又不断性善，内蕴着其他九界的属性，故仍具有改恶向善的可能性。佛是不做任何恶事的大善者，但在理体上内蕴着其他九界的属性，故不断性恶。由于佛有性恶，所以能了解极恶之人作恶犯罪的心情，从而产生应机救济的能力，所以，性恶正是佛陀下地狱度众生所凭借的条件。从大乘菩萨行的悲愿来看，要拯救末法时代的众生，若只知善而不知恶的所谓圣人君子，是不能救济恶人的，由此亦可知智颉为何提出"即贪欲而修佛道"的命题。

一念三千说，为天台实践哲学体系提供了一个充满希望，同时又使人惕厉反省的宇宙图景。它不仅在出世解脱的理论上指出众生与佛平等共具的成佛权利，而且根据真俗不二的中道思想，也折射出在现实世间所有人本应具备的平等地位，从而为人的存在提供了一个根本的安身立命点。天台哲学的最高主体性在这里得到最后确立，它表明主体具有选择自己在十法界中任一层次及其相对应环境的绝对自由，而主体的升华则意味着对所处环境的变革。主体在十法界内升降进退、成圣堕凡，悉取决于己心一念。一切众生现前一念都具有三千诸法，说明一切众生包括地狱界中的众生，都具有成佛的可能性。但是，要使这种可能性转化为现实并不再退堕，则全靠主体在止观修习中不懈努力。因为平等中又具足差别相，只有严格地修持实践，才能根除深藏于内心的恶念，而净化为圣人。

对绝对、统一、圆满真理的把握

佛教作为探究宇宙真理的一种思想体系，坚持真理是绝对、统一、圆满的。智𫖮的"圆顿止观"，即建立在这绝对、统一、圆满的真理——实相基础上。次第、分殊、相对的认识方法，永远不能达到圆融、统一、绝对的真理。要认识圆融、统一、绝对的真理，只能先让认识自身变为圆融、统一、绝对。一心三观不仅总揽《摩诃止观》一书[38]，而且贯彻于整个天台哲学体系和实践法门。在智𫖮一代，"一心三观"已跳出禅观的范畴，发展为"圆融三谛"的认识论与真理观，主体与客体皆在意识的观照下得到改铸、展示与确立。"所照为三谛，所发为三观，观成为三智"[39]，表明一旦把握一心三观这种思维运动方式，也就同时把握了作为绝对真理的圆融三谛，成就为具有一心三智的最高主体。在本书第六章中，已经涉及"一心三观"和"圆融三谛"的概念。本章所选原典，属于第七《正修止观章》中"观不思议境"的部分内容。智𫖮在阐述一念三千说的哲学基础时，集中论述了"一心三观""圆融三谛"等核心思想，作为天台宗独特的认识论、真理观和方法论，在中国哲学史上具有重要的意义。故将其独立出来，另编成一章。

"一念"，可视为心在时空中极微瞬间（介尔）的表现；"三千"，则为主体心所观的对象，为极大的宇宙全体的表现。而对三千诸法的分析，最终是达到能观的"一念"与所观的"三千"浑沦圆具。在这个圆满的理想世界中，超越了主客、色心的对待，消融一切矛盾差别而又同时包含一切矛盾差别。这一念三千的道理非常玄妙高深，非常识所能认识，亦非用文字语言、概念分析、逻辑推理等理性方法所能描述，故称不可思议境。

问题在于，个体精神性的"一念"何以能与作为宇宙全体的"三千"相即不二，极微的一念与极大的三千，是在什么基础上统一起来的？对此一念具三千之"具"，应该如何理解？这里涉及对"心"的本质的理解。念，既然为众生日常生活的一念妄心，那么与此心相对的则有二个命题：一、心与色的关系，这涉及哲学上对存在本原的根本看法；二、凡夫之心与广大众生和圆满人格之实现的佛，这三者关系涉及宗教实践上的成佛与度生的最终依据。因此，一念三千说，必须联系其根本的理论前提进行考察。

在智顗所著的《四念处》中，明确指出色与心乃是始终不二、平等的存在，只是为了度化众生，才假名而说为二。因此不能偏于物与心的任何一边，而是以不取不舍的二者平等为旨趣。相对于唯心（唯识）的主张，也可以产生唯色的主张，即"离色无心，离心无色"，"当知若色若识皆是唯识，若色若识皆是唯色。今虽说色心两名，其实只一念无明法性十法界，即是不可思议一心具一切因缘所生法"[40]。湛然在《止观大意》中指出，把三千法定位在一念，是基于佛教修行的意义："心色一体，无前无后，皆是法界。修观次第，必先内心。"[41]正是在色心不二、超越色心对立的绝对中，"心具"同时也就是"性具""理具"，意为圆满具足法界、法性、真如，超越了色心、主客、凡圣等等一切差别。这一思想，发展到湛然以后，强调性具、草木成佛、十种不二，由心具三千进而言性具三千、理具三千。

其次，一念三千说与《华严经》的"心佛众生，三无差别"有着密切关系。三法无差，是佛等视众生的境界，也是众生修行成佛的根据。至于何以要把观心实践的对象定位在一念妄心上，智顗在《法华玄义》中有相当明确的说明，对于初发心者来说，"众生法太广，佛法太高，于初学为难。……但观己心则为易"，因为在观自己一念心时，即具百界千如，以及三种世间，而"行人自选择，可从于何道"。[42] 显然这三千世间的架构，目的是为人在成圣堕凡的生存境遇中，通过止观修习而做出自己的选择。正如湛然所说："于一念心，不约十界，收事不遍；不约三谛，摄理不周；不语十如，因果不备；无三世间，依正不尽。"[43]

一念三千的性具实相说，基于对《法华经》诸法实相说、《大智度论》中道实相论的领悟，还建立在批判当时地论师和摄论师的缘起理论的基础上。性具实相表述的核心思想，就是一念心与宇宙万法的"相即"关系，而不是其他学说所表达的依持、相生等关系。"三界唯心""万法唯识"，是佛教各派的基本命题，但对主体心识如何体现为现实世界，各派有着不同的看法。地论师相州南道派主张诸法依持法性（真心）而生起，而摄论师则主张诸法依持阿梨耶识（妄心）而生起。在智𫖮看来，这两种说法都有各执一偏、自相矛盾的错误。若按地论师的看法，以法性为世界万法的本源，那么法性本已超越了染与净的对立，又岂能产生带有染污性质的诸法？若按摄论师的看法，真妄和合的阿梨耶识内蕴着一切善恶种子，须遇到合适的条件（缘）而现形为或善或恶的现象，那事实上是以条件（缘）为事物的本源，就不能把阿梨耶识作为本源，更不可能从中生起清净的法性。智𫖮认为，上述两派都是不懂圆融三谛的妙用，将龙树、世亲的学说"偏解""苟执"。

只有"性具实相"才能真正说明世界的统一性原理及解脱的理由。实相是唯一最高的实在，已然超出所有可思议的语言对待之上，即便空、假、中三谛，亦只是实相的三种不同角度的表现。实相要求主体的认识活动不分前后次第，同时认识空、假、中三谛，顿即契入中道实相。"三谛具足，只在一心，分别相貌，如次第说；若论道理，只在一心，即空、即假、即中。"[44]三观俱在一心，三谛亦俱在一心，主体冥入实相，实相含摄于主体，认识到这一地步，当体全是实相，触处皆成中道。此即为不可思议的止观之体，亦即灌顶在绪论中对圆顿止观的概括："圆顿者，初缘实相，造境即中，无不真实。系缘法界，一念法界。一色一香，无非中道。……

纯一实相,实相外更无别法。"⑮智颛把对世界统一性的论证推向至极,确实体现了高于时人的独特见解。

实相并非玄远缥缈、高深莫测,对于立志修道者言,对实相的探究即落实在自己当下一念之中。在本章中,智颛指出:"若得此意,俱不可说俱可说。若随便宜者,应言无明法法性生一切法。如眠法法心,则有一切梦事。心与缘合,则三种世间、三千性相,皆从心起。一性虽少而不无,无明虽多而不有。""一念无明法性心",是全部止观学说的基石,一念与一切诸法的统一无碍,如同"六即说"中的究竟即一样,虽然与最初的理即圆融不二,但理想境界的实现,必须通过止观实践的不懈努力。在确立了第一义谛所指的真理终极性之后,菩萨行者在这世间的工作才刚刚开始,因为大乘佛教的精髓正是"不废假名而说诸法实相"。故在世俗谛中,为度化众生的缘故,可以也必须方便说法。这就是"四悉檀"的因缘。对于无名相概念可指陈的实相,不妨由俗入真,假借名相概念而方便说明之。

"四悉檀"是一种建立在真俗不二基础上的解经方法,随根机之利钝而对经典做不同的解释。在印度佛教,对于经典的解释,都不出教相释的规范。但在传入中国后,尤其是智颛将四悉檀摄入其圆融思想体系,从内心证理的妙悟,而做自由的活用,在中国佛教史上发挥了持久的影响。悉檀（梵语 Siddhanta），意译为成就、宗、理等，主要意义是说明佛的称机说法、化导众生。智𫖮以悉檀为梵汉兼称之语，以悉指普遍，檀为檀那（布施），意为佛以此四法遍施一切众生，众生便可各自得益。天台的四悉檀说，依龙树《大智度论》的"四随"为根据，《法华玄义》指出："四悉檀是龙树所说，四随禅经，佛所说，今以经成论，于义弥明，所谓随乐欲、随便宜、随对治、随第一义。"㊻意谓四悉檀基于四随，即第一是随顺众生的意乐说法，第二是观根机的说法，第三是应心病的说法，第四是阐明法性的妙论。四悉檀的主要意义，在于称机说法，并整合一切佛教学说。智𫖮对全部止观修习及教相的说明，可说都是在四悉檀的方法论指导下进行。湛然在《止观大意》中总结道：

"经论矛盾，言义相乖，不可以情通，不可以博解；古来执净，连代不休。今用四悉檀，无滞不融，拔掷自在。"㊼

佛教是一个在世间而出世间，即历史而超历史的巨系统，如何处理出世超越与入世济度的关系，永远是佛教思想家必须重视的课题。"净诸法已，点空说法"㊽，是圆融三谛说的另一种表述。经过"净诸法已"的荡相遣执之后，最后仍落实到"点空说法"，即展开修道与度众生的弘法实践。顺应时代的发展，因应社会的需求，在保持自己宗教的特征和主体尊严的同时，不断改变佛教传播的方式方法，使自己与众生一起向着解脱的道路行进。这是整部《摩诃止观》的核心所在，也是不断昭示后人的最可宝贵的财富。

注释：

①在一千四百余年之后的二十世纪，欧阳渐对智颉学说的真理性提出挑战，在抨击中国佛学的五大弊病时，认为第三弊病是："自天台、贤首等宗兴盛而后，佛法之光愈晦。诸创教者本未入圣位（如智者即自谓系五品位），所见自有不及西土大士之处。而奉行者以为世尊再世，畛域自封，得少为足，佛法之不明宜矣。"（《唯识抉择谈》，《欧阳渐选集》，收于蓝吉富主编《现代佛学大系》第五十一册，第二九二页，弥勒出版社，一九八四年）

②湛然：《止观大意》，《大正藏》第四十六册，第四五九页。

③此为慧思对智颉的临别赠语，参见灌顶《智者大师别传》，《大正藏》第五十册，第一九二页。

④载《佛祖统纪》卷四十九，《大正藏》第四十六册，第四三九页。

⑤开皇十七年（公元五九七年）晋王杨广派遣随行参高孝信入天台山，敦促智𫖮急速赴金陵讲经，实有监视羁縻之意。智𫖮"行至石城，乃云有疾"，不久便写下《遗书与晋王》，辞众迁化。此即有名的"石城遗书"，在此信中申述了智𫖮生前的"六恨"，其中第五恨为"于荆州法集，听众一千余僧，学禅三百。州司惶虑，谓乖国式，岂可集众，用恼官人？故朝同云合，暮如雨散。设有善萌，不获增长。此乃世调无堪，不能谐和得所，此五恨也"。是说在荆州讲说《法华玄义》和《摩诃止观》期间，地方官员对此一千余人以上的聚会，指斥为违法。在这种政治高压下，智𫖮的讲经活动"朝同云合，暮如雨散"，实际上无法顺利进行。(《国清百录》卷三《遗书与晋王第六十五》，《大正藏》第四十六册，第八〇九页）

⑥谈壮飞：《智𫖮》,《中国古代著名哲学家评传》第一卷，齐鲁书社，一九八〇年。

⑦《大正藏》第四十六册，第三十五页。

⑧《四教义》卷九,《大正藏》第四十六册，第七五二页。

⑨《四教义》卷五,《大正藏》第四十六册，第七三九页。

⑩《四教义》卷十二,《大正藏》第四十六册，第七

六五页。

⑪关口真大：《天台止观的构成和特色》，张曼涛主编《现代佛教学术丛刊》第五十八册，台北大乘文化出版社，一九七九年。

⑫《续高僧传》卷十七《智𫖮传》，《大正藏》第五十册，第五六七页。

⑬参见《大正藏》第二十四册，第一〇一—一〇二二页。

⑭《大正藏》第九册，第四四九页。

⑮湛然：《止观大意》，《大正藏》第四十六册，第四五九页。

⑯《大正藏》第四十六册，第一二三页。

⑰《大正藏》第四十六册，第十二页。

⑱参见《佛祖统纪》卷六，《大正藏》第四十九册，第一七九页。

⑲《大正藏》第五十册，第五六四页。

⑳《续高僧传》卷十七《慧思传》，《大正藏》第五十册，第五六三页。

㉑《续高僧传》卷十七《智𫖮传》，《大正藏》第五十册，第五六七页。

㉒太虚：《中国佛学》，《海潮音》第二十五卷，第四期。

㉓以上三种净土的说法，参考田村芳朗、梅原猛合著《天台思想》，第一八六——一八九页；收于蓝吉富主编《世界佛学名著译丛》第六十册，台湾华宇出版社，一九八八年。

㉔《大正藏》第四十六册，第六四七页。

㉕《大正藏》第三十一册，第七九五页。

㉖《大正藏》第十二册，第四八二页。

㉗知礼在《金光明经玄义拾遗记会本》卷下中指出："假有二种：若在空后，即建立假；若在空前，即生死假。"（《续藏经》第三十册，第四二九页）

㉘《四教义》卷一，《大正藏》第四十六册，第七二四页。

㉙《大正藏》第四十六册，第九三六页。

㉚《止观辅行传弘决》卷五之三，《大正藏》第四十六册，第二九六页。

㉛《大正藏》第三十三册，第六九六页。

㉜"所谓如是相、如是性、如是体、如是力、如是作、如是因、如是缘、如是果、如是报、如是本末究竟等"，《大正藏》第九册，第五页。

㉝参见田村芳朗、梅原猛著《天台思想》，第三〇四—三〇五页；收于蓝吉富主编《世界佛学名著译丛》第六十册，台湾华宇出版社，一九八八年。

㉞《摩诃止观》卷六下,《大正藏》第四十六册,第八十二页。

㉟《法华文句》卷七之上,《大正藏》第三十四册,第九十四页。

㊱《十不二门指要钞》卷上,《大正藏》第四十六册,第七一五页。

㊲《观音玄义》卷上,《大正藏》第三十四册,第八八二页。

㊳湛然指出:"应知止观二字无非摩诃,即是一心三止三观之止观也。故知总揽一部以为首题,始自《大意》,终于《旨归》,无非摩诃之止观也。"(《止观辅行传弘决》卷一之一,《大正藏》第四十六册,第一四二页)

㊴《摩诃止观》卷五上,《大正藏》第四十六册,第五十五页。

㊵《四念处》卷四,《大正藏》第四十六册,第五七八页。

㊶《大正藏》第四十六册,第四五二页。

㊷《法华玄义》卷二上,《大正藏》第三十三册,第六九六页。

㊸《止观辅行传弘决》卷五之三,《大正藏》第四十六册,第二九三页。

㊹《摩诃止观》卷六下,《大正藏》第四十六册,第

八十四—八十五页。

㊺《摩诃止观》卷一上,《大正藏》第四十六册,第一页。

㊻《大正藏》第三十三册,第六八七页。

㊼《大正藏》第四十六册,第四五九页。

㊽《法华玄义》卷五下,《大正藏》第三十三册,第七四二页。

附表一：《摩诃止观》内容结构图

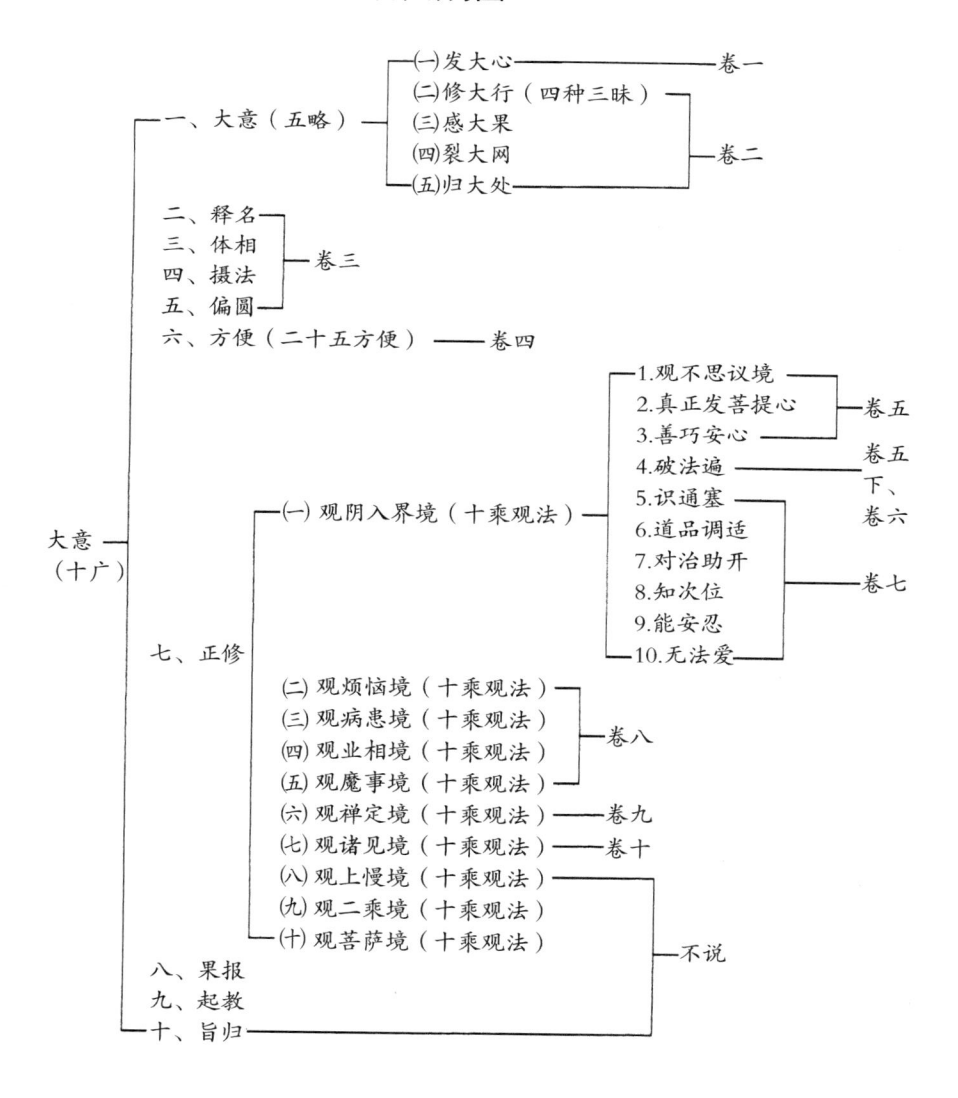

```
                              ┌─ (一)发大心 ─────────────── 卷一
                              │  (二)修大行（四种三昧）┐
           ┌─ 一、大意（五略）─┤  (三)感大果            │
           │                  │  (四)裂大网            ├─ 卷二
           │                  └─ (五)归大处            ┘
           │
           │  二、释名 ┐
           │  三、体相 │
           │  四、摄法 ├─ 卷三
           │  五、偏圆 ┘
           │
           │  六、方便（二十五方便）───── 卷四
           │
           │                                   ┌─ 1.观不思议境 ┐
           │                                   │  2.真正发菩提心 ├─ 卷五
           │                                   │  3.善巧安心    ┘
           │                                   │  4.破法遍 ──── 卷五下、
           │          ┌─ (一)观阴入界境（十乘观法）┤  5.识通塞       卷六
  大意     │          │                         │  6.道品调适
 （十广）──┤          │                         │  7.对治助开 ┐
           │          │                         │  8.知次位    ├─ 卷七
           │  七、正修┤                         │  9.能安忍    │
           │          │                         └─ 10.无法爱 ┘
           │          │
           │          │  (二)观烦恼境（十乘观法）┐
           │          │  (三)观病患境（十乘观法）│
           │          │  (四)观业相境（十乘观法）├─ 卷八
           │          │  (五)观魔事境（十乘观法）┘
           │          │  (六)观禅定境（十乘观法）── 卷九
           │          │  (七)观诸见境（十乘观法）── 卷十
           │          │  (八)观上慢境（十乘观法）┐
           │          │  (九)观二乘境（十乘观法）├─ 不说
           │          └─ (十)观菩萨境（十乘观法）┘
           │
           │  八、果报
           │  九、起教
           └─ 十、旨归
```

解说 353

附表二：六即成佛图

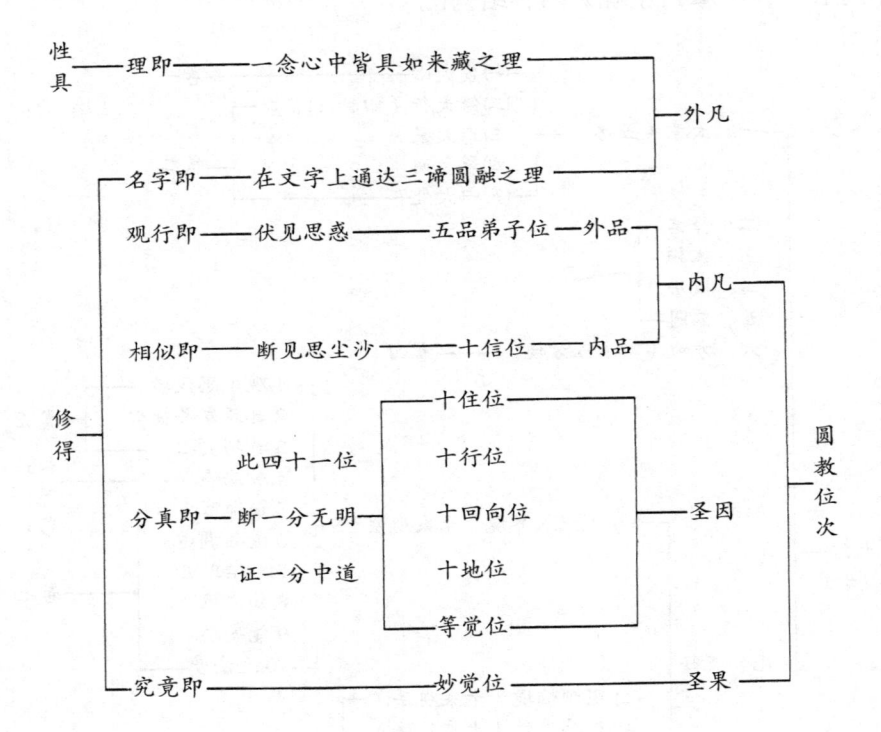

```
性具 ─── 理即 ─────── 一念心中皆具如来藏之理 ─┐
                                            ├─ 外凡 ─┐
      ┌─ 名字即 ─── 在文字上通达三谛圆融之理 ─┘        │
      │                                               │
      │  观行即 ─── 伏见思惑 ──── 五品弟子位 ── 外品 ─┐ │
      │                                              ├─ 内凡 ─┤
      │  相似即 ─── 断见思尘沙 ── 十信位 ────── 内品 ─┘        │
      │                          ┌ 十住位 ┐                  │ 圆教位次
修得 ─┤                          │ 十行位 │                  │
      │          此四十一位       │ 十回向位│ ── 圣因 ────────┤
      │  分真即 ─── 断一分无明   │ 十地位 │                  │
      │          证一分中道       └ 等觉位 ┘                  │
      │                                                      │
      └─ 究竟即 ─────────── 妙觉位 ─────── 圣果 ──────────────┘
```

参考书目

1.《诸法无诤三昧法门》 慧思
2.《大乘止观法门》 慧思
3.《法华经安乐行义》 慧思
4.《法华玄义》 智顗
5.《法华文句》 智顗
6.《释禅波罗蜜次第法门》 智顗
7.《六妙法门》 智顗
8.《修习止观坐禅法要》 智顗
9.《法华三昧忏仪》 智顗
10.《释摩诃般若波罗蜜觉意三昧》 智顗
11.《四念处》 智顗
12.《四教义》 智顗
13.《法界次第初门》 智顗

14. 《观音玄义》 智顗
15. 《观心论》 智顗
16. 《观心论疏》 灌顶
17. 《国清百录》 灌顶
18. 《智者大师别传》 灌顶
19. 《止观辅行传弘决》 湛然
20. 《止观辅行搜要记》 湛然
21. 《摩诃止观科文》 湛然
22. 《止观义例》 湛然
23. 《止观大意》 湛然
24. 《金刚錍》 湛然
25. 《始终心要》 湛然
26. 《十不二门》 湛然
27. 《删定止观》 梁肃
28. 《十不二门指要钞》 知礼
29. 《金光明经玄义拾遗记会本》 知礼
30. 《摩诃止观辅行补注》 从义
31. 《摩诃止观义例篡要》 从义
32. 《摩诃止观义例科》 从义
33. 《摩诃止观辅行助览》 有严
34. 《摩诃止观义例随释》 处元
35. 《摩诃止观辅行读教记》 法照

36.《佛祖统纪》 志磐

37.《教观纲宗》 智旭

38.《续高僧传》 道宣

39.《摩诃止观》《昭和新纂国译大藏经》宗典部第十三卷 东京东方书院 昭和七年

40.《摩诃止观》 田村德海译 《国译一切经》诸宗部三 东京大东出版社 昭和十四年

41.《天台教学史》 岛地大等 东京明治书院 昭和十二年三版

42.《天台缘起论展开史》 佐佐木宪德 京都永田文昌堂 昭和二十八年

43.《天台小止观研究》 关口真大 东京理想社 昭和二十九年

44.《佛性与般若》 牟宗三 台湾学生书局 一九七五年

45.《中国佛学源流略讲》 吕澂 上海人民出版社 一九七九年

46.《汉魏两晋南北朝佛教史》 汤用彤 北京中华书局 一九八三年

47.《隋唐佛教史稿》 汤用彤 北京中华书局 一九八二年

48.《天台教学史》 慧岳 收于蓝吉富主编《现代

佛教大系》三十七册　台北弥勒出版社　一九八三年

49.《天台哲学入门》　新田雅章　东京第三文明社　一九七七年

50.《摩诃止观》(《佛典讲座25》)　新田雅章　东京大藏出版株式会社　一九八九年

51.《天台思想》　田村芳朗、梅原猛著　收于蓝吉富主编《世界佛学名著译丛》第六十册　台湾华宇出版社　一九八八年

52.《禅与中国》　柳田圣山　北京三联书店　一九八八年

53.《童蒙止观校释》　李安　北京中华书局　一九八八年

54.《宋初天台佛学窥豹》　王志远　北京中国建设出版社　一九八九年

55.《周叔迦佛学论著集》　周叔迦　北京中华书局　一九九一年

56.《佛教禅学与东方文明》　陈兵　上海人民出版社　一九九二年

57.《中国佛教》第一至四辑　中国佛教协会　上海知识出版社　一九八〇、一九八九年

58.《佛学大辞典》　丁福保　北京文物出版社　一九八四年重印本

59.《佛光大辞典》《佛光大藏经》编修委员会　高雄佛光出版社　一九八八年

60.《中国佛学》　太虚　《海潮音》第二十五卷第四期

61.《李翱思想的来源》　孙道升　《清华周刊》第四十一卷第五期

62.《天台宗一心三观法门的起源》　慧风　《现代佛学》一九五六年第七期

63.《天台止观的构成和特色》　关口真大　收入张曼涛主编《现代佛教学术丛刊》第五十八册　台北大乘文化出版社　一九七九年

64.《大正藏第四十六卷解题》　关口真大　《大藏经索引》第二十六册第九页　新文丰出版公司影印本

65.《大乘止观法门之研究》　圣严　收入张曼涛主编《现代佛教学术丛刊》第五十八册　台北大乘文化出版社　一九七九年

66.《天台思想的一念三千》　圣严　收入张曼涛主编《现代佛教学术丛刊》第五十七册　台北大乘文化出版社　一九七九年

67.《智𫖮》　谈壮飞　收于《中国古代著名哲学家评传》第一卷　济南齐鲁书社　一九八〇年

68.《天台宗止观学说发展的历史过程》　王雷泉

《法音》一九八五年第五期

  69.《天台宗止观学说述评》《中国社会科学》一九八七年第一期

  70.《天台教观的实践性格》 星宫智光 《东南文化》一九九〇年第六期（天台山文化专号）

出版后记

星云大师说:"我童年出家的栖霞寺里面,有一座庄严的藏经楼,楼上收藏佛经,楼下是法堂,平常如同圣地一般,戒备森严,不准亲近一步。后来好不容易有机缘进到藏经楼,见到那些经书,大都是木刻本,既没有分段也没有标点,有如天书,当然我是看不懂的。"大师忧心《大藏经》卷帙浩繁,又藏于深山宝刹,平常百姓只能望藏兴叹;藏海无边,文辞古朴,亦让人望文却步。在大师倡导主持下,集合两岸近百位学者,经五年之努力,终于编修了这部多层次、多角度、全面反映佛教文化的白话精华大藏经——《中国佛教经典宝藏》,将佛教深睿的奥义妙法通俗地再现今世,为现代人提供学佛求法的方便途径。

完整地引进《中国佛教经典宝藏》是我们的夙愿,

三年来，我们组织了简体字版的编审委员会，编订了详细精当的《编辑手册》，吸收了近二十年来佛学研究的新成果，对整套丛书重新编审编校。需要说明的是此次出版将丛书名更改为《中国佛学经典宝藏》。

佛曰：一旦起心动念，也就有了因果。三年的不懈努力，终于功德圆满。一百三十二册，精校精勘，美轮美奂。翰墨书香，融入经藏智慧；典雅庄严，裹沁着玄妙法门。我们相信，大师与经藏的智慧一定能普应于世，济助众生。

东方出版社

图书在版编目（CIP）数据

摩诃止观/王雷泉 释译.—北京：东方出版社，2018.9
（中国佛学经典宝藏）
ISBN 978-7-5060-8642-4

Ⅰ.①摩… Ⅱ.①王… Ⅲ.①天台宗—研究 Ⅳ.① B946.1

中国版本图书馆 CIP 数据核字（2015）第 267705 号

本书中文简体字版权由上海大觉文化传播有限公司独家授权出版
中文简体字版专有权属东方出版社

摩诃止观
（MOHE ZHIGUAN）

释 译 者：王雷泉
责任编辑：王梦楠
出　　版：东方出版社
发　　行：人民东方出版传媒有限公司
地　　址：北京市东城区朝阳门内大街 166 号
邮　　编：100010
印　　刷：华睿林（天津）印刷有限公司
版　　次：2018 年 9 月第 1 版
印　　次：2025 年 2 月第 5 次印刷
开　　本：880 毫米 ×1230 毫米 1/32
印　　张：12.25
字　　数：216 千字
书　　号：ISBN 978-7-5060-8642-4
定　　价：58.00 元
发行电话：（010）85924663　85924644　85924641
版权所有，违者必究
如有印装质量问题，我社负责调换，请拨打电话：（010）85924602　85924603